AF565002

हल्दीघाटी
का
योद्धा

हल्दीघाटी का योद्धा

सुशील कुमार

ग्रंथ अकादमी, नई दिल्ली

प्रकाशक : **ग्रंथ अकादमी**
भवन संख्या–19, पहली मंजिल, 2, अंसारी रोड, दरियागंज, नई दिल्ली–110002
सर्वाधिकार : सुरक्षित / संस्करण : 2025 / मूल्य : तीन सौ पचास रुपए
मुद्रक : नरुला प्रिंटर्स, दिल्ली ISBN 978-81-932956-2-5

HALDI GHATI KA YODDHA
by Shri Sushil Kumar ₹ 350.00
Published by **GRANTH AKADEMI**
Building No. 19, First Floor 2, Ansari Road, Daryagaunj, New Delhi-110002

दो शब्द

अदम्य मनोबल, अप्रतिहत शौर्य, स्वतंत्रता के प्रति प्रखर चेतना, अनुराग एवं गहन निष्ठा, त्याग-बलिदान तथा स्वाभिमान के साकार प्रतीक थे महाराणा प्रताप। अपने अटूट मनोबल के कारण ही वह अपने युग के श्रेष्ठ योद्धा सिद्ध हुए। घोर संकट के समय भी अपनी दृढ़ता, वीरता तथा धीरता का सदुपयोग वह अडिग रहकर करते रहे। उस युग के अप्रतिम क्षमतावान् योद्धा तथा नीति-कुशल शासक के रूप में उन्होंने ऐसा गौरव अर्जित किया जो मुगल सम्राट् सहित उनके समकालीन अनगिनत नरेशों के लिए सर्वथा दुर्लभ रहा।

उनके सुदृढ़ साहस तथा शौर्य-वीर्य के लिए विख्यात हलदीघाटी का युद्ध एक ऐसी घटना रही जो स्वाधीनता के लिए किए जानेवाले संघर्ष का विलक्षण प्रतीक बन गई। विलक्षण इस कारण कि उस युद्ध में महाराणा विजयी नहीं रहे। विजय की आशा भी संभवत: उनको अथवा उनके योद्धाओं को नहीं रही होगी; किंतु वह ऐसे ही पराजय स्वीकार कर लेने के लिए तो संघर्ष नहीं कर रहे थे। वह तो अपनी धरती और अपने अधिकार के लिए संघर्ष कर रहे थे। एक ओर शक्तिशाली मुगल सम्राट् अकबर की हीन मनोवृत्ति से उफनती 'महत्त्वाकांक्षा' थी—हर किसी को रौंद-कुचलकर स्वयं महत्ता प्राप्त करने की गर्हित आकांक्षा। उसकी विशाल सेना थी, जिसका सेनापति मानसिंह था, जो पहले ही अकबर की अधीनता स्वीकार कर चुका था और स्वतंत्रता के योद्धा महाराणा प्रताप के प्रति द्रोह की भावना से प्रेरित वह उन्हें भी पराजित करके अपने स्तर पर उतार लाने को व्यग्र था, और दूसरी ओर उच्च मनोवृत्तियों का वाहक योद्धा प्रताप था—'उच्चाकांक्षा' का प्रतीक, स्वतंत्रता एवं देशभक्ति के नाम पर मर-मिटने को तत्पर रणबाँकुरा और उनके साथ अपनी धरती और अपनी माटी के दीवाने मुट्ठी भर राजपूत तथा भील योद्धाओं का समुदाय।

उस युद्ध में तो पशुबल ही जीता; किंतु क्या उच्च मानवीय भावनाओं से ओत-प्रोत 'उच्चाकांक्षा' मर गई? नहीं। इसके विपरीत, हलदीघाटी की वह पराजय

भी उस महान् योद्धा की विजयगाथा की भाँति ही युग-युग तक गाई जानेवाली अमर कीर्तिगाथा बन गई। यही तो उसकी विलक्षणता है।

कुछ संशयग्रस्त इतिहासविदों का मत है कि हलदीघाटी के उस विकराल युद्ध में महाराणा को वीरगति प्राप्त हो गई थी और मात्र मुगलों को त्रस्त रखने की सोचकर उनका नाम चलाया जाता रहा। यह सर्वथा काल्पनिक है और ऐतिहासिक तथ्यों से परे। अविश्वसनीय।

सत्य तो यह है कि उनके जीवन के अंतिम बारह वर्षों में मुगल अन्य स्थानों पर व्यस्त रहे और परिस्थितिवश महाराणा को जो संक्षिप्त सा अवकाश मिल गया था, उसे उन्होंने मुगलों के आक्रमणों से लगभग ध्वस्त मेवाड़ के पुनरोद्धार में लगाया। उस छोटी सी अवधि में ही महाराणा द्वारा अपनी नई राजधानी के रूप में चावंड के निर्माण तथा जर्जर मेवाड़ में फिर से जनजीवन को सामान्य करने के महत् प्रयास और वहाँ स्थापित किए जानेवाले सुशासन पर दृष्टि डालने से यही सिद्ध होता है कि यदि महाराणा प्रताप को महाकाल ने इतनी जल्दी न उठा लिया होता तो वह निश्चय ही महाराणा कुंभा की परंपरा में न जाने कितने भव्य निर्माण कराने के लिए ही मेवाड़ को और भी दिशाओं में व्यापक विस्तार दे जाते।

महाराणा प्रताप का स्वर्गवास हुए चार सौ वर्ष से अधिक समय बीत गया है। और अभी वह आनेवाले हजारों वर्षों तक मानवमात्र को स्वतंत्रता के प्रति गहन अनुराग, निष्ठा, उच्च चरित्र, साहस, दृढ़ता एवं आत्मोत्सर्ग की प्रेरणा देते रहेंगे। वह उन महान् पुरुषों में से थे जिनके विषय में संभवतः इतिहास की वाणी पर्याप्त नहीं हो पाती। इसी कारण किसी भी प्रकार के भेदभाव तथा वर्ग अथवा संप्रदायगत भावनाओं से मुक्त रहकर जनमानस उनकी कीर्तिगाथा को अपने स्नेह का स्पर्श देकर रचे गए अनगिनत आख्यानों, दंतकथाओं, किंवदंतियों आदि के माध्यम से युगों तक अपनी श्रद्धांजलि अर्पित करता रहता है।

बी-१९३, अशोक नगर
दिल्ली-११००९३

—सुशील कुमार

हल्दीघाटी का योद्धा

एक

उन दिनों महाराणा उदयसिंह गोगुंदा के विशाल राजप्रासाद में विश्राम कर रहे थे। लगभग चार वर्ष पूर्व मेड़तिया राठौर जयमल तथा पत्ता को चित्तौड़गढ़ दुर्ग की रक्षा के लिए नियुक्त करके मेवाड़ की राजपरिषद् के प्रमुख मंत्रियों तथा सामंतों ने गहन विचार-विमर्श के बाद महाराणा उदयसिंह के लिए यही निर्णय किया था कि वह रनिवास तथा राजकोष के साथ अरावली की पहाड़ियों में किसी गुप्त स्थान पर निवास करें। उनका उद्देश्य यही था कि ऐसी स्थिति में कुछ समय के लिए उनको मुगलों के आक्रमण से बचने का अवसर मिल जाएगा और वे मेवाड़ के गाँवों में विचरण करते हुए बल-संग्रह करके दिल्ली से होनेवाले आक्रमण का सामना करने की तैयारी करेंगे। इस बीच महाराणा और राजकोष के साथ रनिवास को भी सुरक्षित स्थान पर रखना आवश्यक था।

लेकिन बादशाह अकबर इस तथ्य से अनजान ही था कि चित्तौड़ का दुर्ग इस समय एक प्रकार से खाली ही पड़ा है और राजपूतों ने अपने राणा को मुगलों की पहुँच से दूर किसी सुरक्षित स्थान पर छिपा दिया है। वह तो यही सोचकर सहसा चित्तौड़ पर आ धमका था कि इस बार महाराणा को उसके रनिवास की विख्यात सुंदरियों सहित अपने अधीन कर लेगा।

२३ अक्तूबर, १५६७ को मुगल सेना ने आकर चित्तौड़ का दुर्ग घेर लिया। यह घेरा कई महीनों तक चलता रहा। इस बीच अकबर तथा उसके सिपहसालारों को मालूम हो गया कि महाराणा चित्तौड़गढ़ से पहले ही निकलकर मुगलों की पहुँच से दूर जा चुके हैं। किंतु फिर भी उन्होंने घेरा नहीं उठाया; क्योंकि उनका खयाल था कि महाराणा की अनुपस्थिति में चित्तौड़ का महत्त्वपूर्ण दुर्ग चुटकी

बजाते उनके अधिकार में आ जाएगा। इससे राजपूतों का मनोबल टूटते देर नहीं लगेगी।

मुगलों को उस दुर्ग का घेरा डाले महीनों बीत गए, लेकिन गढ़ की रक्षा के लिए तैनात राजपूत सैनिकों ने न तो आत्मसमर्पण किया, न ही दुर्ग के द्वार खोलकर सामने आए। मुगलों को यह पता था कि राजपूत ऐसी परिस्थिति में जब देखते हैं कि अब उनके बचने का कोई रास्ता नहीं है, तो वे प्रायः दुर्ग के द्वार खोलकर उत्सर्ग की भावना से भयानक युद्ध करते हैं और वीरगति पाने को धर्म मानते हैं। उनके ऐसा करने पर भी अकबर की सेना के लिए कोई परेशानी नहीं थी। उसकी विशाल सेना दुर्ग में स्थित राजपूतों के छोटे से दल को समाप्त करने के लिए पर्याप्त शक्तिशाली थी। लेकिन न जाने इन राजपूतों ने चित्तौड़गढ़ में कितना अन्न और जल भरकर युद्ध के लिए तैयारी कर रखी थी कि महीनों बाद भी वे मुगलों को दुर्ग के अंदर बैठे चिढ़ा रहे थे।

किंतु अंततः मुगल सिपहसालार इस स्थिति से उकता उठे। तब उन्होंने हमले की कार्यवाही शुरू कर दी। उन्होंने विशाल आकार के शक्तिशाली हाथियों द्वारा गढ़ के फाटक को तोड़ देने का प्रयास किया; लेकिन सफल नहीं हुए। फिर चारों ओर से कमजोर स्थानों की खोज करके दुर्ग की दीवारों को तोड़ने की भी कोशिश की जाने लगी; लेकिन दुर्ग में प्रवेश करने की उनकी हर कोशिश बेकार गई।

युद्ध आरंभ हो गया था और मुगल लगातार दुर्ग में प्रवेश करने का प्रयास कर रहे थे। अतः यह सोचकर कि उनका इरादा पूरा न होने पाए, राजपूतों के अनेक दल रह-रहकर किसी-न-किसी उपाय से उनपर हमला भी करने लगे। उनका आक्रमण होने पर राजपूत सेना जवाब तो देती ही थी, मौका खोजकर उनपर चोट करने से भी नहीं चूकती थी। वीर जयमल और पत्ता के नेतृत्व में राजपूत सेना लगातार मुगलों को मुँहतोड़ जवाब देती रही; किंतु मुगल मानो किसी भी कीमत पर चित्तौड़ को फतह करने की कसम खाकर आए थे। वे भी डिगे नहीं।

किंतु इतनी लंबी घेराबंदी की कल्पना मुगलों को नहीं थी। थकान, उकताहट और बँध-से जाने की विकलता से मुगल सेना का उत्साह क्षीण होने लगा। अकबर खुद भी परेशान हो उठा था; लेकिन चित्तौड़गढ़ को जीतना अब उसके लिए प्रतिष्ठा का सवाल बन चुका था। इतनी लंबी घेराबंदी के बाद वह सोच भी नहीं सकता था कि फिर कभी चित्तौड़ जीतने की सोचकर, घेराबंदी उठाकर लौट जाए।

वास्तव में चित्तौड़ ही मेवाड़ का प्रतीक था। वही मेवाड़ की राजधानी थी

और एक प्रकार से इसी दुर्ग में मेवाड़ की सारी शक्ति संघटित थी। वहीं मेवाड़ का राजकोष भी था और साथ ही मेवाड़ की प्रतिष्ठा तथा विलक्षण सौंदर्य का प्रतीक महाराणा का पूरा रनिवास भी। उनपर अधिकार होने का अर्थ था मेवाड़ की इज्जत पर अधिकार। इस पराजय के बाद मेवाड़ कहीं मुँह दिखाने लायक नहीं रह जाएगा। यही कारण था कि अकबर इस अवसर को किसी भी कीमत पर गँवाना नहीं चाहता था।

मुगल सेनाओं की टुकड़ियों ने चारों ओर फैलकर चित्तौड़ की ओर आनेवाले सभी रास्ते बंद कर दिए थे, ताकि दुर्ग के अंदर स्थित राजपूतों को किसी भी प्रकार की बाह्य सहायता न प्राप्त हो सके। इसका मतलब तो यही है कि अब गढ़ के भीतर बैठी राजपूत सेना को विवश होकर एक-न-एक दिन बाहर निकलना ही होगा। अकबर उसी क्षण की प्रतीक्षा में बैठा अपना और अपनी सेना का अमूल्य समय तथा शक्ति बरबाद करने का जोखिम उठा रहा था। चित्तौड़ जीतने का अर्थ मेवाड़ पर आधी जीत थी।

बहुत सोच-विचार के बाद अकबर ने एक अजीब युक्ति अपनाई। उसने सेना के कारीगरों के अलावा बाहर से और भी कारीगरों को बुलवाकर उनसे चमड़े के मोटे-मोटे छावन तैयार करने को कहा। कहा जाता है कि चमड़ा प्राप्त करने के लिए आस-पास के कितने ही मवेशियों को लूटकर मार दिया गया। चमड़े के कई परतोंवाले मोटे-मोटे कवच जैसे छावन तैयार हो जाने के बाद अकबर ने अपने सिपाहियों को आदेश दिया और उन मजबूत छावनों की ओट लेकर सिपाहियों ने दुर्ग की दीवार के नीचे सुरंगें बनानी शुरू कर दीं।

बुर्जियों पर खड़े चित्तौड़ के सैनिकों को वहाँ से नीचे कुछ भी नहीं दिखता था। वे जान नहीं पा रहे थे कि चमड़े के छावन ओढ़कर ये सिपाही दुर्ग की दीवार की नींव के पास क्या कर रहे हैं। अकबर की यह तरकीब उनके लिए अकल्पनीय थी। लेकिन राजपूतों के जासूस भी कम नहीं थे। उन्होंने रहस्यमय ढंग से मुगल सिपाहियों को नींव के पास काम करते देखा तो अनेक रूप बनाकर सेना के ही लोगों से पता करने में सफल हो गए कि दुर्ग की दीवारों के नीचे-नीचे सुरंग बनाकर मुगल सेना गढ़ के भीतर प्रवेश करना चाहती है।

यह जानकारी मिलते ही राजपूतों ने तत्काल अपनी रणनीति बदल दी और सुरंग बनानेवालों पर ऊपर से बड़े-बड़े शिलाखंड बरसाकर उनको रोकने की कोशिश करने लगे। बीच-बीच में वे तेल से भीगे कपास के ढेर तथा कपड़ों के जलते चीथड़े ऊपर से फेंकने लगते थे, जिससे चमड़े के छावनों में आग लग जाती

थी। साथ ही वे मुगल सेना पर अन्यान्य तरीके से हमला करके उन्हें हानि पहुँचाने का प्रयास करते थे।

किंतु अंततः मुगल सिपाहियों ने किले को नुकसान पहुँचाने में सफलता पा ही ली। सुरंगों की राह से उन्होंने कई जगह से गढ़ की मजबूत दीवारों में बड़े-बड़े सूराख बना लिये थे तथा दीवार को कई स्थानों पर तोड़ डाला था, फिर भी दुर्ग की रक्षा के लिए दृढ़प्रतिज्ञ राजपूतों ने बहुत देर तक मुगलों को अंदर प्रवेश नहीं करने दिया। जहाँ से भी मुगल सिपाही दुर्ग में घुसने की कोशिश करते वहीं उनको राजपूतों द्वारा विकट बाधाओं का सामना करना पड़ता। कई स्थानों पर उन्होंने बारूद का विस्फोट करके मुगल सिपाहियों को उड़ा दिया और उनको उस रात तो दुर्ग में प्रवेश नहीं करने दिया। लेकिन अब तक दुर्ग की दीवार एक नहीं, अनेक स्थानों से टूटकर कमजोर हो गई थी।

युद्ध चलता रहा। मुगल लगातार तोड़-फोड़ करने में लगे रहे और राजपूत हर मोरचे पर जी-जान से उनसे टक्कर लेते रहे। अब राजपूतों को मुगलों का भयंकर हमला रोकने के लिए एकदम आमने-सामने आकर युद्ध करना पड़ रहा था। ऐसी ही एक घमासान लड़ाई में खुद अकबर भी युद्ध कर रहा था। उस प्रत्यक्ष युद्ध में किस्मत ने अकबर को एक बहुत बड़ी सफलता भी उपलब्ध करवा दी, जो राजपूतों के लिए घोर दुर्भाग्य बनकर आई। उस समय राजपूतों का सरदार जयमल राठौर स्वयं सामने आकर युद्ध करने लगा था और खुद अकबर की बंदूक से निकली गोली से वह उस युद्ध में काम आ गया था।

यह राजपूतों के लिए बहुत बड़ा आघात था। अब तक वे इसलिए सामना कर रहे थे कि उनका मनोबल उनको सामना करने लायक बनाए हुए था। इधर जयमल का वीरगति पाना था और उधर गढ़ की रक्षा करनेवाली सेना के लिए अन्न का अंतिम दाना भी समाप्त हो जाने की भयानक स्थिति सामने आ गई।

लगभग पाँच महीने की लंबी घेराबंदी के कारण उनके पास की रसद समाप्त हो गई थी। इतना ही नहीं, उनके हथियार तथा गोला-बारूद भी खत्म हो चले थे। और तो और, उनके पास तीर-कमान तक नहीं बचे थे। इन पाँच महीनों में उन्हें किसी भी मार्ग से कोई सहायता नहीं मिली थी। और अब भी किसी ओर से सहायता पाने की उन्हें कोई आशा नहीं रह गई थी।

उधर मुगल सेना को लगातार रसद मिलती रहती थी और कुमुक भी बाहर से आती रहती थी। उनका तो मार्ग हर तरफ से खुला ही था। एकाध जगह राजपूतों ने उनकी रसद लेकर आनेवाली मुगल सैनिकों की टुकड़ियों को परास्त करके लूट

भी लिया था; लेकिन उतनी थोड़ी रसद से न तो गढ़ की रक्षा करनेवाली सेना को कोई विशेष लाभ मिलता था, न मुगलों की इतनी बड़ी हानि ही होती थी कि उनके मनोबल पर कोई प्रभाव पड़ता। एक टुकड़ी लुट भी जाती तो पाँच इधर-उधर से आ जाती थीं।

इतने दिनों में राजपूतों के अनेक सैनिक काम आ चुके थे। इस दृष्टि से भी उनको कोई आशा नहीं रह गई थी। दुर्ग के भीतर बचे-खुचे राजपूत योद्धाओं ने अंत में बैठकर विचार किया। उनको विश्वास हो गया था कि अब वे किसी भी तरह बहुत दिनों तक दुर्ग की रक्षा नहीं कर पाएँगे। बाहर जाकर उनकी सहायता के लिए प्रयास करनेवाले जासूसों की ओर से निराशा भरे संकेत ही मिलते थे। उन्होंने दूर-दूर तक जाकर देख लिया था कि कहीं ऐसी कोई राजपूत सेना नहीं थी, जो कि इस समय पहुँचकर मुगलों पर पीछे से आक्रमण करती। मुगलों की भारी घेराबंदी को तोड़कर चित्तौड़ में रसद पहुँचाने की ताकत तो किसी दल या टुकड़ी में नहीं ही थी।

हर प्रकार से विचार कर लेने के बाद उन्होंने वीर पत्ता को सेनापति बनाया और मुगलों से अंतिम युद्ध की तैयारी करने लगे।

मुगलों द्वारा चित्तौड़गढ़ का घेरा डालने के पूरे चार महीने बाद २४ फरवरी, १५६८ की वह रात राजपूतों के इतिहास की अत्यंत भयानक रातों में से एक थी जब चित्तौड़ दुर्ग में रहनेवाली लगभग तीन सौ राजपूत रमणियों ने अग्निदेवता को प्रणाम करके अपने पति-भाई-पिता आदि को अपनी मोह-माया से मुक्ति देकर स्वयं जौहर कर लिया।

सूर्य की किरणों के ताप से ही मुरझा जानेवाली उन कोमलांगी सुंदरियों ने वीरांगनाओं की भाँति अग्नि-समाधि लेकर अपने वीर योद्धाओं को मानो हर प्रकार से मुक्त कर दिया। अब राजपूत वीर उनकी चिंता किए बिना युद्धभूमि में प्राणोत्सर्ग का संकल्प लेकर महातांडव करते हुए शत्रुओं का संहार करते-करते स्वयं भी वीरगति प्राप्त हो गए।

□

और वह रात बीती। २५ फरवरी को प्रातःकाल ही निर्भय और निश्‍चिंत राजपूत योद्धाओं ने सहसा ही चित्तौड़गढ़ का द्वार खोल दिया। मुगल सैनिक कुछ समझ पाते, इसके पहले ही वे राजपूत रणबाँकुरे महाकाल की भाँति 'जय एकलिंग' का नारा लगाते हुए उनपर टूट पड़े। मुगल सिपहसालार सावधान होकर उनको घेरते, इसके पहले ही उन्होंने हजारों मुगलों को काट डाला और उनकी ऐसी दशा

कर दी कि वे फिर कहीं युद्ध करने योग्य नहीं रहें। लेकिन राजपूतों की वह मुट्ठी भर सेना कितनी देर तक अपना पराक्रम दिखाती। गढ़ की घेराबंदी करके बैठे अतिरिक्त मुगल सैनिकों ने सिपहसालारों का इशारा पाते ही लपककर राजपूतों को घेर लिया। स्वयं को शत्रु सैनिकों से चारों ओर से घिरा देख राजपूत योद्धाओं ने दुगुने वेग से युद्ध करना शुरू कर दिया और तांडव-सा करते हुए अनेक मुगलों को मौत के घाट उतार दिया और वीरगति को प्राप्त हो गए।

चित्तौड़गढ़ की यह विजय इतनी महँगी पड़ेगी, इसकी कल्पना भी अकबर को नहीं थी। फिर भी चित्तौड़गढ़ की जीत के बाद उसे बहुत कुछ पाने की खुशी में सबसे आगे स्वयं ही किले में प्रवेश किया। लेकिन दुर्ग के प्रांगण में कदम रखते ही वह बौखला उठा। राजपूत नारियों के जौहर के बाद वहाँ राख भर नजर आ रही थी। चारों ओर भयावह सन्नाटा छाया था। महाराणा तो अंदर नहीं है, इसके बारे में अकबर को पहले ही पता लग चुका था; लेकिन वहाँ तो कुछ भी नहीं था। कहाँ गईं राणा उदयसिंह की सर्वांगसुंदरी रानियाँ? उसका रनिवास तो एकदम से रीता होकर भाँय-भाँय करता प्रतीत हो रहा था। हीरे-जवाहरात और सोने से भरे चित्तौड़गढ़ में छिपा महाराणाओं का वह प्रसिद्ध राजकोष भी वहाँ नहीं था। वहाँ तो राख-ही-राख थी। और अगर कुछ था तो मिट्टी के ठीकरे और पत्थरों की चट्टानें, जिनसे राजपूतों ने हथियारों का काम लेकर न जाने कितने मुगल सिपाहियों को मौत के घाट उतार दिया था। यह सब देखकर कुछ देर तक तो अक़बर ठगा-सा खड़ा रहा और राजपूतानियों की राख की ओर अवाक् ताकता रहा, फिर सहसा कुपित होकर उसने दुर्ग में मिलनेवाले हर आदमी का कत्ल कर देने का हुक्म दे दिया।

युद्ध आरंभ हो जाने पर चित्तौड़ नगरी में रहनेवाले कोई तीस हजार नागरिकों तथा आस-पास के गाँवों के निवासियों ने भी चित्तौड़गढ़ में ही शरण ली थी। अकबर ने क्रोध में आकर कत्लेआम का आदेश दे दिया तो तीस हजार आबालवृद्धनारीनर नृशंसतापूर्वक मौत के घाट उतार दिए गए। समूचा दुर्ग उन निर्दोष नर-नारियों की लाशों से पट गया। किंतु इतने से ही अकबर की क्रोधाग्नि शांत नहीं हुई। उसने एक और फरमान जारी कर दिया। उस फरमान के अनुसार, महाराणा को परास्त न कर पाने और उनकी सुंदर रानियों से भरे रनिवास को न पाने का क्रोध गढ़ के भीतर और बाहर स्थित मंदिरों पर उतरा। वहाँ के नीलकंठ महादेव आदि विशाल तथा प्रसिद्ध मंदिर भी ढहाकर मिट्टी में मिला दिए गए।

दो

अकबर की इस घोर नृशंसता के कारण राजपूताना में आतंक व्याप गया। संभवत: इसी कारण चित्तौड़गढ़ के पतन के मात्र दो वर्ष के भीतर शौर्यभूमि राजपूताना के कितने ही शूरवीर राव-राजाओं ने किसी-न-किसी रूप में अकबर की अधीनता स्वीकार कर ली थी; किंतु अकेले महाराणा उदयसिंह तब भी नहीं झुके। वह अपने कुछ सामंतों के साथ स्वतंत्र रहकर ही अपने द्वारा बसाए गए एक नए नगर उदयपुर को राजधानी बनाकर मेवाड़ के महाराणा के रूप में ही मुगल सम्राट् अकबर से संघर्ष करते रहे।

मुगलों के मुकाबले मेवाड़ के राणा की शक्ति का कोई मेल नहीं था। शहंशाह अकबर किसी भी रूप में सहन नहीं कर सकता था कि मेवाड़ स्वतंत्र रहकर उसका सामना करता रहे। वह राजपूतों को तोड़कर अपनी अधीनता स्वीकार करने के लिए हर युक्ति को अमल में लाता रहा। उसकी अधीनता स्वीकार करनेवाले राव-राजाओं को उसने अनेक प्रलोभन तथा जागीरें और सुविधाएँ देकर अपने सामने झुकाने में सफलता पाई। तब भी उदयसिंह अपने सामंतों के साथ उससे संघर्ष करते ही रहे।

लेकिन महाराणा उदयसिंह को सबसे गहरा आघात उस समय लगा, जब रणथंभौर दुर्ग की रक्षा करने के लिए उनकी ओर से नियुक्त उनके परम विश्वासपात्र राव सुरजनसिंह हाड़ा ने भी उनका साथ छोड़ दिया। उसने रणथंभौर का महत्त्वपूर्ण दुर्ग भी शहंशाह अकबर को सौंप दिया और स्वयं उसकी सेवा स्वीकार कर ली।

सुरजनसिंह हाड़ा बूँदी के राजवंश से संबंधित था। लेकिन वह मेवाड़ की सेना में एक साधारण सैनिक के रूप में काम करके अपनी जीविका चलाता था। कई युद्धों में उसकी असाधारण वीरता तथा निष्ठा देखकर महाराणा उदयसिंह उससे प्रसन्न हो गए थे। उन दिनों बूँदी का राव सुरत्राण वहाँ का राजा था; लेकिन वह अत्याचारी था। बूँदी की प्रजा उसके अनाचारों से त्रस्त रहती थी। बूँदी काफी समय पहले से ही मेवाड़ के अधीन थी। महाराणा को राव सुरत्राण के अनाचारों की शिकायत निरंतर मिलती रहती थी। इस कारण महाराणा ने उसको समझाया भी। लेकिन राव सुरत्राण ने महाराणा उदयसिंह की उपेक्षा ही की और बार-बार उनके समझाने के कारण वह उनका शत्रु बन गया। एक सामंत की अवहेलना महाराणा को सहन नहीं हो सकती थी। उन्होंने राव सुरत्राण को बूँदी के सिंहासन से पदच्युत करके बूँदी राजवंश के इसी सुरजनसिंह हाड़ा को वहाँ का राजा बनाने

का निश्चय कर लिया। और कुछ ही दिनों बाद उन्होंने विधिवत् बूँदी के राजा के रूप में सुरजनसिंह का राज्याभिषेक भी कर दिया। उसे इस प्रकार बूँदी का राजा घोषित करके महाराणा उदयसिंह ने उसको रणथंभौर दुर्ग का रक्षक नियुक्त करके वहाँ भेज दिया।

सन् १५५४ में महाराणा उदयसिंह की प्रेरणा से ही सुरजनसिंह ने मेवाड़ की शक्तिशाली सेना लेकर बूँदी पर आक्रमण किया और विजय प्राप्त की। राव सुरत्राण उससे पराजित होने के बाद अपनी जान लेकर भाग खड़ा हुआ।

उसी परम विश्वासपात्र सुरजनसिंह द्वारा विश्वासघात किए जाने पर राणा को गहरा आघात लगा। इससे वह कुछ निराश हुए और बहुत दिनों तक विचलित रहे।

चित्तौड़ के साथ-साथ महत्त्वपूर्ण दुर्ग रणथंभौर तो गया ही, इसके साथ ही निरंतर चलते संघर्ष के दौरान मेवाड़ का लगभग एक-तिहाई भाग भी महाराणा के हाथ से निकल गया था। लेकिन महाराणा ने मन से हार नहीं मानी और सन् १५७० में वह एक बार फिर शक्ति-संचय करने का लक्ष्य लेकर उदयपुर से कुंभलमेर नामक क्षेत्र में जा पहुँचे। उनकी वीरता तथा मेवाड़ की स्वतंत्रता के लिए उनके संघर्ष और प्राण तक उत्सर्ग कर देने की भावना से राजपूत बहुत प्रभावित थे और उनका साथ देने में गर्व का अनुभव करते थे। देखते-ही-देखते लगभग चार हजार युवा राजपूत उनकी सेना में भरती हो गए। चित्तौड़गढ़ की रक्षा करते हुए जयमल मेड़तिया तथा पत्ता चूड़ावत के साथ प्राणोत्सर्ग कर देनेवाले अपने आठ हजार वीर सैनिकों और एक-से-एक योग्य सेनापतियों एवं सरदारों को खोकर महाराणा उदयसिंह अत्यंत व्यथित तथा क्षुब्ध थे। लेकिन कुंभलमेर से नए सैनिकों की भरती आरंभ होते ही उनके पास फिर जाँनिसार राजपूतों की एक शक्तिशाली सेना तैयार हो गई। दूर-दूर से कितने ही राजपूत स्वयं आ-आकर उनकी सेना में भरती होने लगे थे। कुंभलमेर में एकत्र होनेवाले सैनिकों को लेकर महाराणा उदयसिंह फिर गोगुंदा चले आए।

मेवाड़ के महाराणाओं का गोगुंदा में सदा से एक विशाल राजभवन रहा था। चित्तौड़ हाथ से निकल जाने के बाद तो गोगुंदा ही मेवाड़ की राजधानी बन गया था। महाराणा अपने परिवार तथा अंत:पुर के साथ गोगुंदा के ही महल में रहकर वहीं से क्षत-विक्षत मेवाड़ का राजकाज चलाने लगे और वहीं सेना में भरती होनेवाले नए सैनिकों को विधिवत् प्रशिक्षण दिया जाने लगा।

उस समय तक अकबर ने जगह-जगह धावा बोलकर मेवाड़ को खंडित करने के लिए अनेक क्षेत्रों पर अधिकार कर लिया था। एक-तिहाई मेवाड़ राज्य

महाराणा के अधिकार से निकल चुका था; लेकिन शेष मेवाड़ की सुरक्षा तथा अन्य चौकियों को सुदृढ़ बनाए रखकर अकबर का सामना करते हुए राज्य को उससे बचाए रखने की जिम्मेदारी तो संपूर्ण मेवाड़ के शासन से कहीं अधिक श्रमसाध्य थी। चारों ओर अशांति व्याप्त थी। मुगलों की सेना अबकी बार कब, कहाँ हमला कर देगी, इसका अनुमान लगा पाना भी बहुत कठिन होता था। इन संकटों को देखते हुए महाराणा ने भी बहुत सोच-विचार के बाद मुगलों की तरह अपने यहाँ गुप्तचर व्यवस्था स्थापित करने का निश्चय किया। इसके लिए बहुत योग्य, स्वामिभक्त तथा प्राणोत्सर्ग कर देनेवाले व्यक्तियों की खोज की जाने लगी।

किंतु इधर नई सेना के संगठन का भी पूरा अवसर महाराणा को नहीं मिल पाया। वह संभवत: अनवरत भाग-दौड़ तथा निरंतर संघर्ष के कारण थक चले थे। मानसिक व्यथा ही नहीं, शारीरिक रोग भी उनको ग्रसने लगे थे। वह कुछ विशेष नहीं कर पाए।

धीरे-धीरे पूरा वर्ष बीत गया।

सन् १५२८ का विजयादशमी पर्व भी महाराणा ने इस बार गोगुंदा में ही मनाया। यह भी संभवत: उनकी मानसिक वेदना का एक कारण बन गया। जीवन में पहली बार उनको चित्तौड़ से बाहर रहकर विजयादशमी का त्योहार इस विवशता से मनाना पड़ रहा था, जो अपने आपमें उनके लिए घोर अपमान का कारण था कि उनकी राजधानी चित्तौड़ नगरी ही उनके अधिकार से बाहर निकल गई थी।

महाराणा उदयसिंह का उत्साह भी दिनोदिन मंद-सा होता जान पड़ता था। उनके पुराने वफादार सेनापतियों द्वारा प्रशिक्षण पाकर उनकी नई सेना अब तक तैयार हो चुकी थी और समय-समय पर महाराणा की आज्ञा से वह अनेक क्षेत्रों की रक्षा का भार भी उठा रही थी; किंतु चित्तौड़ का हाथ से निकल जाना महाराणा उदयसिंह के लिए सबसे बड़ा आघात था। इसे वह एक प्रकार से अपने माथे पर कलंक मानते थे। पूर्वजों का जो सुदृढ़ गढ़ उन्होंने उत्तराधिकार में पाया था, उसकी रक्षा वे नहीं कर पाए, यह बात रह-रहकर उनके मन में एक टीस उत्पन्न करती रहती थी। लेकिन अब भी उनकी सेना इतनी सक्षम नहीं थी कि अपने चित्तौड़ को जीतकर इस कलंक को मिटा पाती—और न स्वयं महाराणा अपने को इस समय इतना समर्थ अनुभव कर रहे थे कि चित्तौड़ पर आक्रमण करने की योजना बनाते।

सबकुछ ऐसे ही चलता रहा। लगभग पाँच महीने और बीत गए।

फाल्गुन का महीना आते-आते महाराणा उदयसिंह पूरी तरह से व्याधिग्रस्त हो गए। अब वह बहुत चाहने पर भी अपने को सँभाल नहीं पाते थे। एक तरह से

उनका शरीर एकदम से टूट चला था। वह शय्या पर पड़ गए। उनके सभी सामंत, मंत्री तथा पुरोहित चिंता में पड़ गए। दिन-रात राजवैद्यों का उपचार चलने लगा। अनेक उपाय किए गए। एक-से-एक मूल्यवान् भस्म तथा ओषधियाँ दी जा रही थीं; लेकिन महाराणा का स्वास्थ्य बिगड़ता ही चला जा रहा था।

दूसरी ओर राजकाज में अनेक समस्याएँ सिर उठाने लगीं। महाराणा की अस्वस्थता के समय भी मंत्री और सामंत उनकी सहायता से मेवाड़ को स्थिर रखने के लिए हर संभव प्रयास करते रहे।

उन्हीं दिनों राजभवन में भी छद्म राजनीति चलने लगी थी। महाराणा का जीवनदीप अब बुझने को हो रहा है, इसका आभास पाते ही महाराणा की अनेक रानियों और उनके सगे-संबंधियों में हलचल-सी मच गई थी। महाराणा एक प्रकार से मृत्युशय्या पर सहज होकर व्याधि से भी लड़ नहीं पा रहे थे। उनको अपने अंत:पुर के कारण कितनी ही आशंकाएँ व्यापने लगी थीं।

तीन

उन दिनों राजपूताना में भी अनेक पत्नियाँ रखने की परंपरा थी। यहाँ तक कि राजा-महाराजाओं के रनिवासों में सैकड़ों स्त्रियाँ भरी रहती थीं। हर राजा के अंत:पुर में रानियों, उपरानियों, रखैलों और दासियों की भीड़ भरी रहती थी। अधिक-से-अधिक स्त्रियों को अपने अधिकार में रखना उस समय आन-बान की बात थी। उनमें से कुछ ही ऐसी भाग्यशालिनी होती थीं, जिनको पटरानी अथवा महाराज की प्रिय रानी बनने का अवसर मिलता था। कितनी अभागिन सुंदरियाँ तो मात्र एक दिन के लिए रानी बनने का ही सुख पाती थीं। एक रात को राजा की अंकशायिनी बन जाने के बाद उन्हें रनिवास के ही किसी कक्ष में स्थान मिल जाता था और वे महारानी अथवा किसी ऐसी रानी की सेवा-खुशामद करती हुई दिन बिताती थीं, जिन्हें महाराज की अनुकंपा प्राप्त होने के कारण कुछ दिनों तक रानी के रूप में राजसुख भोगने का अवसर प्राप्त होता था।

रनिवास की कुछ स्त्रियाँ तो पड़ोस के राजाओं से संबंध दृढ़ रखने के उद्‍देश्य से ही ब्याहकर लाई जाती थीं। ऐसी रानियों की कम-से-कम तब तक तो कोई उपेक्षा नहीं की जाती थी जब तक उनके राज्य से संबंध बनाए रखना आवश्यक होता था। वैसे राजाओं पर ऐसा कोई बंधन नहीं था कि उन्हें कब और कितनी रानियाँ रखनी चाहिए। कभी-कभी तो लागडाट के कारण, मात्र अपना गौरव

जताने के लिए ही राजा लोग किसी राज्य को जीतकर, वहाँ के राजवंश की स्त्रियों पर अधिकार करके उन्हें अपने रनिवास में शामिल कर लेते थे। बलपूर्वक जीतकर किसीकी रानी को अपनी रानी बना लेना तो उनके लिए विशेष गौरव की बात होती थी। पराजित राजा की पत्नी अथवा उसके रनिवास पर अधिकार करना उस सामंती युग से भी बहुत पहले से—प्राचीन इतिहास के काल से—ही गौरवपूर्ण कार्य माना जाता था।

स्त्रियों के मामले में महाराणा उदयसिंह भी किसीसे पीछे नहीं थे। मुँहणोत नैणसी की ख्यात, वीरविनोद तथा कर्नल टॉड द्वारा रचित अत्यंत रोचक ग्रंथ 'राजपूताना का इतिहास' आदि स्रोतों से जो जानकारी मिलती है, उससे विदित होता है कि मेवाड़ के महाराणा उदयसिंह की भी कम-से-कम अठारह पत्नियाँ थीं। उनमें से सबसे बड़ी रानी थीं जालौर राज्य के राजवंश की कन्या जैवंताबाई। उन्हें ही महाराणा की पटरानी होने का गौरव प्राप्त था। जीवन भर मेवाड़ की स्वतंत्रता के लिए अथक संघर्ष करनेवाले इतिहास-पुरुष महाराणा प्रताप इन्हीं महारानी जैवंताबाई के पुत्र थे। कुल के ज्येष्ठ तथा पटरानी के पुत्र होने के कारण प्रताप ही महाराणा के वास्तविक उत्तराधिकारी माने जाते थे। मेवाड़ में परंपरानुसार महाराणा की मृत्यु के बाद महाराणा के ज्येष्ठ पुत्र का ही अभिषेक किया जाता था।

प्रताप को ऐसे भी बाल्यावस्था से ही संघर्ष आरंभ कर देना पड़ा था। महाराणा उदयसिंह को तो मुगलों तथा पड़ोस के भी अनेक शत्रु राजाओं से लगातार युद्ध करना पड़ता था। किशोरावस्था में चरण रखते ही प्रताप अपने पिता के साथ अथवा अकेले ही सेना की टुकड़ियाँ लेकर युद्ध पर जाते रहते थे। इन अभियानों में कितनी ही बार प्रताप ने अपना शौर्य दिखाकर ख्याति प्राप्त की थी। युवावस्था के आते-आते प्रताप अत्यंत धीर-गंभीर, रणनीतिनिपुण तथा युद्ध-कौशल में समर्थ योद्धा के रूप में स्थापित हो चुके थे। शौर्यवान्, न्यायप्रिय तथा अपनी जन्मभूमि के प्रति तन-मन-धन से समर्पित रहने की भावना के साथ-साथ प्रताप उन सभी गुणों से भरपूर युवक थे, जो महाराणा का पद पाने के लिए अनिवार्य होते थे। सैन्य संगठन तथा प्रशासन में समर्थ होने के साथ ही वे प्रजा में आदर के पात्र भी थे—अत्यंत लोकप्रिय।

स्वयं महाराणा उदयसिंह अपने ज्येष्ठ पुत्र प्रताप की वीरता, योग्यता तथा शील-गुणों से प्रसन्न रहते थे और उन्हें बड़ा स्नेह भी देते थे। उनकी ओर से प्रताप को उस संघर्षकाल में भी किसी युवराज के अनुरूप हर प्रकार के अधिकार एवं सुविधाएँ उपलब्ध थीं।

इसके अतिरिक्त मेवाड़ की राजसभा के सभी सदस्यों, राजपुरोहित, मंत्रीगण, सेनापति, सामंतों आदि को भी यही विश्वास था कि मेवाड़ के महाराणा तो प्रताप ही होंगे और इसके अनुरूप ही सब उन (प्रताप) का आदर-मान करते थे।

किंतु प्रताप को तो आजीवन संघर्ष करते हुए राजपूताना के ही नहीं बल्कि समूचे भारत के इतिहास-पुरुष के रूप में स्थापित होना था। मानो इसका संकेत प्रारब्ध ने प्रथम चरण में ही दे दिया था। हर प्रकार से कुशल तथा 'महाराणा' पद के लिए समर्थ अपने ज्येष्ठ पुत्र प्रताप को महाराणा उदयसिंह ने अपने अंतिम क्षणों में न जाने कैसे राजपद से वंचित कर दिया। इस अवांछनीय सत्य का उद्घाटन बड़े ही विचित्र स्थान तथा विचित्र क्षणों में उतने ही विचित्र ढंग से हुआ।

मेवाड़ राजवंश की परंपरा के अनुसार महाराणा के देहावसान को उनकी मृत्यु के रूप में नहीं स्वीकार किया जाता था। वास्तव में मेवाड़ का राज्य भगवान् एकलिंग का राज्य माना जाता था, अर्थात् मेवाड़ के वास्तविक अधिपति तो भगवान् एकलिंग होते थे और महाराणा मेवाड़ का राजकाज चलाने के लिए भगवान् एकलिंग के दीवान मात्र माने जाते थे। भगवान् की ही भाँति उनका महाराणा—अर्थात् उनका दीवान—भी अजर-अमर ही माना जाता था। उस पद पर आसीन किसी व्यक्ति का देहावसान हो जाने पर भगवान् एकलिंग का दीवान उसका उत्तराधिकारी हो जाता था और वह इस अजर-अमर-अक्षर दीवान की परंपरा को जीवित रखता था।

इसी परंपरागत विश्वास के अंतर्गत एक विशेष नियम यह भी प्रचलित था कि दिवंगत महाराणा की शवयात्रा निकाली जाती थी तो उनका उत्तराधिकारी उनके पार्थिव शरीर के साथ श्मशान तक नहीं, राजप्रासाद के मुख्य द्वार तक ही जाता था। श्मशान पर दिवंगत महाराणा का अंतिम संस्कार नए महाराणा के अनुज या निकटतम संबंधी ही करते थे। इस नियम के अनुसार महाराणा के पद पर आरूढ़ व्यक्ति के देहावसान के तत्काल बाद ही अपने आप यह सत्य उजागर हो जाता था कि अब महाराणा के पद पर किसका अभिषेक किया जाने वाला है। इस प्रकार महाराणा उदयसिंह का देहावसान होने के साथ ही यह तथ्य निश्चित सा था कि नए महाराणा प्रताप ही होंगे। किंतु इसे मात्र संयोग कहा जाए अथवा अनागत का क्रूर संकेत कि राजवंश की युगों से चली आ रही परंपरा उस दिन प्रताप ने भंग कर दी। अपने पिता के प्रति प्रताप के मन में अथाह श्रद्धा तथा आदर तो था ही, गहरा लगाव भी था। संभवत: इस लगाव के कारण ही प्रताप ने अनेक सगे-संबंधियों, स्वयं राजमाता जैवंताबाई और अपनी पत्नी युवरानी अजबादे द्वारा उक्त परंपरा के संबंध में संकेत किए जाने पर भी उनकी अवहेलना कर दी और उदयसिंह

के विमान के साथ-साथ वह भी श्मशान तक चले गए।

इसके साथ ही एक और विपरीत सी लगनेवाली घटना घटित हो गई।

उस समय श्मशान पर प्रताप के सभी बाईस अनुज उपस्थित थे, मात्र एक अनुज वहाँ नहीं आया था—जगमाल। वह महाराणा उदयसिंह की सबसे सुंदर और परम प्रिय रानी धीरजबाई भटियाणी का ज्येष्ठ पुत्र था। धीरजबाई के जगमाल से छोटे तीन पुत्र और थे—अगर, पच्चाण और सगर। वे तीनों भी पिता के शव को विमान पर लेकर जाते समय साथ थे और इस समय श्मशान में भी उपस्थित थे। केवल जगमाल ही नहीं आया था।

प्रताप को वहाँ उपस्थित देखकर चकित से सामंतों ने जगमाल को अनुपस्थित पाया तो उनको आशंका हुई। वे परस्पर एक-दूसरे की ओर देखने लगे। आँखों-ही-आँखों में बात हुई और ग्वालियर के राजा रामशाह ने सहसा जगमाल के सबसे छोटे भाई सगर से पूछ ही लिया, "इस समय राजकुमार जगमाल कहाँ रह गए? वह तो महाराणा उदयसिंह के सबसे प्रिय पुत्र हैं?"

सगर ने कुछ गर्व के साथ उत्तर दिया, "महाराणा पद के उत्तराधिकारी श्मशान पर कैसे आते?"

सामंत राव राजा ही नहीं, श्मशान पर उपस्थित हर व्यक्ति सगर की यह बात सुनकर चौंक पड़ा।

अंतिम संस्कार के अनुष्ठान चलते रहे।

दूसरी ओर इस आकस्मिक सूचना से चिंतित मेवाड़ के राजवंश के हितैषी सामंतों, सभासदों, दीवान, मंत्रियों तथा अन्य पदाधिकारियों के साथ-साथ स्वयं राजकुल के सदस्यों के बीच चर्चा और विचार-विमर्श चलते रहे।

मेवाड़ के महाराणा के पद से जुड़ी एक और परंपरा भी थी। कभी पूर्वकाल में अत्यंत शौर्यवान् राजकुल के राव चूडा ने मेवाड़ के महाराणा से संधि करके अपना स्वाधीन राज्य उनके अधीन कर दिया था। तभी से राव चूडा के वंशजों को मेवाड़ राज्य का प्रमुख प्रबंधक मान लिया गया था। राज्य के प्रशासन के मामले में राव चूडा के वंशज सबसे प्रभावशाली थे। इस संबंध में एक कहावत ही प्रचलित हो गई थी--पाट (राज) महाराणा का, ठाट (प्रबंध) चूडा का, अर्थात् राज्य का अधिपति तो सिसोदिया वंश का महाराणा होता था, किंतु प्रशासन तथा राज-व्यवस्था पर पूरा अधिकार राव चूडा के वंशजों का होता था। उन दिनों मेवाड़ की व्यवस्था के अधिकारी राव चूडा के दो पौत्र ही थे—राव कृष्णदास और रावत संग्रामसिंह, जो रावत साँगा ही कहे जाते थे।

महाराणा द्वारा अंतिम क्षणों में जगमाल को उत्तराधिकारी बना दिए जाने की बात प्रताप के भी कानों में पड़ी। उन्होंने इस विषय में किसीसे कोई बात नहीं की और मन-ही-मन निश्चय कर लिया कि पिता के अंतिम संस्कार तथा शोक की अवधि समाप्त होते ही वह मेवाड़ छोड़कर कहीं और चले जाएँगे तथा अपने बल-विक्रम से अपना अलग राज्य स्थापित कर लेंगे।

श्मशान से लौटने के बाद उन्होंने अपना यह निश्चय अपनी पत्नी कुँवरि अजबादे के समक्ष प्रकट कर दिया। पति का यह निर्णय सुनकर वह स्तंभित-सी रह गईं; किंतु उन्होंने तब कोई विरोध प्रकट नहीं किया। अपने पति पर उनकी अनंत आस्था थी। वह जानती थीं कि प्रताप की अपने पिता के प्रति अपार श्रद्धा तथा भक्ति थी। महाराणा उदयसिंह किसी भी कारण से भले ही अपने ज्येष्ठ पुत्र को उत्तराधिकार से वंचित कर गए हों, किंतु उनका धीर-गंभीर पुत्र राजसिंहासन के लोभ से कभी अपने पिता की अंतिम इच्छा का अनादर नहीं करेगा। अजबादे की दृष्टि में प्रताप एक सर्वथा लोभहीन और निष्कलुष व्यक्ति थे। उन्होंने आज तक प्रताप को कभी मोह-माया से विकल होकर किसी गुरुजन का अपमान करते नहीं देखा था, फिर स्वयं अपने पिता महाराणा उदयसिंह की इच्छा के विरुद्ध जाकर तो वह समूची पृथ्वी का भी शासक बनना नहीं चाहेंगे।

कुँवरि अजबादे यह भी जानती थीं कि उनके पति को अपनी जन्मभूमि मेवाड़ की धरती के कण-कण से गहरा प्यार है। उसको भी त्यागकर जाने की असहनीय पीड़ा वह भले ही सह लेंगे, लेकिन अपने हित के लिए मेवाड़ में वह कदापि ऐसा कोई संघर्ष नहीं छेड़ेंगे कि पहले से ही संकटों से घिरा मेवाड़ और अधिक कमजोर हो जाए। बचपन से लेकर यौवन तक जिस मेवाड़ की धरती की स्वाधीनता के लिए प्रताप अपने पिता के साथ शत्रुओं से अनवरत संघर्ष करते रहे, अब स्वार्थवश वह ऐसा कोई कार्य नहीं करेंगे कि उसी मेवाड़ पर विपदा टूट पड़े। वह जानते हैं कि यदि इस समय राजसिंहासन के लिए उनकी ओर से संघर्ष आरंभ हो गया तो इसकी रक्षा करनेवाले सेनापतियों, सरदारों तथा राव-राजाओं के बीच परस्पर विवाद खड़ा हो जाएगा, उनमें दो दल बन जाएँगे और मेवाड़ एक प्रकार से खंडित हो जाएगा। प्रताप इसकी तो कल्पना भी नहीं कर सकते थे कि मेवाड़ की शक्ति किसी भी कारण से इतनी क्षीण हो जाए कि अंत:कलह के कारण टूटे-बिखरे मेवाड़ को उनका प्रबल शत्रु मुगल बादशाह अकबर गिद्ध की तरह झपटकर सहज ही दबोच ले। नहीं, कुँवरि अजबादे के शूरवीर, शौर्यवान् तथा स्वाभिमानी पति को अपनी जन्मभूमि की पराधीनता कभी स्वीकार नहीं हो सकती। उनका

निश्चय उचित ही है।

कुँवरि अजबादे मन-ही-मन मेवाड़ के लिए छटपटाती हुई भी पति की इच्छा के अनुरूप उससे विदा लेने की तैयारियाँ करने लगीं।

चार

सलुंबर राव कृष्णदासजी चूडावत तथा राव चूडा के ही दूसरे पौत्र देवगढ़ के रावत साँगा ने रातोरात राजमहल के भीतर होनेवाले षड्यंत्र का पता लगा लिया था। दो ही दिन पहले महाराणा उदयसिंह जब पूरी तरह असमर्थ-से हो चले थे, उनके पास जल्दी कोई सामंत-राव भी नहीं आ पाता था। राजवैद्य हर उपाय कर रहे थे, किंतु महाराणा की हालत सुधरने के बजाय गिरती ही जा रही थी। राजमहल में सन्नाटा छाया था। चारों ओर उदासी पसरी थी।

लेकिन उस समय भी सामंत, राव-राजाओं के डेरों पर हलचल थी। महाराणा का अंतिम समय आ गया है, यह बात लगभग निश्चित हो गई थी। ऐसे में राजमहल षड्यंत्रों के आगार बन जाते हैं। यहाँ भी ऐसा ही हो रहा था। परंपरा से तो निश्चित सा लगता था कि पाटवी राजकुमार प्रताप ही महाराणा के देहावसान के बाद मेवाड़ के महाराणा पद पर आसीन होंगे, लेकिन इसे स्वीकार कौन करता है? महाराणा उदयसिंह की अनेक रानियाँ थीं। उनमें से सात के नाम तो मिलते हैं।

प्रताप अपने नाम के अनुरूप ही प्रतापी, धीर-गंभीर, योद्धा और शील-संपन्न थे। महाराणा के ज्येष्ठ पुत्र होने के कारण वही वास्तविक उत्तराधिकारी थे। लेकिन अंतिम क्षणों में महल के भीतर दूसरा ही षड्यंत्र चल रहा था।

बाहर महाराणा की हालत से चिंतित सभी सामंत-सरदार गोगुंदा में बैठे प्रतीक्षा कर रहे थे और दूसरी ओर महाराणा के संबंधी अपने-अपने भानजे अथवा दौहित्र को मेवाड़ का अधिपति बनाने के लिए सामंतों तथा प्रभावशाली राव-राजाओं से मिल रहे थे।

उधर महल के अंतःपुर में कुछ और ही नाटक चल रहा था। अंतिम क्षणों में महाराणा अपनी सबसे लावण्यवती तथा सबसे प्रिय रानी भाटी वंश की धीरजबाई भटियाणी के महल में ही थे। वहाँ रानी धीरजबाई किसीको जल्दी प्रवेश की अनुमति ही नहीं देती थीं। राजवैद्य के अनुसार भी उस समय महाराणा को एकांत तथा शांति की ही आवश्यकता थी। इसी कारण चुपचाप कब, कैसे, क्या हो गया, इसका आभास तक किसीको नहीं मिल पाया था। बस, एक दासी से इतना ही पता

लगा कि महाराणा जब अचेतप्राय थे, तब भटियाणी रानी ने उनसे अनुरोध करके किसी पत्र पर हस्ताक्षर करवाए थे। महाराणा को इतना चेत नहीं था कि वह पढ़कर कुछ सोचते। उनसे तो बस धीरजबाई ने जो कहा, कि राजकाज का कोई पत्र है, उसी पर विश्वास करके महाराणा ने हस्ताक्षर कर दिए थे।

सुनकर कृष्णदास चूडावत को तुरंत आशंका हुई कि महाराणा की अचेतावस्था का लाभ उठाकर भटियाणी रानी ने अपने पुत्र के लिए मेवाड़ का महाराणा पद ही लिखवा लिया होगा। लेकिन जब तक चूडावंश के सरदारों की ओर से उसकी पुष्टि नहीं की जाती तब तक ऐसा कोई भी निर्णय मान्य नहीं हो सकता था। 'ठाट' तो उनका ही था। वह प्रबंध करनेवाले थे। उनके परामर्श के बिना तो महाराणा का निर्णय भी इस संबंध में मान्य नहीं होता था।

अंतिम संस्कार संपन्न होने के बाद राव कृष्णदास स्वयं प्रताप से मिलने के लिए गए। उस समय प्रताप कुछ आवेश में थे और अश्वशाला से अपना अश्व लाने की आज्ञा देकर उसकी प्रतीक्षा कर रहे थे तथा कहीं जाने के लिए एकदम तैयार थे।

इस बीच कृष्णदास को एक और जानकारी मिल चुकी थी कि कुँवर प्रतापसिंह ने किसी बात पर जगमाल को समझाने का प्रयास किया था कि उसे अनाचार नहीं करना चाहिए। यदि संयोग से उसको राजपद मिल ही गया है तो उसका कर्तव्य है कि वह सबके प्रति आदर तथा स्नेह का व्यवहार करे और अनाचार न करके मेवाड़ की रक्षा के लिए अधिक-से-अधिक सरदारों तथा सामंतों को, साथ ही मेवाड़ की प्रजा को भी संतुष्ट रखे; लेकिन इतनी सी बात पर अपने बड़े भाई के स्नेह का उत्तर जगमाल ने बड़ी ही रुक्ष भाषा में दिया था। उसने कहा था, 'महाराणा उदयसिंह ने कुछ सोचकर ही मुझे महाराणा बनाया है। तुम अपना काम देखो। फिर कभी ऐसी धृष्टता की, तो तुमको मेवाड़ से निष्कासित कर दिया जाएगा।'

तब प्रताप खीजकर उसी समय अपनी पत्नी तथा बच्चे के साथ मेवाड़ छोड़कर जाने के लिए तत्पर हो गए थे। संयोग से राव कृष्णदास समय पर आ पहुँचे। उन्होंने प्रताप को बहुत समझाया और मेवाड़ की आन के लिए उन्हें अपना क्षोभ त्याग देने के लिए राजी कर लिया। फिर वह प्रताप को साथ लेकर राजसभा की ओर गए। वहाँ उस समय जगमाल के राजतिलक की तैयारियाँ चल रही थीं। सभी सामंतों को आमंत्रित किया गया था। राजसभा में उपस्थित सामंतों के बीच चर्चाएँ चल रही थीं और असंतोष भी ध्वनित हो रहा था। प्रताप राजसभा के द्वार पर ही रुक गए। राव कृष्णदास ने अंदर प्रवेश करते हुए देखा कि राजतिलक के लिए महाराणा के विशाल सिंहासन पर जगमाल गर्व से तना बैठा है। उन्होंने निकट

ही खड़े देवगढ़ के रावत साँगा की ओर देखा और मानो आँखों-ही-आँखों में दोनों ने निर्णय कर लिया। प्रताप को देखते ही सभी सामंत उठ खड़े हुए थे। सभा में सनसनी-सी फैल गई थी।

राव कृष्णदास और रावत साँगा ने पास जाकर जगमाल से कहा, "तुम इस सिंहासन पर कैसे विराजमान हो, कुँवर? तुम तो कनिष्ठ हो और तुम्हारा स्थान महाराणा के सामनेवाले आसन पर होता है।"

जगमाल ने कहा, "लेकिन महाराणाजी ने तो यह पद स्वयं मुझे…"

किंतु उसका वाक्य पूरा होने के पहले ही सलुंबर राव कृष्णदास तथा रावत साँगा ने उसका एक-एक हाथ पकड़कर सिंहासन से उतारकर अलग खड़ा कर दिया। फिर वे द्वार तक गए और आदरपूर्वक प्रताप को साथ लाकर उन्हें सिंहासन पर बैठा दिया। पलक झपकते राजसभा का दृश्य ही बदल गया। प्रताप को सभी सामंतों ने सम्मानपूर्वक 'महाराणा' स्वीकार किया। उनका विधिपूर्वक राजतिलक भी संपन्न कर दिया गया।

जगमाल खून का घूँट पीकर रह गया। उस समय उसने कोई विरोध करना ठीक नहीं समझा। वास्तव में उसके पक्ष में भाटी वंश के इने-गिने लोगों के अतिरिक्त कोई नहीं था; जबकि राजसभा को 'जय एकलिंग' के नारे से गुंजाते सामंतों के मनोभावों से यह स्पष्ट था कि वे सबके सब प्रताप को ही महाराणा बनाना चाहते थे।

'भगवान् एकलिंग की जय!'

'महाराणा प्रताप की जय!'

बड़ी देर तक राजसभा में यही घोष गूँजता रहा। सामंतों ने परंपरा के अनुसार महाराणा प्रताप का टीका कर अपनी ओर से नजराना तथा भेंट प्रस्तुत कीं।

महाराणा का पद पाने के बाद प्रताप में मेवाड़ के प्रति भरी अगाध निष्ठा एवं श्रद्धा और भी उद्दीप्त हो उठी। वह तन-मन से मेवाड़ को संगठित करने के लिए रात-दिन एक करने लगे।

राज्याभिषेक के समय राज्य की परंपरा के अनुसार प्रताप ने भी अपने सामंतों-सभासदों को उपहार-जागीर आदि देकर उनका मान बढ़ाया। प्रताप की उदारता ने सबका मन मोह लिया। वास्तव में प्रताप ही मेवाड़ के महाराणा बनने योग्य थे। चारों ओर यही चर्चा होने लगी।

हताश-निराश जगमाल मुँह छिपाकर अपने कक्ष में पड़ा रहा।

यह घटना १८ फरवरी, १५७२ की ही मानी जा सकती है, क्योंकि मेवाड़ की

परंपरा यही थी कि जिस दिन महाराणा का देहावसान होता था उसी दिन उनका उत्तराधिकारी नियुक्त कर दिया जाता था।

जगमाल के साथ महाराणा प्रताप की ओर से कभी किसी मामले में दुर्व्यवहार नहीं किया गया। उसे पूरी तरह स्वतंत्र जीवन बिताने की सुविधा थी। किंतु जगमाल को ऐसा लगता था जैसे वह महाराणा बनते-बनते राह का भिखारी बन गया हो। उसे मालूम था कि उसके पक्ष में न कोई बड़ा सामंत है और न उसके पास सैन्यबल ही है। इसीलिए प्रताप के विरोध में खड़े होने का साहस भी उसे नहीं हुआ। लेकिन कोई प्रतिबंध न होते हुए भी वह मेवाड़ में रह नहीं पाया और एक दिन चुपचाप मेवाड़ छोड़कर अजमेर में तैनात मुगल सूबेदार की शरण में चला गया।

मुगलों को तो ऐसे अवसरों की प्रतीक्षा रहती ही थी। अकबर की नीति ही थी कि राजपूत राज्यों में फूट डालने का कोई अवसर चूका न जाए। फिर मेवाड़ तो उसका कट्टर शत्रु राज्य था। वहाँ का दूसरा विद्रोही राजपुत्र उदयसिंह की दूसरी सबसे महत्त्वपूर्ण रानी सज्जाबाई सोलंकिणी का पुत्र शक्तिसिंह था, जो प्रतापसिंह के महाराणा बनने से चिढ़कर, मेवाड़ छोड़कर अकबर के दरबार में चला गया था। अब उदयसिंह का एक और बेटा मेवाड़ के महाराणा का दुश्मन बनकर अपनी ओर आ रहा है तो उसे जरूर शरण दी जाए—इस निर्णय के अनुसार मुगल सूबेदार ने जगमाल का बड़ा स्वागत-सत्कार किया।

कुछ दिनों के बाद मुगल सूबेदार ने जगमाल को अकबर के दरबार में पेश किया। अकबर ने अपनी कुटिल राजनीति का आश्रय लिया और जगमाल को आश्वासन दिया। अपनी ओर से 'खिलअत' आदि देकर उसका सत्कार किया और उसे जहाजपुर की जागीर भी दी। जगमाल को मेवाड़ से जाने के बाद कोई ऐसी उपलब्धि प्राप्त नहीं हुई कि वह अपने को भाग्यशाली मानता। मेवाड़ पर तो अपने जीते-जी स्वयं अकबर ही पूरी तरह से अधिकार नहीं कर पाया था, तो वह किसी विद्रोही को मेवाड़ का महाराणा क्या बना पाता! वैसे भी जगमाल अभागा ही रहा। इसके बाद वह जब तक जिया, मुगलों की सेवा ही करता रहा।

अकबर ने कुछ दिनों के बाद उसे एक और जगह अपना मोहरा बनाया। अकबर की नीति थी कि वह राजपूतों से राजपूतों को ही भिड़ाकर अपना काम साधता था। वह अपने कम-से-कम सरदारों को खोना चाहता था और राजपूतों में शत्रुता के बीज बोता रहता था, ताकि उनमें परस्पर ठनी रहे और वे संगठित होकर मुगलों का सामना न कर पाएँ। इसी नीति के अंतर्गत अकबर ने जगमाल को फिर अपना मोहरा बनाया।

यह कोई ग्यारह साल बाद की बात है। सन् १५८३ में अकबर ने जगमाल को सिरोही राज्य का आधा भाग भी प्रदान कर दिया। यह भी अकबर की सोची-समझी चाल थी। वह तो वास्तव में मेवाड़ के मित्रों के बीच शत्रुता पैदा करके उनकी शक्ति को ही तोड़ना चाहता था। सिरोही का आधा राज्य भी जगमाल के लिए शुभ सिद्ध नहीं हुआ। क्योंकि सिरोही पर तो स्वयं जगमाल के ससुर राव मानसिंह का शासन था। उसका राज्य आधा बाँटने का आदेश जब अकबर ने दिया तो उसका कोई न्यायोचित कारण नहीं था। ऊपर से तो लगता था कि वह जगमाल पर उपकार कर रहा था, किंतु वास्तविकता कुछ और ही थी। सिरोही के राज्य को बाँटने के फेर में जगमाल का साला सुरत्राण ही उसका जानी दुश्मन बन गया। यह वैर अपनी चरम सीमा पर पहुँच गया। अंत में उनके बीच युद्ध होकर ही रहा। सन् १५८३ में ही, जब जगमाल सिरोही का बँटवारा करने के लिए तुला था, दोनों—जगमाल व सुरत्राण—में युद्ध हुआ और अभागा जगमाल अपने साले सुरत्राण के हाथों ही मारा गया। इस प्रकार एक महत्त्वाकांक्षी माँ के महत्त्वाकांक्षी बेटे का अंत हो गया।

पाँच

महाराणा प्रताप मेवाड़ का शासन सँभालने के बाद जर्जर मेवाड़ राज्य को संगठित करने के प्रयत्न में रत हो गए। वास्तव में उनको उत्तराधिकार में जो राज्य मिला था, वह अपनी चित्तौड़ जैसी राजधानी तथा एक अजेय दुर्ग खोकर काफी हद तक कमजोर हो चुका था। इतना ही नहीं, मेवाड़ ने चित्तौड़ खोकर केवल अपनी शक्ति ही नहीं खोई थी बल्कि राजस्थान में युगों से बनी-बनाई उसकी प्रतिष्ठा का भी ह्रास हो गया था।

राजधानी चित्तौड़ को खो देने के बाद से मेवाड़ के महाराणा गोगुंदा के राजभवन में ही रहने लगे थे। वहीं महाराणा उदयसिंह का देहावसान हुआ और महाराणा प्रताप का अभिषेक भी। उस अभिषेक से मेवाड़ की प्रतिष्ठा के अनुरूप गरिमा नहीं थी। अतः प्रताप ने देशकाल पर विचार करने के बाद गोगुंदा को छोड़कर कुंभलगढ़ को अपना निवास बनाया। पहाड़ियों के बीच बना कुंभलगढ़ दुर्ग गोगुंदा की अपेक्षा अधिक सुरक्षित तथा राजधानी के योग्य था। अपनी इसी अस्थायी राजधानी में महाराणा प्रताप ने दोबारा विधिवत् अपने राज्याभिषेक की व्यवस्था करवाई। इस अवसर पर मेवाड़ के महाराणा के अनुरूप भव्य समारोह

आयोजित किया गया। महाराणा प्रताप ने यह आयोजन इस उद्‌देश्य से किया था कि इसी अवसर पर स्पष्ट हो जाएगा कि वर्तमान स्थिति में मेवाड़ के कितने शत्रु हैं और कितने मित्र!

उन दिनों के एक अन्य शक्तिशाली राज्य जोधपुर के राव चंद्रसेन भी राज्याभिषेक के इस समारोह में सम्मिलित हुए, जो महाराणा प्रताप के मामा थे। वैसे राव चंद्रसेन का चरित्र बहुत कुछ प्रताप से मिलता-जुलता था। वह भी मुगल शहंशाह अकबर के शत्रुओं में से थे। कहना तो यही उचित होगा कि महाराणा प्रताप के बाद अकबर के ऐसे शत्रु एकमात्र चंद्रसेन ही थे, जो महाराणा प्रताप की भाँति जीवन भर अकबर के विरुद्ध संघर्ष करते रहे और अंत में पहाड़ियों के बीच भटकते रहे; किंतु जीवन के अंतिम क्षण में भी उन्होंने अकबर की अधीनता स्वीकार नहीं की। इतिहास में ऐसे निष्ठावान् स्वतंत्रता सेनानी गिनती के ही हुए हैं।

जोधपुर के राव चंद्रसेन से प्रताप का पहले से ही गहरा संबंध था। इस समारोह के बाद उनका संबंध और भी प्रगाढ़ हो गया। ऐसे ही अन्य जो-जो राजपूत राजा अथवा राव तब प्रताप के मित्र के रूप में उभरे, उनके विषय में अकबर के कुटिल जासूस उसे समाचार देते रहते थे।

वस्तुतः महाराणा प्रताप सिंहासन पर आरूढ़ होते ही मेवाड़ के मित्रों की संख्या बढ़ाने का प्रयास करने लगे, क्योंकि मेवाड़ की दशा पिछले कुछ वर्षों में बड़ी चिंताजनक हो गई थी। कोई चालीस वर्ष पहले का मेवाड़ आज की अपेक्षा कहीं उत्तम स्थिति में था। उन दिनों मेवाड़ के महाराणा साँगा राजपूताना में सर्वशक्तिमान् शासक के रूप में प्रतिष्ठित थे। कहा जाता है कि समस्त राजपूताने पर राणा साँगा की धाक थी। उनका विरोध करने का साहस किसीमें नहीं होता था। राणा साँगा अपार युद्ध-सामग्री से संपन्न असाधारण योद्धा थे। उनके साथ सात बड़े राजा, नौ राव और एक सौ सात रावल तथा रावत उनके संकेत पर कुछ भी कर गुजरने के लिए तैयार रहते थे। उनकी सेना के सबसे मजबूत अंग अस्सी हजार अश्वारोही थे। केवल हिंदू राव-राजा ही नहीं, कित्तने ही मुसलमान-पठान भी उनके रणबाँकुरे सरदारों में थे, जो राणा के लिए हर पल सिर कटवाने के लिए तत्पर रहते थे। अब वही मेवाड़ राजपूताने का एक दुर्बल और प्रतिष्ठाहीन राज्य बनकर रह गया था।

उस समय मेवाड़ अत्यंत साधनहीन राज्यों में से एक था। वर्षों से चल रहे मुगलों के साथ संघर्ष के कारण राज्य की सारी व्यवस्था भंग हो गई थी। रास्ते असुरक्षित हो गए थे। सड़कें टूट-फूट गई थीं। व्यापार के मार्ग अराजकता के

कारण बंद-से हो गए थे। राज्य की आय के महत्त्वपूर्ण साधन नष्ट हो गए थे। विकास के सारे कार्य अवरुद्ध थे तथा राज्य की आर्थिक स्थिति डाँवाँडोल हो चली थी। इतना ही नहीं, अब मेवाड़ की कृषि का भी सत्यानास हो गया था। वास्तव में राज्य के उर्वरा भूमिवाले अनेक गाँव तथा नगर मुगलों के अधीन हो गए थे। चारों ओर मुगल शासन का प्रभाव व्यापता जा रहा था। मेवाड़ की पूर्वी सीमा के कई महत्त्वपूर्ण स्थानों—वेदनौर, शाहपुरा, रायला आदि—पर पहले ही मुगलों ने कब्जा जमा लिया था। बाहरी क्षेत्रों के साथ-साथ मेवाड़ का प्रभाव राजपूताने के भीतरी भाग में भी कम हो गया था। चित्तौड़ के साथ ही जहाजपुर तथा मांडलगढ़ आदि सामरिक महत्त्व के स्थानों को भी मुगलों ने जीतकर अपने अधिकार में कर लिया था।

फिर सबसे बड़ी चिंता का कारण तो यह था कि चित्तौड़ के पतन और तीस हजार निर्दोष नागरिकों के कत्लेआम की नृशंसतापूर्ण घटना के बाद तो मानो राजपूताना के राजपूतों का साहस ही उनका साथ छोड़ गया था। उनमें एकाएक अकबर की अधीनता स्वीकार करने की होड़-सी लग गई थी। इसके लिए उन्होंने राजपूतों की परंपरागत आन-बान को भी गिरवी रख दिया था। आमेर के राजवंश ने तो अकबर के साथ अपनी कन्याओं की डोली तक देने की परंपरा आरंभ कर दी थी। मेड़ता, अजमेर, जहाजपुर आदि क्षेत्रों पर कभी मेवाड़ के राणा साँगा की तूती बोलती थी, अब वे मेवाड़ के शत्रुओं के गढ़ थे।

मित्रों में से अनेक की स्थिति डाँवाँडोल थी। पड़ोस के मालवा तथा गुजरात पर भी कभी राणा साँगा का अधिकार था, किंतु अब वे भी अकबर के अधीन थे। मित्रों में से एक तो जोधपुर ही था, जिससे मेवाड़ के राजवंश की मैत्री के साथ-साथ घनिष्ठ संबंध भी थे। वहाँ के राजा मालदेव की मृत्यु के बाद उनके तीनों पुत्रों के बीच राज्य के लिए संघर्ष छिड़ गया। उनमें से दो—उदयसिंह और राम अपने ज्येष्ठ भ्राता चंद्रसेन के विरोधी बनकर अंततः अकबर की सेवा में चले गए थे। अकबर ने हमेशा की तरह उन विद्रोहियों को शरण दी और जागीरें देकर अपनी ओर मिला लिया था। फिर उसने जोधपुर के राव चंद्रसेन को एक दिन के लिए भी निश्‍चिंत होकर जोधपुर पर शासन नहीं करने दिया। उनसे टक्कर लेने के लिए अकबर ने अपनी वही पुरानी चाल चली और स्वयं आक्रमण न करके उसने बीकानेर के राजपूत शासक रायसिंह को जोधपुर का प्रशासक बनाकर उनके द्वारा जोधपुर पर भी कब्जा कर लिया था। महाराणा प्रताप की तरह ही चंद्रसेन खानाबदोश होकर भटकते रहे, जीवन भर अपने राज्य की स्वतंत्रता के

लिए अनवरत संघर्ष करते रहे और अंततः निष्फल रहे। पहाड़ियों में भटकते हुए ही उनकी मृत्यु हो गई। इस प्रकार मेवाड़ के मित्रों में से मारवाड़ पर भी मुगलों का अधिकार हो गया था।

ऐसी विकट परिस्थिति में भी महाराणा प्रताप ने मेवाड़ की स्वतंत्रता का व्रत लिया और अपने निश्चय पर अडिग होकर संघर्ष करने लगे। संक्षेप में कहा जा सकता है कि उत्तराधिकार में प्रताप को छिन्न-भिन्न स्थिति में मेवाड़ का राज्य और शक्तिशाली मुगल शहंशाह अकबर की शत्रुता ही प्राप्त हुई थी। महाराणा प्रताप ने पूरी तरह गंभीरता से सोच-विचारकर यही निश्चय किया कि उनको जीवन भर संघर्ष करना पड़े तो भी अपने मेवाड़ की धरती को फिर से जीतकर प्राप्त करना है और चित्तौड़ को अकबर से छीनकर पुनः मेवाड़ की प्रतिष्ठा स्थापित करनी है।

इस निश्चय के साथ ही महाराणा प्रताप ने मेवाड़ में एक नई चेतना भर दी। महाराणा ने मेवाड़ की स्वतंत्रता के लिए राजपूतों के अंतःकरण ऐसा उत्साह जगाना आरंभ किया, जो मुगल शहंशाह की बड़ी-से-बड़ी सेना और शक्ति के भय के कारण फीका न पड़े, बल्कि और भी अधिक जोश के साथ मुगलों से टक्कर लेने की प्रेरणा दे।

अकबर की कुटिलता भरी चालों तथा राजपूतों को पूरी तरह परास्त करके अपनी अधीनता में लाने की उच्चाकांक्षा के बारे में पूरी-पूरी जानकारी महाराणा को थी। इसके लिए अकबर जो कुछ करता रहता था, उसके बारे में ऐसे तो सब प्रत्यक्ष देखते ही रहते थे; लेकिन महाराणा के साथ प्राणोत्सर्ग करने की प्रतिज्ञा लेकर खड़े पुरोहित से लेकर जंगल के भील योद्धाओं तक अपनी जन्मभूमि के लिए बलिदान करने हेतु आतुर रहनेवाले कितने ही ऐसे साहसी चर भी थे, जो मुगलों के गढ़ में भी पैठकर अकबर की आगामी नीतियों का भेद लाने का प्रयास करते रहते थे।

राज्याभिषेक तो कहने भर का था। वास्तव में वह भी अपने मित्रों तथा भविष्य में साथ देनेवालों को पहचानने का एक तरीका ही था। महाराणा प्रताप को तो पहले दिन से ही राजसुख की बजाय घने जंगलों तथा मेवाड़ की पहाड़ियों के बीच भटकना था। कुंभलगढ़ में विधिवत् फिर से राज्याभिषेक का समारोह तो वास्तव में इस कारण ही किया गया था कि पहली बार तो जगमाल की धृष्टता तथा उसकी माँ रानी धीरजबाई भटियाणी के षड्यंत्र के कारण लगभग गृहकलह और गृहयुद्ध की स्थिति बन जाने के कारण मात्र एक खाना-पूरी होकर रह गया था।

कुंभलगढ़ के राजतिलक समारोह के समय तक वह समस्या समाप्त हो चुकी थी।

इस प्रकार उस समारोह में आनेवाले राव-राजाओं और सरदारों से ही अनुमान लगाया जा सकता था कि महाराणा के साथ इस विपद्काल में कितने लोग मेवाड़ की स्वतंत्रता के नाम पर साथ खड़े होंगे।

राज्याभिषेक के पश्चात् अकबर के जासूसों ने खबर दी कि इस मौके पर महाराणा प्रताप के मित्रों की संख्या पहले से कहीं अधिक दिखाई पड़ी। अकबर बड़ी सूक्ष्मता से इस स्थिति पर विचार करता रहा। उसको लगा कि मेवाड़ का महाराणा राजधानी चित्तौड़ के साथ ही मेवाड़ की उर्वरा धरती का एक-तिहाई से अधिक भाग अधिकार से निकल जाने पर भी किसी तरह से झुकने के लिए तैयार नहीं है। उसने मेवाड़ में आस-पास के राव-राजाओं के साथ ही ग्वालियर तथा सिरोही के पदच्युत राजाओं को भी आश्रय देकर अपनी शक्ति बढ़ाने के लिए एक प्रकार से अकबर की ही नीतियों का जवाब दिया और परोक्ष में यह अकबर से टकराने की ही चाल थी। इसके साथ ही जिन राज्यों के साथ महाराणा प्रताप के गहरे मैत्री संबंध थे, उनमें प्रमुख थे—रणथंभौर के चौहान तथा ईडर और सिरोही के देवड़ा आदि शक्तिशाली राजवंश। इनके अतिरिक्त डूँगरपुर, बाँसवाड़ा तथा बूँदी के राजाओं से भी प्रताप की गहरी मित्रता हो चली थी।

महाराणा प्रताप इस समय मेवाड़ को पूरी तरह ध्वस्त होने से बचाकर उसको बनाए रखना चाहते थे। पिछले लगभग बीस वर्षों से मेवाड़ का पतन जिस तरह हुआ था, उससे दु:खी होकर कभी-कभी महाराणा प्रताप कहते कि सिसोदिया वंश में उदयसिंह का जन्म न हुआ होता तो यह मेवाड़ के हित में होता...या फिर राणा साँगा के बाद मेवाड़ पर सिसोदिया वंश का राज ही समाप्त हो गया होता तो आज मेवाड़ की यह दुर्दशा न होती।

उनको इस बात से गहरी पीड़ा होती थी कि महाराणा साँगा जैसे समर्थ शासक के बाद उदयसिंह के रूप में निर्बल तथा विलासी राजा आया, जिसने कहने को तो मुगलों की अधीनता स्वीकार नहीं की, लेकिन मेवाड़ की मर्यादा को भी बनाए नहीं रख सका। और कल तक राजपूताना में जिस मेवाड़ की धाक जमी थी, आज उसी राजवंश के महाराणा को जंगल-जंगल और पहाड़ों की कंदराओं में आश्रय लेने के लिए विवश होना पड़ रहा है।

लेकिन महाराणा प्रताप को यह पीड़ा इस कारण नहीं हो रही थी कि उनको राजभोग के साधनों से मोह था, वह तो सिर्फ इस कारण आहत होते थे कि जब तक मेवाड़ ने राजपूताना का नेतृत्व सँभाल रखा था तब तक हजारों बार संघर्ष होने

पर भी यहाँ के राजपूतों ने अपनी मर्यादा बनाए रखी थी; लेकिन मेवाड़ की राजधानी चित्तौड़ के पतन के साथ ही भीषण कत्लेआम के कारण मानो राजपूतों की मर्यादा का भी घोर पतन हो गया था। अपनी जान से भी बढ़कर आन को माननेवाले राजपूत अब अकबर के हरम में अपनी राजकन्याओं की डोलियाँ भेज-भेजकर उसकी कृपा पाने की होड़ में लग गए थे। महाराणा इस समय मेवाड़ की जीत को इसलिए भी अनिवार्य मानते थे कि इसीसे राजपूतों का शौर्य और गौरव भी दोबारा स्थापित हो सकेगा। मेवाड़ की स्वतंत्रता तो अब समूचे भारत की आन हो गई थी। उसके लिए प्रताप को न अपनी जान की परवाह थी, न राजसुख भोगने की लालसा।

मुगल बादशाह अकबर की नीतियों से स्पष्ट था कि वह किसी भी कीमत पर समूचे राजपूताना को अपने अधीन करने के लिए व्यग्र था। अर्थात् यह निश्चित ही था कि अकबर से कभी-न-कभी आमने-सामने युद्ध करना ही पड़ेगा और अकबर अपनी उच्चाकांक्षा पूरी करने के लिए चित्तौड़गढ़ की भाँति लंबी अवधि तक का घेरा भी डाल सकता है तथा राजपूतों को पूरी तरह से हताश करके उनकी रही-सही शक्ति को भी नष्ट करने के लिए उससे भी नृशंसतापूर्वक कत्लेआम तक करवा सकता है। अत: उसका सामना करने के लिए प्रताप ने अपनी सेना और अपने साथियों को पूरी तरह से तैयार करने का अभियान आरंभ कर दिया।

महाराणा प्रताप के पास वैसा कोई विशेष साधन नहीं रह गया था। जो सबसे महत्त्वपूर्ण धन उनके पास था, वह था उनका स्वाभिमान, राजपूती गौरव, अदम्य साहस तथा पुरुषार्थ। इसीके बल पर उन्हें अपने पक्ष के योद्धाओं तथा सैनिकों को अकबर से टकराने के लिए तत्पर करना था। उन्होंने इसके अनुरूप ही अपनी शक्ति का संगठन करना शुरू किया। सबसे पहले तो उन्होंने महाराणा के रूप में अपने समस्त विलासिता के साधनों के साथ-साथ विलासिता की भावनाओं का भी परित्याग कर दिया। उन्होंने परंपरागत चाँदी के पात्रों का उपयोग करना बंद कर दिया और अपनी सेना के सैनिकों जैसा सादा जीवन बिताना शुरू कर दिया। रेशमी तथा मखमली बिछावनों को भी त्यागकर महाराणा ठोस जमीन पर अपने योद्धाओं की तरह ही सोने लगे। उन्होंने अपने सभी साथियों तथा परिजनों के साथ बैठकर शपथ ली कि 'जब तक हम मेवाड़ की आन-बान की प्रतीक अपनी राजधानी चित्तौड़गढ़ को मुगलों से मुक्त नहीं करवा लेंगे तब तक सिसोदिया वंश का कोई भी व्यक्ति—चाहे वह पुरुष हो या स्त्री, राजपुत्र हो या राजकन्या, आबालवृद्ध—सभी राजसुख तथा विलासिता से कोई नाता नहीं रखेंगे। यह सब हम तभी अपनाएँगे जब हमारा चित्तौड़ दुर्ग हमारे अधिकार में आ जाएगा और हम फिर से मेवाड़ के स्वामी होंगे।'

उस समय महाराणा प्रताप की उस बलिदानी भावना का मेवाड़ की प्रजा पर कितना प्रभाव पड़ा था, इसका अनुमान सहज ही इससे लगाया जा सकता है कि महाराणा की उस प्रतिज्ञा के कारण प्रचलित अनेक प्रथाएँ आज तक अनगिनत राजपूतों के बीच यथावत् प्रचलित हैं।

महाराणा प्रताप ने उस समय के अत्यंत शक्तिशाली सम्राट् से टकराने की तैयारी करने के साथ ही घोषणा कर दी कि जिनको हमारे साथ मेवाड़ की स्वाधीनता के लिए संघर्ष करने की लगन हो, वे सभी अपनी धरती, अपनी जायदाद, खेती-बारी तथा सुख-सुविधाओं का मोह छोड़कर अपने परिवारों के साथ पहाड़ियों में आकर हमारे साथ सर्वस्व अर्पण हेतु तत्पर हो जाएँ। जो लोग ऐसा नहीं करेंगे, वे हमारे साथी नहीं बल्कि शत्रु माने जाएँगे।

सिसोदिया वंश ने काफी लंबे समय से समग्र राजपूताना का नेतृत्व किया था और मेवाड़ की प्रजा को उस वंश के गौरव का भान भी था। उनको महाराणा प्रताप के त्याग-बलिदान के साथ ही उनके दृढ़ चरित्र-बल पुरुषार्थ एवं देशभक्ति की भावना, अदम्य साहस तथा वीरोचित शौर्य पर अगाध विश्वास उमड़ आया। कुछ ही दिनों के भीतर मेवाड़ की प्रजा में एक अद्भुत जागरण व्याप गया। देखते-ही-देखते मेवाड़ की प्रजा अपने महाराणा की ललकार पर जाग्रत् हो उठी। चाहे व्यापारी हों या किसान, अपना सबकुछ त्यागकर पहाड़ियों में आने लगे। उनमें से अधिकतर तो कृषि आदि छोड़कर महाराणा के साथ प्राण न्योछावर कर देने हेतु तत्पर होकर सैनिक प्रशिक्षण भी प्राप्त करने लगे। इसके अतिरिक्त महाराणा अथवा उनके सेनापतियों ने जिसे जिस योग्य समझा उसे वैसा कार्य सौंपकर अपना-अपना काम निष्ठा के साथ करने के लिए नियुक्त कर दिया।

मेवाड़ के अधीन रहनेवाले भीलों की भी संख्या कम नहीं थी। वे सभी महाराणा के आह्वान पर अपने मेवाड़ के लिए सर्वस्व बलिदान कर देने के लिए महाराणा के पास आ गए। इनमें से अनेक भील युवकों ने तो महाराणा के साथ युद्धों में अतुल पराक्रम भी दिखाया। अनेक भील युवा गुप्तचर प्रमुख नागर स्वामी की आज्ञा पर महाराणा के चर बनकर चारों ओर फैल गए।

छह

अकबर तथा महाराणा प्रताप वय में लगभग समान ही थे और दोनों ही असाधारण व्यक्तित्व के धनी भी। दोनों का लक्ष्य किसी प्रकार एक नहीं था; किंतु

उनके लक्ष्य मेवाड़ के साथ जुड़े थे और एक-दूसरे से टकराते थे। अकबर घोर साम्राज्यवादी था। वह समूचे देश पर अपने एकच्छत्र साम्राज्य की स्थापना करना चाहता था; किंतु छोटी सी रियासत मेवाड़ उसके महान् अभियान में आड़े आती थी। उत्तर में हिमालय से लेकर पूर्व और पश्चिम में समुद्र तक फैले उसके विशाल साम्राज्य की सीमाएँ दक्षिण में कन्याकुमारी से कुछ ही इधर तक विस्तृत थीं; लेकिन मेवाड़ उसके लिए चुनौती बनकर खड़ा था।

अकबर की नीतियों ने इस बीच राजपूताना के अनेक शौर्यवान् तथा गर्वीले राजपूत वंशों को अपने अधीन कर लिया था और उनमें से कितने ही समर्थ राजपूत राजा तो उसके दरबार में रहकर उसकी सेवा करने में अब गर्व महसूस करने लगे थे। अकबर ने अपने रणकौशल की भाँति ही अपनी राजनीतिक कुशलता को इतना प्रखर कर रखा था कि वह शत्रुओं को उनके ही शस्त्र से काटकर पराजित करता था। उसकी सेना में मुगलों व उसके सहधर्मियों की अपेक्षा राजपूतों की संख्या कहीं अधिक हो चली थी। उन राजपूतों की वीरता का लाभ उठाकर वह उनको उनके ही वंश और जाति के विरुद्ध करके उन्हें अपने वश में करता रहता था। यह बात सभी समझते थे, लेकिन उस शक्तिशाली बादशाह से टकराने का साहस महाराणा प्रताप के अतिरिक्त जोधपुर के चंद्रसेन राठौर ने ही किया था। यद्यपि एक बार वह भी अकबर के दरबार में जाकर उसकी अधीनता स्वीकार करने का प्रयास कर चुके थे; किंतु अकबर ने उनका उचित मान-सम्मान नहीं किया, जिससे उनकी भावनाओं को ठेस लगी और वह फिर से अकबर के विरुद्ध हो गए थे। उन्होंने दोबारा अकबर की अधीनता स्वीकार नहीं की थी। उनको भी महाराणा प्रताप की ही तरह निरंतर बनजारों के समान अपने राज्य से बाहर ही रहकर वनों में भटकना पड़ा था।

चंद्रसेन राठौर एकदम से राज्यविहीन तो नहीं हुए थे, किंतु अकबर के कोप के कारण उनका बहुत कुछ छिन चुका था। अकबर को जब यह पता लगा कि चंद्रसेन राठौर महाराणा प्रताप के साथ आ रहे हैं तो वह चिंतित हो उठा। उसने समझ लिया कि यह साधारण बात नहीं है, क्योंकि इस प्रकार मेवाड़ के लिए सिसोदिया तथा जोधपुर के राठौरों की मैत्री उसके साम्राज्य के हितों के विरुद्ध जाएगी। इसके अतिरिक्त अन्य राजवंशों के साथ महाराणा की मैत्री की सूचना भी उसे अपने जासूसों तथा राजपूतों के बीच घुसे मुखबिरों से मिलती ही रहती थी। वह मेवाड़ को किसी भी प्रकार अपने अधीन लाने का निरंतर प्रयास करता ही रहता था।

मेवाड़ को अपने अधीन करने की अकबर की लालसा के पीछे मात्र इतना ही कारण नहीं था कि वह उच्चाकांक्षी था वरन् और भी कई महत्त्वपूर्ण कारण थे, जिनकी वजह से मेवाड़ का स्वतंत्र रहना उसके साम्राज्य के स्वास्थ्य के लिए ठीक नहीं था।

सबसे महत्त्वपूर्ण कारण तो यही था कि मेवाड़ के कारण उसके साम्राज्य की व्यापारिक स्थिति डाँवाँडोल रहती थी। मेवाड़ की स्थिति व्यापार मार्ग के ऐसे केंद्रीय स्थान पर थी। उन दिनों भी विदेशों से आनेवाला अधिकांश माल पश्चिम में सूरत के बंदरगाह पर ही उतारा जाता था। फिर यह माल गुजरात और राजपूताना होकर जानेवाले मार्ग से ही उत्तर भारत की बड़ी-बड़ी व्यापारिक मंडियों—आगरा, दिल्ली आदि की ओर जाता था। पश्चिमी राजपूताना का भाग इस व्यापार मार्ग के बीचोबीच स्थित था। अतः मेवाड़ उसे जब चाहता, अवरुद्ध कर देता था और अकसर माल को लूट लिया करता था। मारवाड़ के राव चंद्रसेन तथा मेवाड़ के महाराणा प्रताप के सैनिक उधर से गुजर रहे व्यापारियों को बीच में ही रोककर उनका माल हथिया लेते थे। व्यापार की राह में ऐसी क्षति को अकबर कैसे बरदाश्त कर सकता था! इस तरह तो व्यापार का यह मार्ग ही कभी उसके साम्राज्य की कमर तोड़ सकता था। वैसे भी, अकबर अपने अधिकतर शत्रुओं को छल-बल से अपने अधीन कर लेने के बाद उस छोटे से मेवाड़ की धृष्टता कैसे सहन कर लेता!

व्यापार के अतिरिक्त एक और कारण था, जो वस्तुतः धर्म से जुड़ा होने के कारण अकबर के लिए विशेष महत्त्वपूर्ण हो चला था। हज के लिए मक्का और मदीना जानेवाले मुसलमान सूरत के बंदरगाह से ही जाया करते थे। उत्तर भारत के क्षेत्रों से सूरत पहुँचने का मार्ग मेवाड़ से ही होकर जाता था। हज यात्रियों की सुरक्षा का दायित्व तो अकबर अपने ही माथे मानता था। यद्यपि मुसलमान इतिहासकारों में से भी किसीने ऐसी किसी घटना का उल्लेख नहीं किया है, जिससे यह सिद्ध होता हो कि महाराणा प्रताप अथवा उनके सैनिकों ने कभी किसीके धार्मिक कार्यों में बाधा डाली हो अथवा किसी पर इस कारण अत्याचार किया हो कि वह दूसरे धर्म का अनुयायी था। इसके विपरीत कितनी ही ऐसी घटनाओं का उल्लेख अवश्य मिलता है कि महाराणा ने शत्रुओं के हरम की बेगमों को भी पूरे आदर-सम्मान के साथ मुगलों के शिविर तक सुरक्षित पहुँचाया था।

मुगल सेनापति अब्दुर्रहीम खानखाना के साथ घटी एक ऐसी ही घटना का उल्लेख मिलता है—जब रहीम खानखाना की फौज को राजपूतों के आक्रमण के समय अपना हरम तक छोड़कर भागना पड़ा था, तो महाराणा के पुत्र युवराज

अमरसिंह उनकी बेगमों को आदर के साथ सुरक्षित रखकर महाराणा की आज्ञा प्राप्त करने के लिए आए थे और महाराणा प्रताप ने युवराज अमरसिंह को ही स्वयं जाकर बेगमों को सम्मान के साथ खानखाना के शिविर तक पहुँचा आने की आज्ञा दी थी। इस घटना के बाद खानखाना के मन में महाराणा प्रताप तथा युवराज अमरसिंह के प्रति अपार प्रेम व स्नेह उमड़ पड़ा था। अमरसिंह के साथ तो उनका स्नेह वर्षों बाद भी उतना ही प्रगाढ़ रहा। यहाँ तक कि मुगलों से संधि करने के पहले अमरसिंह ने अपने महाराणा होने पर भी दक्षिण में खानखाना के पास दूत भेजकर उनसे परामर्श लिया था।

कुछ भी हो, महाराणा प्रताप पर ऐसे किसी अनाचार का आरोप मुगल इतिहासकार भी नहीं लगाते। फिर भी अकबर को आशंका थी कि मेवाड़ आजाद रहा तो कभी हज यात्रियों के मार्ग में भी बाधा डाली जा सकती है और उनको पूरी तरह सुरक्षित नहीं माना जा सकता।

चित्तौड़ का विध्वंस कर देने के बाद भी अकबर मेवाड़ के महाराणा के मन से चित्तौड़ की आन-बान को नहीं निकाल पाया था। उस कारण भले ही राजपूताना के अधिकतर राव-राजाओं ने अकबर की अधीनता स्वीकार कर ली थी, किंतु अब तक सिर उठाए खड़ा मेवाड़ उसकी सत्ता को चुनौती दे रहा था।

कुछ भी हो, अकबर कुशल राजनीतिज्ञ था और मेवाड़ की टेक की गरिमा को समझकर उसने सोचा कि यदि युद्ध और रक्तपात की जगह महाराणा से संधि करने की कोशिश की जाए तो संभवत: वह अपना स्वाभिमान सुरक्षित मानकर संधि के लिए तैयार हो जाएगा। यही सोचकर वह अपनी अपार शक्ति का दंभ छोड़कर महाराणा प्रताप से संधि के लिए दूत पर दूत भेजने लगा।

संधि की उसकी इस मंशा के पीछे एक कारण और भी था कि महाराणा उदयसिंह के समय में अकबर को कोई विशेष सफलता नहीं मिली थी। यद्यपि चित्तौड़गढ़ को जीतकर उसने जो भयंकर कत्लेआम करवाया था, उसीके कारण अधिकतर राजपूत बिना युद्ध के ही उसकी अधीनता स्वीकार कर चुके थे, लेकिन मेवाड़ तो आज भी जहाँ-का-तहाँ अडिग बना हुआ था। अकबर का सोचना था कि इस विजय के बाद मेवाड़ की शक्ति क्षीण हो गई होगी। इसीलिए उसने चित्तौड़गढ़ को जीतने के बाद उसे इस तरह से एक सीमा तक ध्वस्त-सा करवा दिया था कि वह यदि फिर राजपूतों के हाथ लग जाए तो भी सामरिक दृष्टि से विशेष उपयोगी न रह जाए। लेकिन इसका भी कोई प्रभाव महाराणा प्रताप पर नहीं पड़ा था। वह तो चित्तौड़गढ़ की माटी को भी मेवाड़ की स्वतंत्रता का प्रतीक

मानकर मरने-मारने को तैयार थे।

उस समय तक अकबर गुजरात तथा मालवा पर पूरी तरह से अपनी सत्ता की स्थापना नहीं कर पाया था। उसके विचार से यह कार्य बहुत जरूरी था, क्योंकि वही व्यापार के गढ़ थे। ऐसी स्थिति में अकबर ने मेवाड़ से फिर युद्ध छेड़कर नाहक अपनी सेना को अनिश्चितकाल तक फँसाए रखना उचित नहीं समझा और अपना अभिमान त्यागकर उसने युक्ति से ही काम निकालना ठीक समझा।

प्रताप के राज्याभिषेक के मात्र छह महीने बाद की ही बात है। अकबर की ओर से संधि का प्रस्ताव लेकर उसका एक वार्त्ता-कुशल दरबारी जलाल खाँ कोरची कुछ योग्य प्रतिनिधियों के साथ महाराणा प्रताप के पास पहुँचा।

महाराणा प्रताप ने राजपूत परंपरा के अनुरूप जलाल खाँ कोरची का उचित आदर-सम्मान किया और अतिथि-सत्कार से उसको संतुष्ट किया। पूरे दो महीने (नवंबर १५७२) तक संधिवार्त्ता चलती रही, किंतु कोरची अपनी मृदु भाषा तथा वाक्पटुता का प्रयोग करने के बावजूद महाराणा को प्रभावित करके उन्हें अकबर की अधीनता स्वीकार करने के लिए तैयार करने में असमर्थ रहा और निराश होकर लौट गया।

उन दिनों गुजरात को अपने अधिकार में करने का अकबर का युद्ध अभियान चल रहा था। अकबर स्वयं भी अहमदाबाद में ही डटा हुआ था। वहीं उसे जलाल खाँ कोरची की विफलता का समाचार मिला, जिसे सुनकर उसे दुःख तो हुआ, किंतु वह इस विफलता से निराश नहीं हुआ। उसने महाराणा को पिघलाने के लिए अपना प्रयत्न जारी रखने का निश्चय किया।

बहुत सोच-विचार के बाद उसने इस बार आमेर के युवराज कछवाहा वंश के मानसिंह को महाराणा के पास भेजने का निश्चय किया। मानसिंह आमेर के राजा भगवानदास का पुत्र था और मात्र बारह वर्ष की अवस्था में १३ फरवरी, १५६५ को ही अकबर के दरबार में आ गया था। वह अकबर के साथ अपने पिता के राजकाल में आगे पंद्रह वर्षों, सन् १५७४ से १५८९ तक, कुँवर मानसिंह के रूप में अकबर की सेवा करता रहा। उसने अकबर के सान्निध्य में ही युद्ध-कौशल में निपुणता पाई थी और चौबीस वर्ष का होते-होते उसने डूँगरपुर, ईडर, रणथंभौर आदि के युद्धों में पराक्रम करके सफलता प्राप्त की थी। वह गुजरात अभियान में भी अकबर की सेना की अग्रिम पंक्ति में रहकर युद्ध-संचालन कर रहा था। वह अकबर का परम विश्वासपात्र बन गया था; यहाँ तक कि अकबर ने उसे 'फरजंद' (पुत्र) की उपाधि देकर उसका सम्मान किया था और उसे हर अभियान में अपने

साथ रखने लगा था।

मानसिंह की योग्यता से प्रभावित होकर ही नहीं वरन् इस कारण से अकबर ने उसे संधिवार्त्ता करने के लिए महाराणा प्रताप के पास भेजने का विचार किया था कि मानसिंह महाराणा प्रताप का सजातीय था और प्रभावशाली भी। उसे आशा थी कि अपनी ही जाति के राजपूत से महाराणा पर अपनत्व का कुछ प्रभाव तो होगा ही। दूसरा कारण यह था कि यदि मानसिंह की बात महाराणा ने नहीं मानी तो वह मानसिंह का अपमान होगा। इसका प्रभाव अन्य राजपूतों पर भी पड़ेगा। वे महाराणा द्वारा अपने सजातीय का अपमान करने के कारण उसके विरोधी हो जाएँगे। कम-से-कम जो राजपूत मानसिंह और आमेर के राजवंश के साथी हैं, उनपर तो महाराणा प्रताप द्वारा किए गए अपमान का प्रभाव पड़ेगा ही। और यह सब अकबर के हित में ही होगा।

अकबर यह अच्छी तरह जानता था कि प्रताप इस संधि के लिए कभी राजी नहीं होंगे। ऐसे में अकबर को एक कूटनीतिक सफलता तो मिल ही जाएगी कि वह अपनी ओर से रक्तपात नहीं करना चाहता, किंतु महाराणा ही व्यर्थ का हठ करके मेवाड़ ही नहीं, सारी राजपूत जाति को युद्ध की आग में झोंकना चाहते हैं। राजपूताना में अकबर की ओर से यह प्रचार तो किया ही जाता रहता था कि अकबर से टक्कर लेने का अर्थ केवल मरना ही है। उसे पराजित करने की शक्ति तो समग्र राजपूताना एक होकर भी अर्जित नहीं कर सकता।

इन्हीं कारणों से अकबर ने मानसिंह को ही इस कार्य के लिए चुना। वैसे भी मानसिंह पर अकबर को पूरा विश्वास इस कारण भी था कि आमेर की राजकुमारी, मानसिंह की बुआ, का डोला अकबर को दिया गया था और वह अकबर के हरम की सबसे महत्त्वपूर्ण बेगम मानी जाती थी। दूसरी ओर, आमेर के कछवाहा वंश के घनिष्ठ संबंध मेवाड़ से भी थे। इस कारण वहाँ वार्त्ता का परिणाम चाहे जो हो, अकबर को उसका लाभ ही मिलने वाला था।

सन् १५७३ में अकबर की ओर से शोलापुर को जीत लिया गया। इसमें मानसिंह का प्रमुख हाथ था। वह डूँगरपुर होता हुआ पहले सलुंबर राज्य में पहुँचा। सलंबुर जाने के पीछे उसका उद्देश्य शायद यह था कि वह जानता था कि सलुंबर के राव ही मेवाड़ के 'पाट' अर्थात् प्रबंध के प्रमुख थे। उनका समर्थन पाए बिना महाराणा स्वयं भी राज्य के संबंध में कोई संधि-विग्रह जैसा महत्त्वपूर्ण निर्णय नहीं कर सकते। लेकिन सलुंबर के राव तो महाराणा प्रताप को मेवाड़ की स्वतंत्रता का प्रतीक मानते थे। इतना ही नहीं, स्वयं सलुंबर के राव की तत्परता के कारण ही

प्रताप को महाराणा का राजपद मिला था।

मेवाड़ की स्वाधीनता के लिए सारे राजभोगों का त्याग करके वन-वन, पर्वत-पर्वत भटकते महाराणा प्रताप के आदर्शों के प्रति सलुंबर के राव की बहुत श्रद्धा थी। अपने यहाँ आए मानसिंह के मन में बसी मंशा को उन्होंने भाँप लिया था। वह अपनी ओर से मेवाड़ का अतिथि बनकर नहीं आया था, वरन् अकबर का दूत बनकर संधि करके किसी प्रकार महाराणा प्रताप को भी अकबर की अधीनता में ले जाने का प्रयास करने आया था।

महाराणा प्रताप से मिलने के लिए सलुंबर से मानसिंह जैसे ही कुंभलगढ़ की ओर चला, सलुंबर के राव ने अपने धावक चरों को तत्काल कुंभलगढ़ भेजकर महाराणा को सावधान कर दिया। उन्होंने अपनी ओर से महाराणा को परामर्श भी दिया था कि वह किसी बहाने से अथवा स्पष्टत: मानसिंह से मिलने से ही इनकार कर दें। किंतु महाराणा ने और भी व्यापक स्तर पर विचार करने के बाद मानसिंह से मिलना ही उचित समझा। कारण, अब भी महाराणा को अपनी शक्ति की सीमाएँ मालूम थीं। अगर अकबर ने मानसिंह के जाते ही कहीं मेवाड़ पर आक्रमण करने का आदेश दे दिया, तो एकाएक उसका सामना करना राजपूतों के लिए कठिन हो जाएगा। उसके लिए अभी पर्याप्त शस्त्र तथा धन का संग्रह करना आवश्यक था और अब तक यह चेष्टा ही चल रही थी, इसलिए उन्होंने भी अपनी ओर से संधि-वार्त्ताओं के बहाने अधिक-से-अधिक समय बिताने का निश्चय किया।

मानसिंह पूरे विश्वास के साथ महाराणा से मिलने आया था। वह अपने प्रभाव से महाराणा को सहमत करके, उन्हें अपने साथ ले जाकर शक्तिसिंह की तरह ही आगरा में अकबर के दरबार में पेश करना चाहता था। इससे अकबर उससे और भी खुश हो जाएगा तथा महाराणा एवं मेवाड़ को मुगल साम्राज्य के अधीन ला देने का गौरव मानसिंह को मिलेगा—अपनी ओर से तो मानसिंह यही सोचता था। वह यह भी मानता था कि इससे राजपूताना में व्यर्थ का रक्तपात नहीं होगा और लोग शांति के साथ जीवन बिताने के साथ ही भौतिक विकास भी कर सकेंगे। मानसिंह उन लोगों में से था, जो अकबर की अधीनता में आने के बाद से यह भी मानने लगे थे कि शक्तिशाली अकबर के साथ इस समय मिल जाने से वास्तव में इस विशाल देश की एकता की शक्ति सुदृढ़ हो जाएगी, जिससे देश का विकास होगा और प्रजा सुखी होगी। उनको इस महान् कार्य के सामने स्वतंत्रता का नारा बहुत हीन तथा हठवादिता प्रतीत होने लगा था। उसको तो विश्वास ही नहीं था कि अकबर जैसे बादशाह की असाधारण सैन्यशक्ति से टकराकर कोई विजय

प्राप्त कर सकता है और स्वतंत्र रहने की कल्पना कर सकता है।

उस समय प्रचार यह किया गया था कि मानसिंह तो शोलापुर की विजय के बाद आगरा जाते समय यों ही महाराणा से मिलने की इच्छा से उदयपुर में रुक गए हैं। मानसिंह के आगमन का समाचार पाकर महाराणा ने उदयसागर के तट पर पहुँचकर मानसिंह का स्वागत किया। दोनों के बीच लंबे समय तक वार्त्ता होती रही। मानसिंह ने इस प्रकार से बात छेड़ी मानो वह मेवाड़ और महाराणा के प्रति गहरा प्रेम होने के कारण ही, उनका हित करने के लिए बादशाह अकबर का मित्र बनाना चाहता हो। उसने महाराणा को हर प्रकार से लोभ दिखाए और विश्वास दिलाने का प्रयास किया कि महाराणा का स्वागत शहंशाह अकबर उनकी आन-बान के अनुरूप ही करेंगे और उनको अपने मित्रों में सर्वश्रेष्ठ मानेंगे। लेकिन महाराणा ने अकबर की अधीनता स्वीकार करने से साफ इनकार कर दिया। यद्यपि वह यह नहीं चाहते थे कि मानसिंह की भावना को इस वार्त्ता के समय किसी प्रकार की ठेस लगे। उनको पता था कि अगर ऐसा हुआ तो अकबर का विश्वासी होने के कारण मानसिंह अवश्य जाकर एक की चार लगाएगा और अकबर को फिर मेवाड़ पर हमला करने के लिए उकसाएगा। इसी कारण उन्होंने मानसिंह से ऐसी कोई बात नहीं कही जिससे उसका क्रोध भड़क उठे।

लेकिन होनी तो होकर ही रहती है।

मानसिंह का आतिथ्य महाराणा ने अपने यश के अनुरूप किया था। अतिथि-सत्कार के लिए मानसिंह को उदयसागर की विशाल झील के तट पर ही भोजन कराने का भव्य आयोजन किया गया था।

उदयसागर का अपना ही इतिहास था। महाराणा उदयसिंह ने जब अपने नाम पर उदयपुर नगर बसाकर उसे अपनी नई राजधानी बनाने का निश्चय किया था तो सबसे पहले उन्होंने इस उदयसागर झील की ही कल्पना की थी। राजपूताना के भौगोलिक रेगिस्तानी स्थितियों में विशाल जलाशय उदयसागर झील की कल्पना सर्वथा स्वाभाविक ही थी। आयड़ नदी गिरवा के पर्वतों से हर साल अथाह जल बहाकर ले आती थी, जो एक प्रकार से व्यर्थ ही नष्ट हो जाता था। महाराणा उदयसिंह ने इस जल को बाँधकर मेवाड़ के हित के लिए उसका उपयोग करने का निश्चय किया था। इसके लिए विशेष रूप से उसी स्थान का चयन किया गया। एक जगह से आयड़ नदी दो पहाड़ियों के बीच से घाटी में बहती थी। उसी स्थान को उपयुक्त मानकर उस समय के कुशल अभियंताओं के कठोर श्रम से उन्होंने दोनों पहाड़ियों के बीच विशाल पाल बनाकर आयड़ नदी को बाँध दिया। इस

प्रकार आयड़ नदी से बहकर व्यर्थ ही बरबाद होनेवाले जल का संग्रह किया जाने लगा। इसके समीप ही सन् १५५९ में महाराणा उदयसिंह ने अपनी नई राजधानी उदयपुर की नींव रखी थी।

इसी सुंदर जलाशय के तट पर एक विशाल मंदिर के निकट भव्य मंडप में मानसिंह के सम्मान में जेवनार का आयोजन किया गया था। उसमें मानसिंह के साथ मेवाड़ के तमाम सामंत भी आए थे। उनके पद-गरिमा के अनुरूप आसनों की व्यवस्था थी। सबने अपने-अपने योग्य आसन ग्रहण कर लिये। उस समय मानसिंह के साथ मेवाड़ के कुँवर अमरसिंह ने भी आसन ग्रहण किया। सोने-चाँदी के बरतनों को इस विशेष अवसर पर मात्र मानसिंह का आदर करने के लिए रखा गया था। भोजन परोसा गया।

अमरसिंह ने मानसिंह से सादर निवेदन किया, "कुंवर सा, भोजन ग्रहण करें।"

मानसिंह को भुलावे में नहीं डाला जा सकता था। उसने किंचित् क्षोभ के साथ पूछा, "लेकिन महाराणा कहाँ हैं? उनके बिना भोजन कैसा?"

अमरसिंह ने उसी प्रकार आदर के साथ कहा, "क्षमा करें, महाराणा सा को उदरशूल के कारण कुछ कष्ट है। अत: वह अभी भोजन नहीं करेंगे। आप ग्रहण करें।"

मानसिंह का स्वर कठोर हो गया, "किंतु महाराणा सा के न होने पर तो मैं भी किसी प्रकार जेवनार नहीं ग्रहण कर सकता।"

अमरसिंह ने बात को टालने के लिए हँसकर कहा, "लेकिन दैहिक व्याधि तो किसीके वश की बात नहीं है, कुँवर सा।"

मानसिंह क्षोभ में आकर सहसा ही उठ खड़ा हुआ और आवेश के साथ बोला, "नहीं, मैं अब भोजन नहीं करूँगा और शीघ्र ही महाराणा के उदरशूल की ओषधि लेकर आऊँगा।"

बात बिगड़ती देखकर मेवाड़ के एक प्रतिष्ठित वयोवृद्ध सामंत ने मानसिंह को समझाने का प्रयास करते हुए कहा, "क्षमा हो, युवराज! लेकिन यहाँ आपके सम्मान के लिए मेवाड़ के युवराज कुँवर अमरसिंह तो हैं ही। आप भी आमेर के युवराज ही तो हैं। ऐसे में राज परंपरा के अनुसार तो युवराज का स्वागत युवराज ही करते हैं।...आपके रुष्ट होने का कोई कारण नहीं।"

मानसिंह ने कहा, "किसका मान कैसे किया जाता है और यहाँ क्या किया जा रहा है, इस विषय में मैं सब समझ गया हूँ, ठाकुर सा। अब आप मुझे भरमाने

की चेष्टा मत कीजिए।'' और वह जाने के लिए तत्पर हो गया।

सलुंबर राव कृष्णदास चूडावत तो पहले से ही मानसिंह का स्वागत-सत्कार करने के विरोधी थे। वह मानसिंह को ललकारकर बोले, ''हमारे महाराणा ऐसे नीच राजपूतों के साथ बैठकर भोजन करना अपमान की बात मानते हैं, कुँवर मानसिंह, जिनकी बहन-बेटियाँ मुगलों के हरम में जाया करती हों। यदि तुम्हें तब भी इतना मान है तो तुम हमारे महाराणा के उदर की दवा लेकर आना जरूर! ऐसे आओगे तो हम मालपुरा में तुम्हारा स्वागत करेंगे और अगर तुम अपने फूफा मुगल अकबर को लेकर आओगे तो फिर जहाँ भगवान् एकलिंगेश्वर को मंजूर होगा वहाँ हम तुम्हारा पूरा-पूरा सत्कार जरूर करेंगे।''

क्रोध से धधकता हुआ मानसिंह अपने सैनिकों के साथ उसी समय उदयसागर से चला गया।

कहा जाता है कि इस अपमान के कारण ही मानसिंह ने अकबर से महाराणा पर आक्रमण करने को कहा था। और इतना ही नहीं, महाराणा के विरुद्ध अभियान चलानेवाली मुगल सेना का सेनापति भी उसने स्वयं को ही बनाने का आग्रह किया था।

लेकिन बहुत से इतिहासकार इस बात से सहमत होते हुए भी कि मानसिंह ने महाराणा से संधिवार्त्ता की विफलता के कारण स्वयं को अपमानित समझा था और इसी कारण महाराणा पर आक्रमण करने का संकल्प भी लिया था, इस कहानी को काल्पनिक ही मानते हैं। उनके विचार से, ऐसी कोई घटना नहीं हुई थी। इसको तो बाद में महाराणा के साथ ख्यातों और दंतकथाओं में गढ़कर जोड़ दिया गया था। कुछ इतिहासकार तो यह मानते हैं कि सन् १५७३ में तो अमरसिंह की अवस्था बहुत कम थी और उनके द्वारा मानसिंह का स्वागत करने की बात ही झूठी है। अतः इस कथा को काल्पनिक कहकर वे नकार देते हैं।

सात

दूसरी बार भी महाराणा से संधि का प्रयास विफल हो जाने पर भी अकबर निराश नहीं हुआ। वह अपनी स्थिति के अनुसार बार-बार प्रयत्न करता ही रहा। बाद में उसने स्वयं मानसिंह के पिता भगवानदास को ही संधिवार्त्ता के लिए महाराणा के पास भेजा। अकबर के इस कार्य से प्रकट होता है कि भोजन के समय महाराणा की ओर से मानसिंह का अपमान करने की बात कल्पना पर ही आधारित होगी;

क्योंकि यदि वास्तव में ऐसी घटना हुई होती, जिसमें अकबर के परमप्रिय मानसिंह का इस प्रकार अपमान करके उसको चुनौती भी दी गई थी, तो अकबर ने निश्चय ही दोबारा महाराणा के पास संधि-प्रस्ताव न भेजकर तत्काल आक्रमण करने का आदेश दिया होता। लेकिन उसने फिर से संधि-प्रस्ताव भेजा, वह भी स्वयं मानसिंह के पिता के माध्यम से, इससे लगता है कि मानसिंह के अपमान की वह कथा काल्पनिक ही होगी।

लेकिन अकबर ऐसा राजपूती अभिमान पालनेवाला नहीं था। वह कूटनीति से काम ले रहा था और मानसिंह का अपमान होने पर भी वह तब तक महाराणा के पास बार-बार अपने संधि-प्रस्ताव भेजता रह सकता था जब तक वास्तव में उसको अपनी विजय की संभावना पूर्णतः निश्चित न प्रतीत हो।

लेकिन राजा भगवानदास भी तमाम ऊँच-नीच समझाकर महाराणा को अकबर की अधीनता स्वीकार करने के लिए राजी नहीं कर पाया। वैसे तो भगवानदास अपनी वीरता और शक्ति का परिचय देने के लिए अपने साथ सेना लेकर आया था और उसने मार्ग में बड़नगर, रावलिया आदि क्षेत्रों को जीतकर अपने अधिकार में कर लिया था। ईडर पहुँचकर उसने सबसे पहले वहाँ के राजा के यहाँ डेरा डाला और उसका आतिथ्य स्वीकार करने के बाद वहाँ से चलकर महाराणा से मिलने के लिए गोगुंदा की ओर रवाना हुआ। उस समय महाराणा गोगुंदा में ही थे।

महाराणा ने उसका स्वागत तो किया, लेकिन अकबर के दूत के रूप में नहीं बल्कि आमेर के राजपूत राजा के रूप में।

राजा भगवानदास ने अपनी ओर से प्रयास तो पूरा किया, किंतु महाराणा किसी भी प्रकार पराधीनता स्वीकार करने के लिए तैयार नहीं हुए। उन्होंने भगवानदास के शक्ति-प्रदर्शन की चेष्टा को भी अपमानजनक ही माना। अंततः भगवानदास को भी निराश ही वापस लौटना पड़ा।

इतने पर भी अकबर निराश नहीं हुआ। उसने एक बार फिर संधि के लिए प्रयास किया। अबकी बार उसने राजा टोडरमल को महाराणा के पास संधि करने के लिए भेजा। यह सब अब बड़ी जल्दी-जल्दी हो रहा था। मानसिंह सन् १५७३ के जून में ही वार्त्ता करके लौटा था। उसके बाद अहमदाबाद की विजय के बाद सितंबर-अक्तूबर में राजा भगवानदास को महाराणा से मिलने के लिए भेजा और वार्त्ता में विफल होकर लौटते ही राजा टोडरमल को वार्त्ता के लिए भेज दिया। राजा टोडरमल अकबर के दरबार का सबसे योग्य सेनापति, कुशल राजनीतिज्ञ तथा चतुर दरबारी था। वह अपने स्वाभिमान के लिए भी प्रसिद्ध था और कुलीन हिंदू परिवार

का था। अकबर को पूर्ण विश्वास था कि राजा टोडरमल महाराणा प्रताप को नीति से समझाकर मुगल दरबार में उपस्थित होने के लिए तैयार करने में सफल हो जाएँगे।

गुजरात के अभियान में राजा टोडरमल भी गया था। वह दिसंबर में वहाँ से लौटते समय ही महाराणा प्रताप से मिला। महाराणा ने उसका स्वागत-सत्कार तो किया, लेकिन किसी भी कीमत पर अपनी स्वाधीनता छोड़ने को तैयार नहीं हुए। राजा टोडरमल ने अकबर की पश्चिम भारत पर प्राप्त विजयों से उन्हें अवगत कराया और उनको समझाने का प्रयास किया कि अकबर से विरोध करने से कोई लाभ नहीं होगा। महाराणा को शांति से काम लेना चाहिए और व्यर्थ के युद्धों में मेवाड़ की वीर प्रजा का रक्त बहाने से बचने का एकमात्र मार्ग यही है कि महाराणा अकबर के साथ मित्रता कर लें। टोडरमल ने यह भी कहा कि अकबर ने भारत के किसी भी बड़े-से-बड़े राजा को इतना मान देकर स्वयं संधि करने का प्रयास नहीं किया। इसे महाराणा अपने प्रति बादशाह अकबर का सम्मान मानें और उनके साथ समझौता कर लें।

किंतु महाराणा प्रताप के लिए मेवाड़ की स्वाधीनता के लिए किए गए प्रण का मूल्य अपने किसी भी मान-अपमान से कहीं अधिक था। अकबर के संधि-प्रस्ताव को वह एक प्रकार से सदा-सदा के लिए मेवाड़ को बेच देने जैसा ही मानते थे और इसके लिए वह किसी भी मूल्य पर तैयार नहीं थे।

राजा टोडरमल की असफलता के बाद अकबर को विश्वास हो गया कि अब महाराणा को अपने अधीन करने के लिए उन्हें पराजित करने के सिवा कोई अन्य प्रयास निरर्थक होगा। वह घोर उच्चाकांक्षी था और अपने जीवन में उसका एकमात्र लक्ष्य था—समस्त भारत को अपने अधीन करके संसार के सबसे विशाल और शक्तिशाली साम्राज्य का अधिपति बनना। यह उसका ऐसा सपना था, जिसको साकार करने के मार्ग में यह छोटा सा राज्य मेवाड़ बाधा बना हुआ था। उसने निश्चय कर लिया कि मेवाड़ की राजधानी चित्तौड़गढ़ को तो वह ध्वस्त कर ही चुका है, अब प्रताप को ऐसी मात देगा कि वह वन-वन भटकता हुआ ही मर जाए। अब वह अपने प्रतिद्वंद्वी को सहन करने के लिए तैयार नहीं था।

दूसरी ओर महाराणा प्रताप थे, जो मेवाड़ की स्वतंत्रता के लिए प्राणों तक का उत्सर्ग कर देने को तत्पर थे। ऐसे वीर से मुगल दरबार में हाजिरी बजवाने की कल्पना तो बस कल्पना ही हो सकती थी।

वास्तव में यह उस युग में सिद्धांतों की टकराहट थी। अकबर तो इस पीड़ा से

त्रस्त हो रहा था कि इतने विशाल साम्राज्य का स्वामी होकर भी वह पहाड़ी क्षेत्र के एक छोटे से राजा को परास्त नहीं कर पा रहा है, जबकि उसीके निकट संबंधी एक-से-एक बड़े राजा तथा शौर्य के लिए जाने-माने राजपूतों ने इतने आदर के साथ अपनी कन्याओं की डोली भेजकर उसकी अधीनता मान ली थी।

दूसरी ओर, महाराणा अपनी कुल-परंपरा की मर्यादा की रक्षा हेतु अपना सबकुछ होम कर देने के लिए तैयार थे। उनको अपने कुल की किसी कन्या को मुगलों के हरम में भेजकर बदले में पाया राजभोग घिनौना लगता था। आगरा के दरबार में चारणों की तरह खड़े होकर अकबर की कीर्तिगाथा गाकर मिले ऐश्वर्य और राजभोग को वह अपनी तथा मेवाड़ की स्वाधीनता के सामने तुच्छ समझते थे। पराधीनता से मिली भोग-सामग्री और पकवानों की तुलना में पर्वतों के बीच, वनों में भटकते हुए रूखी-सूखी खाकर अपनी स्वाधीनता के साथ जीना प्रताप को कहीं अधिक सुखद लगता था।

अकबर के एक के बाद एक संधि-प्रस्तावों को ठुकराते समय महाराणा को यह भलीभाँति मालूम था कि इसका परिणाम क्या होगा। वह जानते थे कि अकबर इसके बदले में मेवाड़ को सबक सिखाने के लिए भयानक आक्रमण करेगा। इसलिए उस समय के लिए महाराणा अपनी ओर से तैयारी भी करते रहे। उस विपदा का सामना करने के लिए अपने सैनिकों तथा सामंतों को सावधान करने के साथ ही वह हर प्रकार की तैयारी कर रहे थे। पर्वतों की कंदराओं में अनेक कारीगर उनकी सेना के लिए लगातार शस्त्र आदि तैयार कर रहे थे। मुगलों के पिछले आक्रमणों के समय उनको जो-जो अनुभव हो चुके थे, उसके अनुरूप वे अकबर की सेना द्वारा किए जानेवाले आघातों को झेलकर उन्हें विफल करने का हर प्रयास करने की तैयारी कर रहे थे।

उधर अकबर की ओर से भी भयानक आक्रमण की तैयारी हो चुकी थी। अकबर के दरबार में रहनेवाला विद्वान् लेखक अबुल फजल इस विषय में लिखता है—'अब महाराणा प्रताप को अपने वंश की कीर्ति तथा अपने पूर्वजों के यश का अभिमान हो गया था। साथ ही वह मेवाड़ की स्वतंत्रता के नाम पर अपने साथ जुटकर मरने-मारने को तत्पर राजपूतों की विशाल संख्या से उत्साहित था और गर्व के साथ टकराने के लिए तैयार था। शहंशाह की अवहेलना की सीमा वह पार कर चुका था और अभिमान तथा छल-कपट की सीमाएँ लाँघ गया था। ऐसी हालत में शाही सेना द्वारा उसका दमन करना अनिवार्य हो गया था।'

महाराणा का दमन करने के इरादे से लगभग ढाई वर्ष बाद अकबर ने उसपर

आक्रमण करने का फैसला कर ही लिया और वह इसी इरादे से स्वयं अजमेर आ पहुँचा। उसने वहाँ ख्वाजा की दरगाह पर चढ़ावे चढ़ाए और जी खोलकर दान किया, दुआएँ माँगीं। फिर उसने महाराणा पर आक्रमण के लिए सेना को आदेश दिया।

कहा जाता है कि अपने अपमान को मानसिंह भूला नहीं था। मेवाड़ (उदयपुर) में सुनी हुई वह अपमानजनक बात उसे अब तक याद थी कि महाराणा उस राजपूत के साथ कभी भोजन नहीं कर सकते, जो अपने ऐशो-आराम के लिए अपनी बहन-बेटियों का डोला मुगलों को दे सकता है।

मानसिंह ने भी अपनी ओर से कहा था कि 'हमको तो अपनी बहन-बेटियाँ इसी कारण मुगलों को देनी पड़ीं कि आप लोगों का मान-सम्मान बना रहे; लेकिन अब तो लगता है कि आप स्वयं ही अपना मान गँवाना चाहते हैं। आप हमारे त्याग का फायदा नहीं उठाकर बरबस दुश्मनी मोल ले रहे हैं। आपका यह मेवाड़ अब आपका होकर नहीं रह पाएगा। अपने अपमान का बदला मैंने युद्धभूमि में नहीं लिया तो मेरा नाम मानसिंह नहीं।'

अकबर ने महाराणा के पास निरंतर संधि-प्रस्ताव भेजते रहकर भी सफलता नहीं पाई तो भी उसने ये तीन वर्ष का समय किस कारण गँवा दिया, इस विषय में अनेक मत हैं। किंतु वास्तविकता यह है कि उजाड़ और छोटे से मेवाड़ राज्य का अधिपति होने पर भी महाराणा प्रताप के बारे में वह मानता था कि मेवाड़ का यह शत्रु ऐसा नहीं है कि जिसको चुटकी बजाते जीता जा सके। इसलिए वह महाराणा पर आक्रमण करने के पहले अपनी उसी योजना से काम ले रहा था जो उसने चित्तौड़गढ़ की विजय के समय अपनाई थी। उस समय भी अकबर ने चारों ओर से राजपूतों की रसद और किसी भी प्रकार की सहायता आने का मार्ग अवरुद्ध कर दिया था। इतने पर भी मेवाड़ के उन रणबाँकुरों ने छह महीने तक अकबर को वहीं पड़े रहने के लिए विवश कर दिया था।

उनपर विजय पाने के लिए स्वयं अकबर को ही बहुत कुछ गँवाना पड़ा था। चित्तौड़गढ़ की विजय के समय वहाँ की तीन सौ राजपूत रमणियों के जौहर तथा अंत में अपने प्राणों को हथेली पर लेकर मुगल सेना का भयानक संहार करनेवाले राजपूत वीरों को वह कभी भूल नहीं सकता था। उसके बाद भी पहाड़ियों पर अपनी प्रजा के साथ महाराणा जिस तरह मेवाड़ की स्वतंत्रता के नाम पर तप-सा कर रहे थे, उसे अकबर मामूली नहीं समझता था। इसी कारण वह एक तो अन्य दिशाओं से निश्चिंत होकर युद्ध छेड़ना चाहता था और साथ ही महाराणा प्रताप को अन्य दिशाओं से काटकर बेबस कर देना चाहता था।

सन् १५७४ में अकबर बंगाल के अभियान में व्यस्त रहा था और सन् १५७५ में वह जोधपुर के विद्रोही शासक चंद्रसेन का दमन करने में उलझा रहा। राजा चंद्रसेन भी महाराणा प्रताप की भाँति अकबर की अधीनता स्वीकार करने के लिए तैयार नहीं थे। उनकी मित्रता की संभावना से ही अकबर ने महाराणा को तोड़कर अपनी ओर मिलाने की चेष्टा की थी। इसीलिए वह अब पहले चंद्रसेन को पूरी तरह परास्त करके उनको इस योग्य नहीं छोड़ना चाहता था कि वे किसी भी तरह से महाराणा प्रताप की सहायता करने पहुँच पाएँ।

इन सबसे निश्चिंत होकर ही वह महाराणा प्रताप का दमन करने के लिए स्वयं अजमेर आया था। वह स्वयं राजपूताना में ही रहकर इस अभियान पर निगाह रखना चाहता था। अजमेर में धार्मिक कृत्यों को पूरा करने के बाद अकबर पूरे पंद्रह दिनों तक अपने सिपहसालारों और दरबारियों से इस विषय पर विचार-विमर्श करता रहा। फिर उसने मानसिंह के सेनापतित्व में ही अभियान आरंभ करने का निश्चय किया। मानसिंह उस समय के अत्यंत कुशल सेनापतियों में से एक माना जाता था और अकबर को तो उसपर पूरा विश्वास भी था।

अकबर ने मानसिंह को सेनापति बनाने के पहले और भी कितनी ही नीतिगत बातों पर विचार किया था। उसे राजपूताना के इतिहास का ज्ञान था। उसे पता था कि बहुत पहले जब राणा कुंभा ने आमेर पर विजय प्राप्त की थी, तब से आमेर के शासक मेवाड़ के दरबार में हाजिरी बजाने लगे थे और लंबे समय तक उनके सामंत के रूप में रहे थे। यहाँ तक कि स्वयं मानसिंह का पिता राजा भगवानदास भी मेवाड़ के दरबार में सामंत के रूप में रह चुका था और वहाँ से उसको तभी मुक्ति मिली थी, जब भगवानदास ने विद्रोह करके अपनी बहन की डोली अकबर को देकर उसकी अधीनता स्वीकार कर ली थी। इस प्रकार महाराणा प्रताप की निगाह में मानसिंह मेवाड़ के एक विद्रोही सामंत से अधिक कुछ नहीं था। महाराणा जितने स्वाभिमानी थे, उसके आधार पर अकबर की कल्पना थी कि अपने विद्रोही जागीरदार को सेनापति बनकर अपने विरुद्ध अभियान पर आया देखकर निश्चय ही प्रताप विवेक खोकर विक्षिप्त की भाँति उसे सजा देने के लिए स्वयं उसपर टूट पड़ेगा और मुगल सैनिकों से घिर जाएगा। ऐसे में पहले तो अकबर की इच्छा के अनुसार वह जीवित ही पकड़ा जाएगा, नहीं तो मार तो अवश्य ही दिया जाएगा।

इसके अतिरिक्त अकबर को एक और विश्वास था कि इसके पहले मानसिंह और उसके पिता भगवानसिंह—दोनों महाराणा के पास संधि का प्रस्ताव लेकर जा चुके थे और उन दोनों को विफल होकर लौटना पड़ा था। मानसिंह तो अब तक उस

अपमान को नहीं भूला था। इसलिए वह निश्चय ही अपनी पूरी शक्ति लगाकर महाराणा का दमन करने की कोशिश करेगा। इसके साथ ही अकबर की एक चाल और थी— मेवाड़ के राजवंश के प्रति राजपूतों के मन में अपार श्रद्धा थी। उनमें से कितने ही मेवाड़ के सामंत भी रह चुके थे। अत: मुगल पक्ष में होते हुए भी वे महाराणा प्रताप से युद्ध करने में सकुचा रहे थे। मानसिंह स्वयं राजपूत था, अत: जब वह महाराणा पर आक्रमण करेगा तो अन्य राजपूतों को भी उनसे युद्ध करने का जोश आएगा। इन बहुत सी बातों को सोचकर ही अकबर ने मानसिंह को सेनापति बनाया था। लेकिन इसके साथ ही अकबर एक सफल कूटनीतिज्ञ भी था। उसने मानसिंह पर भी इस अभियान के समय पूरा विश्वास नहीं किया। उसे एक आशंका भी थी कि भले ही मानसिंह या अन्य राजपूत उसकी ओर से युद्ध करने जा रहे थे, लेकिन क्या पता, कहीं महाराणा को एक विधर्मी के विरुद्ध अपनी जाति और धर्म की आजादी के लिए लड़ता देखकर उनके हृदय में उसके प्रति सहानुभूति न जाग उठे। इस कारण उसने मानसिंह को सेनापति बनाने के बाद भी उसपर और राजपूतों पर निगाह रखने के लिए अनेक मुसलमान सेनापतियों को भी मानसिंह के साथ ही भेजा था।

कर्नल टॉड ने लिखा है कि 'अकबर ने मानसिंह पर नियंत्रण बनाए रखने के लिए अपने पुत्र सलीम को प्रमुख सेनापति का पद देकर उसके साथ भेजा था; किंतु इतिहासकारों के अध्ययन से यह प्रमाणित होता है कि हल्दीघाटी का युद्ध जिस समय हुआ था उस समय सलीम एकदम बालक ही था। अत: उसको सेनापति का पद देकर भेजने की बात कपोल-कल्पना ही है। इसका आधार यह भी है कि उस समय के मुसलमान लेखकों ने भी ऐसा कोई संकेत नहीं दिया है कि प्रमुख सेनापति के रूप में सलीम गया था। और तो और, उस अभियान का पूर्ण विवरण प्रस्तुत करने के इरादे से उस समय का प्रमुख इतिहासकार बदायूँनी भी सेना के साथ गया था। यदि उस सेना का सेनापति सलीम होता तो शहजादे की उपस्थिति की बात बदायूँनी अवश्य लिखता; लेकिन उसके विवरण में भी सलीम का कोई जिक्र नहीं है। इस कारण यही मानना होगा कि सलीम के सेनापति होने की बात कल्पित ही है।'

किंतु जो विवरण मिलते हैं, उनसे पता लगता है कि अकबर ने अपने परम विश्वासी और फरजंद की उपाधि से विभूषित मानसिंह की सहायता के लिए अनेक सेनापतियों को भेजा था। वास्तव में अकबर की एक ही आकांक्षा थी कि उसका घोर प्रतिद्वंद्वी किसी भी प्रकार इस युद्ध में पूरी तरह से परास्त कर दिया जाए। इन सेनापतियों में कितने ही मुसलमान सेनापति भी थे, जो कई युद्धों में नाम कमा चुके थे; जैसे—आसफ खाँ, सैयद अहमद, मिहत्तर खाँ, मीर बख्शी, सैयद

हमीम बरहा, सैयद अशमद खाँ, ख्वाजा मुहम्मद रफी, महाबले खान, गाजी खाँ, सैयद राजू, मिजाहिद बेग, हाशिम बरहा, मुजाहिद खाँ आदि। इनके साथ अकबर ने अनेक प्रसिद्ध हिंदू योद्धा सेनापतियों को भी मानसिंह का सहायक बनाकर भेजा था। उनमें से कुछ तो अपने समय के प्रचंड योद्धा थे; जैसे—राय लूनकरन, माधोसिंह, जगन्नाथ कछवाहा आदि।

सारी तैयारी के बाद मानसिंह को पंचहजारी मनसबदार बनाकर उसका सम्मान किया गया और उसे पाँच हजार अश्वारोही सेना का नायक बनाया गया। इस समारोह के दो दिन बाद सेना लेकर मानसिंह ने अजमेर से कूच किया।

३ अप्रैल को मानसिंह ने मेवाड़ विजय के लिए अभियान शुरू किया था। वह अजमेर से चलकर सीधा मांडलगढ़ पहुँचा और पूरे दो महीने तक वहाँ रुका रहा। इस विलंब का कारण मूलत: यह था कि मानसिंह वहाँ रुककर अपनी सहायता के लिए आनेवाली अतिरिक्त सेना तथा युद्ध सामग्री का इंतजार कर रहा था। इसके और भी अनेक कारण बताए जाते हैं। एक तो यही था कि मानसिंह सावधान सेनापतियों की भाँति युद्ध छिड़ने के पहले अपने लिए आगरा का मार्ग खुला तथा सुरक्षित बना लेना चाहता था। वह अपने को ऐसी स्थिति में नहीं फँसाना चाहता था कि चारों ओर से घिर जाए—और न तो रसद आने की राह रहे और न वहाँ से निकलकर किसी अन्य दिशा में जाने की।

एक और कारण यह था कि वह स्वयं आक्रमण न करके ऐसी स्थिति ला देना चाहता था कि महाराणा प्रताप ही उसपर आक्रमण कर दें। इसके लिए वह ऐसा सुरक्षित स्थान चुनकर वहीं जमकर लड़ना चाहता था, ताकि वह फायदे में रहे। कहा जाता है कि स्वयं अकबर ने उसे विलंब करने का आदेश दे रखा था। उसकी कल्पना यह थी कि संभवत: मुगलों की विशाल सेना को आक्रमण के लिए मेवाड़ को घेरते देखकर महाराणा स्वयं मन-ही-मन हार मानकर संधि करने की इच्छा प्रकट करें। इसी कारण उसने मानसिंह को मांडलगढ़ में कुछ समय तक रुकने के बाद ही आक्रमण करने का आदेश दिया था और स्वयं आगरा चला गया था।

आठ

महाराणा के विरुद्ध युद्ध का निश्चय कर लेने के पश्चात् अकबर इस संबंध में अधिक-से-अधिक जानकारी पाने का प्रयास करने लगा कि आखिर महाराणा जब मुगल साम्राज्य की विशाल सेना की कोई परवाह नहीं करता तो उसने निश्चय

ही अपनी ताकत का अनुमान तो लगाया ही होगा। हमारी विशाल वाहिनी से टकराकर वह कब तक मेवाड़ में शासन करता रह सकता है! और इतनी ही बात होती तो मान लेते कि उसको राजपूताना और सब राव-राजाओं की ताकत तथा मित्रता का भरोसा होगा, लेकिन अकबर ने तो बार-बार राजपूत सरदारों को अपनी ओर से संधि का प्रस्ताव लेकर भेजा था और इस प्रकार एक तरह से यह साबित करने में सफलता पाई थी कि प्रताप को अभिमान है और वह अपनी हेकड़ी के आगे प्रतिष्ठित राजपूतों की भी अवहेलना करता रहा है। यही नहीं, मानसिंह का अपमान करके तो महाराणा ने अपने खिलाफ राजपूतों की बहुत बड़ी ताकत को खड़ा कर लिया है; लेकिन अगर सचमुच राणा को अभिमान हो तो उसका कोई आधार तो होगा।

अकबर अपने तमाम दरबारियों तथा सेनापतियों से एक ही सवाल करता रहा था कि महाराणा के पास कितनी फौज होगी?

एक दिन अचानक उसे महाराणा से नाराज होकर मुगल शिविर में आए राजकुमार शक्तिसिंह की याद आई। अकबर ने फौरन उसको बुलवाया और कहा, ''राजकुमार, आज तो तुम्हारे लायक काम आ गया है। मेरा खयाल है कि तुम ऐसे ही किसी मौके का इंतजार करते रहे हो।''

''हुक्म, जहाँपनाह!'' शक्तिसिंह ने ताड़ लिया कि जरूर मेवाड़ के विषय में ही होगा; किंतु वह ऐसे तो किसी अवसर की प्रतीक्षा नहीं कर रहे थे। पर अकबर के मन में क्या हो सकता है, इसकी जानकारी वह जरूर पाना चाहते थे।

अकबर ने कहा, ''तुमको तो पता ही होगा कि मेवाड़ का महाराणा अब किसी भी तरह से संधि नहीं करना चाहता है। ऐसे में उसको हिमाकत की सजा देना जरूरी हो गया है। मेरा खयाल है कि तुमको भी उससे अपने अपमान का बदला लेना ही है। तुम्हारा क्या खयाल है, प्रताप को सबक सिखाने के लिए कितनी फौज हो तो काम बन जाएगा?''

शक्तिसिंह को विचार में पड़ा देखकर अकबर ने कहा, ''अगर हम तुम्हें ही प्रताप को परास्त करने के लिए भेजना चाहें तो तुम्हें कितनी फौज की जरूरत पड़ेगी?''

शक्तिसिंह ने तुरंत कहा, ''कम-से-कम दो लाख! और पूरा तोपखाना।''

अकबर ने चकित होकर उसकी ओर देखा, लेकिन बोला नहीं।

शक्तिसिंह ने ही कहा, ''वास्तव में महाराणा के पास जान लड़ाकर लड़नेवाले कम-से-कम बाईस हजार राजपूत योद्धा हैं और उनमें से एक-एक योद्धा अपनी

पर आ जाए तो कम-से-कम दस-दस दुश्मनों को मारकर मरेगा। इस तरह दो लाख की फौज भी पूरी नहीं पड़ी। हाँ, तोपखाना होने पर उनको जल्दी नुकसान पहुँचाया जा सकता है।''

अकबर कुछ देर तक तो शक्तिसिंह की ओर इस तरह देखता रहा मानो वह महाराणा और राजपूतों की वीरता के गीत गाकर उसका उपहास उड़ाने की कोशिश कर रहा हो। लेकिन शक्तिसिंह पूरी तरह गंभीर लगा। अकबर ने कुछ देर बाद उसको विदा कर दिया।

किंतु मानसिंह को प्रमुख सेनापति बनाकर युद्ध के लिए भेजते समय अकबर ने शक्तिसिंह की बात को पूरा महत्त्व दिया। इस विषय में अनेक इतिहासकार तथा उस युद्ध का वर्णन करनेवाले स्रोत तरह-तरह की बातें कहते हैं। इस विषय में कोई भी एकमत नहीं है कि वास्तव में कितनी सेना मुगलों की थी। कुछ लोग तो बहुत कम संख्या बताते हैं। मेवाड़ की अनेक ख्यातों से तो पता लगता है कि महाराणा के पास कुल बीस हजार सैनिक थे और अकबर की फौज में अस्सी हजार सवार थे। कर्नल टॉड के अनुसार, 'महाराणा की सेना में कुल बाईस हजार राजपूत थे; जबकि मुगल सिपाहियों की संख्या उससे कई गुना अधिक थी।' कुछ आधुनिक इतिहासकार तो महाराणा की सेना में मात्र तीन हजार सैनिक ही मानते हैं। इनके अलावा कुछ भील योद्धा रहे होंगे। कुछ लोगों का कहना है कि महाराणा की सेना में तीन हजार अश्वारोही, लगभग दो हजार पैदल सैनिक तथा सौ हाथी भर थे। बहुमत के अनुसार, उनकी सेना की संख्या इसके आस-पास ही थी।

जो भी हो, इसमें कोई संदेह नहीं कि मुगलों की फौज महाराणा की फौज के मुकाबले कहीं बड़ी थी और उनके पास घुड़सवारों तथा हाथियों के साथ ही बहुत बड़ा तोपखाना भी था; जबकि महाराणा के पास एक भी तोप नहीं थी। महाराणा के पक्ष में अगर कोई साधन ऐसा था जो उनके हित में मुगलों की तुलना में अधिक सहायता दे सकता था, तो वह था मेवाड़ का भौगोलिक परिवेश। महाराणा के वीर राजपूतों तथा भीलों को सबसे बड़ा सहारा तो वहाँ की चट्टानी धरती और पहाड़ियों तथा जंगलों का ही था।

महाराणा प्रताप ने इन पहाड़ों और जंगलों का ही सहारा लिया। मेवाड़ के गुप्तचर जान पर खेलकर भी मेवाड़ के लिए काम कर रहे थे। उन्होंने आगरा तक धावा मारकर मानसिंह के बारे में पूरा पता लगाया था। फिर अकबर जब अजमेर में रुककर मानसिंह को पंचहजारी मनसबदार बनाने के बाद उसके साथ अपने अन्य सिपहसालारों को भेजने की योजना बना रहा था, तो उसका भी पता लगाकर

जासूसों ने आरंभ से ही उसका पूरा विवरण महाराणा तक पहुँचा दिया था। फिर जब मानसिंह अपनी सेना को लेकर मांडलगढ़ में रुका था, तब भी मेवाड़ के गुप्तचर उसका पीछा कर रहे थे। उतनी बड़ी सेना में उन्होंने अनेक रूप धारण करके प्रवेश पा लिया था।

मानसिंह की गतिविधि के अनुसार महाराणा प्रताप अपनी सेना को उपयुक्त स्थान पर मोरचा बाँधकर खड़ी करना चाहते थे, जिससे मुगलों की विशाल वाहिनी से टक्कर लेने में अपना कम-से-कम नुकसान हो। वह अपनी सेना लेकर गोगुंदा पहुँच गए। मुगल सेना को कम-से-कम मेवाड़ से कोई सुविधा न मिल सके, इसका उपाय करना जरूरी ही था। अत: महाराणा ने मेवाड़ के अनेक मैदानी क्षेत्रों को पूरी तरह उजाड़ कर दिया। उस समय किसान, कारीगर तथा दूसरे काम करनेवाले और अधिकतर मेवाड़वासी अपना घर-बार छोड़कर पहाड़ों पर महाराणा के आस-पास ही रहने लगे थे और मेवाड़ की हर तरह से रक्षा के लिए प्राण तक देने के लिए तत्पर थे। इसलिए उन क्षेत्रों को उजाड़ने में उन्हें अपना तो कोई और नुकसान होने का डर था नहीं। उन्होंने वहाँ ऐसा कर दिया कि मुगल सेना को उस इलाके से अन्न का एक दाना या पशुओं का चारा तक न मिल सके, उनको कहीं आश्रय तक न मिले। ऐसी व्यवस्था कर लेने के बाद महाराणा ने ऐसे स्थानों पर चुन-चुनकर सैनिकों को नियुक्त कर दिया, जहाँ से मुगलों पर छिपकर अचानक धावा बोलने में आसानी हो। उन्होंने अपने सैनिकों की कई टुकड़ियाँ ऐसी तंग पहाड़ी घाटियों में नियुक्त कर दीं जहाँ तक दुश्मन के लिए पहुँचना ही असंभव था। उन स्थानों तक पहुँचने के लिए शत्रु को लगभग डेढ़ मील का ऐसा सँकरा पथ पार करना पड़ता था कि उस पहाड़ी की ख़तरनाक राह पर उन्हें एक-एक करके चलना पड़ता—ऐसी स्थिति में, जबकि उन रास्तों की सुरक्षा करने के लिए मेवाड़ के सैनिक तथा मेवाड़ पर जान देने के लिए तैयार खड़े भीलों की निगाह जमी होगी। भीलों के तीरों के अचूक निशाने से बचकर मेवाड़ के सैनिकों तक पहुँच पाना मुगलों के लिए असंभव था। महाराणा ने ऐसे-ऐसे स्थानों पर मोरचा जमाया कि वहाँ दुश्मन सैनिक चाहकर भी न जा सकें—और अगर कोशिश करें भी तो मेवाड़ के सैनिकों के हाथों मारे जाएँ। उन पहाड़ी घाटियों में प्रवेश करके मुगल सेना के लिए युद्ध करना असंभव जैसा था।

मानसिंह मेवाड़ की भौगोलिक स्थितियों से भलीभाँति से परिचित नहीं था; लेकिन उसे इतना तो पता था ही कि अगर गलती से मुगल सेना उन घाटियों में पैठने का दुस्साहस कर बैठी तो उसका कोई भी सैनिक जीवित वापस नहीं लौट

पाएगा। मुगल सैनिक मैदानी क्षेत्रों में चाहे कितनी ही वीरता दिखा लें, इन सँकरी घाटियों में फँसने के बाद तो बिना मौत ही मारे जाएँगे; जबकि मेवाड़ के सैनिकों को उन दुर्गम पहाड़ी रास्तों का पूरा ज्ञान था और उनपर आने-जाने का अनुभव भी उन्हें था। एक और बात थी—राजपूत सिपाहियों तथा भील योद्धाओं को अगर कभी मजबूर होकर कुछ दिनों तक रसद न मिले, तो भी वे जंगली फल-मूल खाकर गुजारा कर सकते थे और युद्ध भी करते रह सकते थे; लेकिन मुगलों के लिए तो यह असंभव ही था। वे तो भूखों मरने लगेंगे।

महाराणा तो यही सोच रहे थे कि सीधे बढ़कर मांडलगढ़ में ही मानसिंह की फौज से टक्कर ले ली जाए; लेकिन उनके सरदारों का परामर्श अलग ही रहा। मानसिंह के साथ आई मुगलों की विशाल शक्तिशाली सेना को देखते हुए उन्होंने किसी ऐसे स्थान पर युद्ध करने का परामर्श दिया, जहाँ मुगलों को एकाएक राजपूत सेना पर आक्रमण करने का साहस न हो। उनकी सलाह यह थी कि नाथद्वारा से पंद्रह किलोमीटर की दूर स्थित हल्दीघाटी में मोरचा जमाकर युद्ध किया जाए। गोगुंदा और खमणौर के मध्य में मेवाड़ की सीमा में दुर्गम पहाड़ी घाटियाँ हैं। यहाँ की मिट्टी एकदम पीली, हल्दी के रंग की है। इसी कारण उसे 'हल्दीघाटी' कहा जाता है। यह अत्यंत संकीर्ण घाटी मुगलों की दृष्टि से तो एकदम दुर्गम ही थी, लेकिन मेवाड़ की सेना के लिए अपेक्षाकृत सुविधाजनक तो थी ही। महाराणा को अपने सरदारों को परामर्श उचित लगा। उन्होंने मानसिंह के विरुद्ध हल्दीघाटी में ही मोरचा जमाने का निश्चय कर लिया। मेवाड़ की सेना गोगुंदा क्षेत्र से बढ़कर हल्दीघाटी में समा गई।

मेवाड़ की सेना में उस समय के अनेक प्रसिद्ध राजपूत योद्धा थे। ग्वालियर के राजा रामशाह उन दिनों राज्य से च्युत थे। वह मेवाड़ के मित्रों में से थे। मानसिंह से टक्कर लेने के लिए वे अपने सभी वीर पुत्रों के साथ आ गए थे। उनके अतिरिक्त राव कृष्णदास चूडावत, झाला मानसिंह, बीदा झाला, पुरोहित जगन्नाथ, राव रामदास राठौर, पुरोहित गोपीनाथ, चारण जस्सा, हकीम खाँ सूर, शंकरदास आदि मुख्य सेनापति थे। इनके अलावा भीलों का सरदार पुंजा भी अपने कमानधारी भीलों के साथ मुगलों से टकराने के लिए सन्नद्ध खड़ा था। उनपर महाराणा को बड़ा भरोसा था।

युद्ध आरंभ होने के केवल एक दिन पहले महाराणा के गुप्तचरों ने सूचना दी कि मानसिंह कुछ सिपाहियों को लेकर इस समय जंगल में शिकार खेलने गया है। वहाँ तक मेवाड़ के सैनिक बड़ी आसानी से पहुँच सकते थे। कुछ लोगों ने महाराणा

को सलाह दी कि मौका अच्छा है। मेवाड़ पर विजय पाने का सपना लेकर आनेवाला मुगलों का यह गुलाम और राजपूतों के कुल का कलंक बड़ी आसानी से समाप्त किया जा सकता है; लेकिन उस समय महाराणा ने इस सलाह को नहीं माना। उनको यह उपाय अपनी वीरता के अनुकूल नहीं लगा। उनका कहना था कि इस प्रकार आक्रमण करना कायरता है।

वहाँ उपस्थित सामंत बीदा झाला ने भी इस प्रस्ताव का विरोध किया। वास्तव में राजपूताना के ही नहीं वरन् समग्र भारत के इतिहास में ऐसी कितनी ही घटनाओं का विवरण मिल जाता है, जब राजनीति नहीं, वीरता को ही प्रमुखता दी गई, और इस वीरता के नाते कितनी ही बार घोर पराजय का सामना करना पड़ा। अगर उस दिन मानसिंह को मार दिया गया होता तो राजपूताना का इतिहास कुछ और ही होता। संभवत: उस हालत में मुगलों को समग्र भारत पर अधिकार जमाकर उसे दास बनाने की नौबत ही नहीं आती; लेकिन ऐसा हुआ नहीं। भारत के भाग्य में कुछ और ही लिखा था।

प्राचीन काल के कितने ही ऐसे उदाहरण मिलते हैं, जो इसके प्रमाण हैं कि भारत में युद्धकाल में ऐसे आदर्शों को स्थान नहीं दिया जाता था। महाभारत तथा अन्य अनेक नीति ग्रंथों से भी ज्ञात होता है कि आड़े समय में ऐसे आदर्शों को महत्त्व न देकर कितने ही ऐसे कार्य किए जाते थे, जो विजय और राष्ट्रहित के लिए आवश्यक लगते थे; लेकिन महाराणा प्रताप ने ऐसा करने से इनकार कर दिया। नैणसी की ख्यात से पता लगता है कि महाराणा अपनी सेना के साथ कब खमणौर पहुँच गए, इसका पता मानसिंह के गुप्तचरों को भी नहीं लगा था। यदि महाराणा चाहते तो बड़ी आसानी से मानसिंह की हत्या कर दी जाती और इसके बाद वे सहज ही मात्र तीस किलोमीटर की दूरी पर स्थित अपनी नई राजधानी उदयपुर पहुँच जाते; लेकिन ऐसा नहीं किया जा सका।

आज के इतिहासकार इसे राजनीति की दृष्टि से भयंकर भूल ही मानते हैं। इस घातक भूल का दुष्परिणाम मेवाड़ को लंबे समय तक भुगतना पड़ा।

महाराणा प्रताप ने हल्दीघाटी में मोरचा जमा रखा है, यह सूचना मानसिंह को शीघ्र ही मिल गई। वह अपनी सेना लेकर खमणौर की ओर तेजी से बढ़ा और उसके समीप ही स्थित मोलेला गाँव में उसने अपना पड़ाव डाला। महाराणा प्रताप भी अपनी सेना लेकर हल्दीघाटी की दूसरी ओर आ गए थे। लेकिन युद्ध-कुशल मानसिंह ने हल्दीघाटी में प्रवेश करने की मूर्खता नहीं की। वह मोलेला में ही रुक गया और मेवाड़ की सेना के बाहर आकर मैदान में लोहा लेने की प्रतीक्षा करने

लगा। यह भी एक प्रकार का घेरा ही था। महाराणा ने काफी इंतजार किया; लेकिन आखिर कब तक पूरी सेना को लेकर घाटी में बँधे पड़े रहते। फिर मानसिंह जो चुनौती देकर गया था, उसके कारण महाराणा आवेश में थे और इतने दिनों से मानसिंह के आने का इंतजार कर रहे थे। अंततः उन्होंने घाटी से बाहर निकलकर हल्दीघाटी के मैदानी क्षेत्र में मुगल सेना से टक्कर लेने का विचार कर ही लिया और कुछ देर बाद अपनी सेना के साथ निकलकर बाहर आ गए।

उन्होंने चौकसी करनेवाली मेवाड़ी टुकड़ियों तथा मुगलों की रसद आदि की राह रोकने के लिए समय-समय पर छापा मारकर मुगल सेना को छकानेवाली टुकड़ियों को तो जहाँ-का-तहाँ तैनात रहने दिया, लेकिन शेष प्रमुख सेना को लेकर वह मैदान में उतर आए। प्रत्यक्ष युद्ध के लिए बाहर आते समय उन्होंने परंपरा के अनुसार अपनी सेना को हरावल तथा चंदावल और पार्श्व में संगठित करके टक्कर लेने के लिए तत्पर किया। 'हरावल' सेना के सबसे आगेवाले खंड को कहा जाता है और 'चंदावल' पीछे के खंड को कहते हैं। हरावल तथा चंदावल के लगभग बीचोबीच दाईं तथा बाईं ओर सेना के जो दस्ते अगल-बगल से होनेवाले आक्रमणों को रोकने के लिए तथा शत्रुसेना पर अगल-बगल से आक्रमण करने के लिए होते हैं, उन्हें ही वाम एवं दक्षिण पार्श्व कहा जाता है।

मेवाड़ की सेना के हरावल भाग का नेतृत्व हाकिम खाँ सूर कर रहा था। वह महाराणा का बड़ा विश्वासपात्र सरदार था। उसके साथ मेवाड़ के चुने हुए योद्धा थे। सलुंबर के राव कृष्णदास चूडावत, सरदारगढ़ के राजा भीमसिंह, वीर जयमल के पुत्र रामदास तथा देवगढ़ के वीर रावत साँगा इनमें प्रमुख थे। दक्षिण पार्श्व में ग्वालियर के च्युत राजा रामशाह और उनके पुत्रों के अतिरिक्त और भी कई सरदार थे। इसी प्रकार वाम पार्श्व में झाला मानसिंह के नेतृत्व में झाला बीदा, सोनगरा आदि सन्नद्ध थे।

चंदावल में नेता था भील सरदार पुंजा। उसके प्रमुख सहयोगी थे—पुरोहित जगन्नाथ, पुरोहित गोपीनाथ, महासानी जगन्नाथ, मेहता रत्नचंद तथा चारण केशव और जस्सा। चंदावल की सेना मुख्यतः अपने राजा अथवा प्रमुख सेनापति की रक्षा करती थी, जो इन चारों दस्तों के बीच, केंद्र स्थल में रहता था। वहाँ स्वयं महाराणा प्रताप अपने दो प्रमुख मंत्रियों—भामाशाह तथा उनके भाई ताराचंद के साथ मध्य में उपस्थित थे। चंदावल दस्ता ही सारी सेना के लिए साथ चलनेवाले रसद, खजाने आदि के साथ ही उस सुरक्षित सेना की भी रक्षा करता था जो संकट के समय के लिए सुरक्षित रहती थी। दूर के युद्धों में चंदावल की रक्षा में ही रनिवास अथवा

अंत:पुर भी रहा करता था।

मेवाड़ की सेना में इनके अतिरिक्त महाराणा के प्रति अथाह श्रद्धा से भरे उन भीलों की सेना थी, जो अपने महाराणा तथा मेवाड़ के लिए जान भी दे देने को तत्पर थे। उनके शस्त्रों में परंपरागत कमान तथा तीर ही थे, जिनसे वे अमोघ निशाना लगाने के लिए प्रसिद्ध थे। भीलों की यह टुकड़ी पहाड़ियों के बीच जगह-जगह मोरचा जमाकर खड़ी प्रतीक्षा कर रही थी। वे दूर से ही मुगलों को अपना शिकार बनाने के लिए उतावले हो रहे थे।

मुगल सेना को भी लगभग इसी क्रम में संगठित किया गया था। मानसिंह अपनी सेना लेकर इस समय खमणौर तथा भागल क्षेत्र के बीच में स्थित उस ऊबड़-खाबड़ मैदान में आ गया जो हल्दीघाटी के कुछ नीचे था। उसकी सेना में हरावल का प्रमुख सिपहसालार हाशिम खाँ था और उसका साथ देने के लिए राजा जगन्नाथ, आसिफ खाँ, मुहम्मद बादख्शी आदि थे। दक्षिण पार्श्व का प्रमुख अहमद खाँ था और वाम पार्श्व का गाजी खाँ। उसके सहयोगी थे—राजा लूनकरन आदि। चंदावल में मिहत्तर खाँ तथा माधोसिंह मोरचा सँभाले सबसे पीछे तैनात थे। सेना के केंद्र में मुख्य सेनापति मानसिंह स्वयं हाथी पर सवार होकर आया था।

मुगल सेना के साथ उस युग का प्रसिद्ध इतिहासकार बदायूँनी भी भेजा गया था, जो मुख्यत: इस युद्ध का पूरा ब्योरा लिखने के लिए नियुक्त था। सेना के बीच उसको विशेष अंगरक्षकों के दल के साथ पूरी तरह सुरक्षित स्थान में रखा गया था।

अपनी-अपनी जगह मोरचा जमाकर दोनों ही सेनाएँ एक-दूसरे की ओर से आक्रमण होने की प्रतीक्षा करती रहीं; लेकिन पहल करता कोई नजर नहीं आया। तब महाराणा प्रताप की आज्ञा से मेवाड़ की सेना का एक गजराज मेवाड़ की पताका फहराता हुआ घाटी के दर्रे से बाहर निकला। इसके साथ ही मेवाड़ की ओर से हरावल के नायक हाकिम खाँ सूर को देखते ही मुगल सेना में हलचल मच गई। राजपूत सेना ने प्रचंड घोष किया, 'भगवान् एकलिंग की जय! महाराणा प्रताप की जय! हर-हर महादेव!' और पूरे वेग से झपटकर मुगल सेना पर टूट पड़ी। उस समय मेवाड़ की सेना की ओर से रणभेरी तथा उच्च स्वर में तूर्यनाद हो रहा था।

राजपूत योद्धा उत्साह से भरे हुए थे और मुगल सेना को मेवाड़ पर आक्रमण करने के लिए उचित पाठ पढ़ाना चाहते थे। वे जोश के साथ 'हर-हर महादेव' का नारा लगाते हुए मुगल सिपाहियों को काट-काटकर गिराने लगे। दूसरी ओर, उस ऊबड़-खाबड़ जमीन पर टिककर राजपूतों का मुकाबला कर पाना मुगल सिपाहियों के लिए मुश्किल पड़ रहा था। उनमें से कितने तो अपने को सँभाल न पाने के कारण

ऐसे ही मौत के घाट उतार दिए गए। जबकि राजपूत और मेवाड़ के अन्य सिपाही ऐसी धरती पर लड़ने के अभ्यस्त थे। उनको किसी तरह की परेशानी नहीं हो रही थी।

परिणाम यह हुआ कि देखते-ही-देखते मुगलों के उस दस्ते के सिपाहियों को जान बचाने की पड़ गई। उनके पाँव उखड़ गए। पहले ही धावे में मुगलों को भागते देखकर मेवाड़ के सैनिकों का उत्साह और बढ़ गया। वे अब मोरचे की चिंता छोड़कर उनका पीछा करने लगे और कुछ ही देर में अपनी घाटीवाली स्थिति से निकलकर वे मुख्य युद्धभूमि में वहाँ तक पहुँच गए जहाँ मानसिंह की मुख्य सेना ने मोरचा जमा रखा था। इस स्थान का नाम था—बादशाह बाग। इस जगह पर मुगल सेना को भी उतनी परेशानी नहीं थी। यहाँ की जमीन अपेक्षाकृत समतल और युद्ध के लायक थी। घाटी से निकलकर राजपूत सेना वहाँ पहुँची और युद्ध के लिए तत्पर खड़ी मुगल सेना पर झपट पड़ी।

इस बार भी राजपूतों ने भारी संहार किया। मुगल सेना पर उनकी गहरी मार पड़ी। यहाँ तक कि मुगलों का हरावल तथा वाम पार्श्व का संगठन ही बिखर गया। हाथी और अश्वारोही भी परस्पर टकरा रहे थे। देखते-ही-देखते धरती खून से लाल हो गई। मैदान लाशों तथा घायलों से पट गया। मुगलों पर राजपूत सेना इतनी भारी पड़ी कि गाजी खाँ तथा आसफ खाँ के साथ ही मानसिंह की राजपूत सेना के भी पाँव उखड़ गए। वे घबराकर भाग निकले। उन्हें अपनी जान बचाने की पड़ी थी, इसलिए अपने किसी सरदार या सिपहसालार की ललकार की ओर ध्यान दिए बिना वे कोसों दूर तक भागते चले गए। पीछे पलटकर देखने तक का साहस उन्हें नहीं हुआ। लगता था कि मुगलों की हिम्मत पस्त हो चुकी है। उनकी पराजय निश्चित सी लगने लगी थी।

लेकिन उसी समय अकबर के एक तेज-तर्रार सिपहसालार मिहत्तर खाँ ने मोरचा सँभाल लिया। वह था तो चंदावल खंड में, लेकिन हरावल और वाम पार्श्व के सिपाहियों की भगदड़ देखकर उसने बड़ी चालाकी से काम लिया। वह एकाएक आगे बढ़ आया, साथ ही उसने अपनी सेना को ललकारकर मेवाड़ के सैनिकों को दबोच लेने का जोश दिलाया। उसने सिपाहियों का हौसला बढ़ाने के लिए झूठ का आश्रय लिया और ऊँचे स्वर में बार-बार ऐलान करवाने लगा कि इस समय खुद शहंशाह अकबर अपनी बड़ी भारी फौज के साथ मैदान में पहुँच गए हैं।

उसकी तरकीब काम कर गई। खुद बादशाह सलामत के आने की बात से भागती मुगल सेना में नई जान आ गई। वे पलटकर फिर से राजपूतों का मुकाबला करने लगे। युद्ध में अचानक ही मुगलों की पराजय की जो स्थिति आ गई थी,

मिहत्तर खाँ की चालाकी से वह टल गई और दोनों सेनाओं में फिर से घनघोर संग्राम होने लगा। मेवाड़ के योद्धा सरदार अद्‌भुत वीरता के साथ मुगल सिपाहियों का संहार कर रहे थे। मेवाड़ के भीलों की टुकड़ी भी पहाड़ी मोरचे को छोड़कर मैदान में उतर आई और अपने तीर-कमान के सधे हुए कौशल से मुगलों का विनाश करने लगी।

लेकिन युद्ध में अब तक महाराणा को भी काफी हानि उठानी पड़ी थी। उनकी ओर से ग्वालियर के राजच्युत राजा रामशाह तँवर ने अद्‌भुत पराक्रम दिखाया और मुगलों के छक्के छुड़ा दिए; लेकिन अंततः वह मारे गए। उनके कुछ देर बाद ही जयमल के शौर्यशाली पुत्र रामदास को भी वीरगति प्राप्त हो गई। इन दो-दो पराक्रमी सरदारों की मौत का परिणाम यह हुआ कि राजपूत सेना में निराशा सी छा गई और मुगल उत्साह से भरकर उनका मुकाबला करते रहे। उनकी पराजय एक तरह से टल गई थी।

फिर भी अपनी छोटी सी सेना के बल पर महाराणा ने मुगलों, विशेषकर मानसिंह, को जता दिया था कि मेवाड़ उन कच्चे राजपूत राज्यों में से नहीं है जो अकबर के नाम से घबराकर हथियार डाल देगा।

उनकी ओर से मुगल सेना पर निरंतर दबाव पड़ता रहा। अब तक किसी तरह से पराजय टलती जा रही थी; लेकिन अगर यही हाल रहा तो मुगलों को हारकर ही भागना होगा—मानसिंह यह देखकर एकदम से उत्तेजित हो उठा। वह स्वयं आगे बढ़कर अपनी सेना का नेतृत्व करने लगा। वह एक विशाल हाथी पर सवार होकर युद्ध कर रहा था। उसे देखकर मुगलों की शाही सेना के हाथियों की फौज का नायक सिपहसालार हुसेन खाँ भी अपनी हाथियों की सेना लेकर राजपूतों पर चढ़ आया।

महाराणा की सेना में भी कई अनुभवी हाथी थे और उनकी ओर से युद्ध कर रहे थे। उनका मशहूर हाथी रामप्रसाद भी युद्ध के मैदान में डटा हुआ था। रामप्रसाद की ख्याति सुन-सुनकर अकबर को भी उसपर लालच आ गया था। उसने तो महाराणा प्रताप से संधिवार्त्ता करते समय रामप्रसाद को सौंपने की शर्त भी रखी थी; लेकिन महाराणा ने उसके संधि के प्रस्ताव को हमेशा ठुकराया ही था, इसलिए रामप्रसाद को सौंपने की बात ही नहीं उठती थी।

प्राचीन काल से ही भारत में युद्ध में हाथियों का बहुत महत्त्व रहा है। हल्दीघाटी के युद्ध में भी हस्तिसेना का विशेष विवरण मिलता है। मानसिंह के साथ हस्तिसेना लेकर हुसेन खाँ के आते ही हाथियों का भयंकर युद्ध होने लगा। उसके संकेत पर उसके हाथीसवारों में से कुछ ने अचानक ही मेवाड़ की सेना के

एक हाथी को घेरकर उसपर भयानक आक्रमण कर दिया। मुगलों ने ओट लेकर उसके महावत पर ही हमला कर दिया और उसको बुरी तरह से घायल कर दिया। महावत के घायल हो जाने पर हाथी बेबस हो गया और मुगल हाथियों ने उसे घेरकर बरबस अपनी सेना के पिछले भाग में पहुँचा दिया, जहाँ मुगलों ने उसको अपने कब्जे में कर लिया।

मेवाड़ की ओर से लूना हाथी सामने आया और मुगलों के गजमुख हाथी से भिड़ गया। दोनों गजराज बड़ी देर तक जूझते रहे और अंत में लूना ने गजमुख को सूँड़ में लपेटकर झिंझोड़ डाला। गजमुख पराजित हो रहा है, यह देखकर मुगल सेना के एक सिपाही ने अचानक लूना के महावत पर पीछे से हमला करके उसे घायल कर दिया। इस बीच गजमुख मैदान छोड़कर वापस फौज के पीछे चला गया था। लूना भी अपने घायल महावत को लेकर अपनी सेना में लौट आया।

इस युद्ध में सबसे भयानक युद्ध किया महाराणा के सबसे कुशल और प्रशिक्षित गजराज रामप्रसाद ने। लूना के लौटकर आ जाने पर ग्वालियर के कुँवर प्रतापसिंह तँवर स्वयं ही रामप्रसाद का संचालन करते हुए उसे युद्धभूमि में लेकर आए। उसने पहुँचते ही मुगलों की सेना में खलबली मचा दी और मुगल सिपाहियों को रौंदना आरंभ कर दिया। कुछ ही देर में रामप्रसाद ने ऐसा कहर ढा दिया कि मुगल सिपहसालार घबरा गए। उन्होंने अपनी फौज का संहार देखा तो बौखला उठे। रामप्रसाद को किसी भी तरह से परास्त करने की युक्ति की जाने लगी। मुगलों ने देखा कि रामप्रसाद का मुकाबला करनेवाला मुगलों का हाथी अकेला रामप्रसाद के सामने टिक नहीं पा रहा है तो अपने एक अन्य सुप्रशिक्षित हाथी रणमंदर को भी युद्धभूमि में रामप्रसाद से लड़ने के लिए ले आए। अब रामप्रसाद अकेला ही गजमुख तथा रणमंदर का मुकाबला करने लगा। उसी मौके पर मुगलों ने रामप्रसाद के महावत पर जोरदार हमला कर दिया और उसको तीरों से बींधकर मार डाला। फिर उन्होंने दो-दो हाथियों से जूझते रामप्रसाद को फँसाकर बेकाबू कर लिया और बरबस घेर-घारकर अपनी फौज के बीच ले गए। इस प्रकार महाराणा का परमप्रिय तथा बहादुर हाथी रामप्रसाद मुगलों के चंगुल में आ गया। अकबर की मनोकामना पूरी हुई।

राजपूतों ने प्रारंभिक आक्रमण में ही मुगलों का हरावल दस्ता ध्वस्त कर दिया था। मुगलों के सिपहसालार आसफ खाँ तथा जगन्नाथ कछवाहा को अपनी जान बचाने के लिए भागकर फौज के पिछले खंड में छिपना पड़ा था। राजपूतों का दूसरा प्रचंड आक्रमण मुगलों के दक्षिण पार्श्व पर हुआ था। उस पार्श्व के सिपहसालार और सिपाही भी भाग खड़े हुए थे। तब राजपूत दूसरी ओर मुड़े और कहर ढाने

लगे। वाम पार्श्व में तैनात साँभर के राव लूनकरन की सेना उनके सामने थोड़ी देर भी नहीं टिक पाई और एक तरह से जगह बनाकर भागने के लिए ही लड़ती रही, और मौका पाते ही दुम दबाकर भाग निकली। लूनकरन के साथ ही फतहपुर सीकरी का प्रसिद्ध लड़ाका सिपहसालार शेख मंसूर भी भाग निकला। विवरण मिलता है कि भागते-भागते मंसूर राजपूतों के धनुर्धरों की चपेट में आ गया और एक तीर उसके अँगूठे को काटता हुआ निकल गया, साथ ही एक तीर आकर उसके नितंब में धँस गया। वह चीखता-चिल्लाता, तोबा करता हुआ भागता जा रहा था और दूसरे सरदारों की ललकार का जवाब देता जा रहा था, 'मुहम्मद साहब का कहना था कि जब जान पर आ बने तो भाग जाना ही अच्छा है।'

राजपूतों के पहले हमले में ही मुगलों की पीठ मुड़ी तो वे मानो अपने घोड़ों की बाग खींचना ही भूल गए और वहाँ से कोई पंद्रह किलोमीटर की दूरी पर बनास नदी के उस पार तक भागते ही चले गए।

मुगलों के हरावल तथा दोनों पार्श्वों की यह दुर्दशा करने के बाद महाराणा के आदेश से मेवाड़ की सेना ने मानसिंह की रक्षा में युद्ध करती मुगल फौज के मध्य भाग पर हमला बोल दिया। बस, यहीं से उस युद्ध की बाजी पलट सी गई; मानो महाराणा की विजयश्री अचानक ही राह भटककर शत्रुओं के पक्ष में चली गई। महाराणा बहुत देर से मानसिंह को खोज रहे थे। वह अपने विशाल हाथी पर बैठकर फौज के मध्य भाग में सुरक्षित होकर युद्ध का संचालन कर रहा था। अपने हाथी रामप्रसाद को मुगलों के हाथों में जाते देखकर महाराणा प्रताप संतप्त हो उठे थे। वैसे भी मानसिंह उनके 'उदरशूल की ओषधि' लेकर आने की धमकी देकर गया था। आज महाराणा उसे उसकी धृष्टता के लिए दंड देना चाहते थे।

इस बीच पासा पलट गया था और उतनी बड़ी मुगल फौज को अपनी वीरता से दहलाकर कितने ही सिपहसालारों को भागने के लिए मजबूर कर देने पर भी आखिर मुगलों के मुकाबले राजपूत सेना की संख्या उँगलियों पर गिनने लायक ही रह गई थी। इतनी देर तक भयानक संग्राम करते कितने ही राजपूत सरदार युद्ध में काम आ गए थे और मुगलों की सेना टिड्डी दल की तरह बार-बार आकर राजपूतों को घेर लेती थी। और अब तो वह लगातर राजपूतों का कत्ल कर रही थी। अपनी सेना की यह हालत देखकर महाराणा को समझते देर नहीं लगी कि अब मुगलों के सामने बहुत देर तक टिक पाना कठिन ही होगा। वह समझ रहे थे कि अपनी वीरता से मुगलों को पाठ पढ़ा देने पर भी उनकी विजय नहीं हो पाएगी। लेकिन युद्ध समाप्त होने के पहले ही महाराणा आमेर के उस दंभी राजकुमार मानसिंह को मेवाड़ की

आन के अनुरूप दंड जरूर देना चाहते थे। इसीलिए मुगलों की विशाल फौज की चिंता किए बिना अपने बलिष्ठ अश्व चेतक को ललकारते हुए महाराणा अचानक मुगल सेना के मध्य भाग में धँसते चले गए। महाराणा प्रताप अब मानसिंह को खोज रहे थे और मुगल सेना के सिपहसालार तथा सिपाही उनको किसी भी कीमत पर मानसिंह के पास नहीं पहुँचने देना चाहते थे। लेकिन महाराणा तो अपने चेतक को तूफान की तरह उड़ाते, मुगल फौज को चीरते हुए बढ़ते ही जा रहे थे।

मानसिंह ने भयानक पराक्रम दिखाया था। विशेषकर हाथियों के युद्ध में उसकी निपुणता और कौशल के कारण ही राजपूतों को मुँह की खानी पड़ी थी। उसके सिपाहियों ने महाराणा के हाथी रामप्रसाद को अधिकार में कर लिया था। उसके बाद तो मानसिंह के इशारे पर मेवाड़ी सेना के कितने ही हाथियों के महावतों को मारकर उनके खाली हाथियों पर कूद-कूदकर मुगलों ने अंकुश के बल पर बेबस कर अपनी सेना के पृष्ठ भाग में ले जाकर कैद कर लिया था। हाथियों के युद्ध में मानसिंह ने महाराणा की हस्तिसेना को करारी मात दी थी।

इस कारण महाराणा और भी आक्रोश में आ गए थे। वह चेतक को उड़ाते तथा सिपाहियों की दीवार को चीरते हुए मध्य भाग में मानसिंह के सामने पहुँच ही गए। मानसिंह महाराणा के इस दुस्साहस से सकपका गया। लेकिन महाराणा अश्व पर ही थे और वह स्वयं विशाल गजराज पर सवार था। अतः उसका साहस लौटा और वह महाराणा की निगाह से निगाह मिलते ही मुसकराया।

महाराणा का पूरा शरीर मानो धधककर जल उठा। उन्होंने पलक झपकते ही अपने चेतक को संकेत दिया—और अचानक ही चेतक ने छलाँग मारी तथा उसके दोनों अगले पाँव मानसिंह के गजराज के मस्तक पर जा टिके। इस प्रयास में चेतक के पाँव बहुत जख्मी हो गए। मानसिंह के हाथी की सूँड़ के ऊपरी भाग में ऐसी ही किसी स्थिति से बचने के लिए तलवारें बँधी थीं। उनसे चेतक के पाँवों में गहरा जख्म हो गया। लेकिन अपने स्वामी की भाँति चेतक भी डिगा नहीं। हाथी के मस्तक पर पाँव जमाए वह कई पलों तक निर्भीक ज्यों-का-त्यों खड़ा रह गया।

महाराणा और उनके घोड़े का यह अविश्वसनीय कारनामा देखकर मानसिंह स्तंभित रह गया। सहसा महाराणा का तीखा बरछा चमक उठा। बरछा चलाने में उस युग में महाराणा का कोई सानी नहीं था। बरछा देखते ही मानसिंह की जान सूख गई। वह तत्काल झुककर हाथी के हौदे में ही दुबक गया। महाराणा का बरछा चला और किसी अमोघ शस्त्र की तरह उसने महावत को छेदते हुए मानसिंह को छेदने के लिए झपट्टा मारा; लेकिन अंततः हौदे से टकराकर रह गया। मानसिंह

हौदे की ओट में दुबककर बच गया था। पल भर को यह अकल्पनीय दृश्य मुगलों के कई सिपहसालारों ने भी देखा। मानसिंह की जान बच गई, यह देखने के बाद वे एक साथ महाराणा की ओर झपट पड़े और उनको चारों ओर से घेरकर तीरों-तलवारों की बौछार करने लगे।

मुगलों से चारों ओर से घिर जाने पर भी महाराणा प्रताप तनिक भी विचलित नहीं हुए और अकेले ही मुगल सिपाहियों से टक्कर लेते रहे। उनका पूरा शरीर छिद गया था और समूचे बदन से खून की धारा बह रही थीं। अपने महाराणा को चारों ओर से घिरा देखते ही राजपूत सरदारों के दल-के-दल उनकी रक्षा करने के लिए जान हथेली पर लेकर उसी ओर आ पहुँचे; लेकिन वे लोग मध्य भाग में फँस गए थे और अब महाराणा को जीवित बचाकर निकल पाना असंभव जैसा हो गया था। तो भी उनकी जान बचाने के लिए अनेक बहादुर राजपूत अपनी जान की आहुति चढ़ाते रहे। आखिर एक चमत्कार हुआ। वीर शिरोमणि झाला मानसिंह वहाँ पहुँच गए थे। एकाएक उन्होंने महाराणा का छत्र खींचकर अपने सिर पर लगा लिया और चकित महाराणा से बोले, "अपराध क्षमा हो, अन्नदाता! मेवाड़ को झाला मानसिंह तो कितने ही मिल जाएँगे, लेकिन महाराणा प्रताप जैसा कोई दूसरा जनम-जनम तक नहीं मिलेगा। घड़ी खम्मा, समय मत गँवाइए। मेवाड़ की धरती के लिए आपका होना बहुत ही जरूरी है।..."

महाराणा अवाक् ताकते ही रहे। महाराणा का छत्र झाला मानसिंह के सिर पर लगा देखकर मुगलों को भ्रम हो गया कि यही महाराणा हैं—और वे उनपर ही टूट पड़े। उनके साथ लड़ते राजपूत वीर एक-एक कर सिर कटवा रहे थे। महाराणा को लगा कि अब पराजय तो निश्चित है, लेकिन झाला मानसिंह की शपथ और आन की रक्षा के लिए उनको अपमान ही सही, यह जीवन अभी जीना ही पड़ेगा। आहत चेतक को धीमे से संकेत मिला तो वह तत्काल दूसरी ओर चल पड़ा। दुश्मन की फौज को चीरते हुए महाराणा युद्धभूमि को छोड़कर बाहर निकल आए।

वह युद्धभूमि—हल्दीघाटी—से परे बालिया गाँव की ओर बढ़ चले।

नौ

झाला मानसिंह ने महाराणा का छत्र, लगभग छीनकर ही, इतनी शीघ्रता और चतुराई से अपने मस्तक पर धारण कर लिया था कि कोई कुछ समझ ही नहीं पाया था। लेकिन महाराणा प्रताप जब रणभूमि से निकलकर बाहर जा रहे थे तो दो मुगल

सिपाहियों को संदेह हो गया। उन्होंने अपने घोड़े उनके पीछे लगा दिए और कुछ दूरी रखकर वे उनका पीछा करने लगे।

महाराणा प्रताप के छोटे भाई शक्तिसिंह की दृष्टि उसी समय संयोग से महाराणा पर पड़ गई। महाराणा को युद्धभूमि से बचकर निकलते देख उन्हें पहले तो विश्वास ही नहीं हुआ, क्योंकि दूसरी ओर उनका छत्र उठाए एक और महाराणा मुगल सेना पर कहर ढा रहा था। लेकिन शक्तिसिंह को तत्काल परिस्थिति समझ में आ गई। इस समय मुगल सेना का पलड़ा भारी पड़ रहा था, यह बात किसीसे छिपी नहीं थी। स्वयं शक्तिसिंह इस स्थिति से बहुत व्यथित थे। अकबर से कही हुई अपनी बात उन्हें याद आ गई। और इसमें संदेह नहीं कि महाराणा के अधीन हल्दीघाटी में राजपूतों ने अपनी वीरता से मुगलों के अनेक सिपहसालारों के छक्के छुड़ा दिए थे। आरंभ में ही अपनी जान लेकर भागता शेख मंसूर जिस तरह अपनी जान बचाने के लिए मुहम्मद साहब के कलामपाक का हवाला दे रहा था, वह याद आते ही शक्तिसिंह को हँसी आ गई।

लेकिन इस समय महाराणा के पीछे लगे मुगल सिपाहियों को देखकर उनका राजपूत रक्त सहसा ही जोश में आ गया। एक पल भी सोचे बिना तुरंत अपना घोड़ा मोड़कर वह भी उसी ओर चल पड़े। उस समय किसीको इतना ध्यान नहीं था कि देखता, कौन किधर जा रहा है। और देखता भी तो शक्तिसिंह को किसीकी परवाह नहीं थी।

कुछ ही दूर जाने पर उनको विश्वास हो गया कि ये दोनों मुगल सैनिक महाराणा प्रताप की हत्या करने के लिए ही उनका पीछा कर रहे हैं। उस समय महाराणा का अश्व चेतक पूरी रफ्तार से दौड़ भी नहीं पा रहा था, क्योंकि युद्ध में उसका पाँव काफी घायल हो गया था। स्वयं महाराणा भी खून से लथपथ थे। शक्तिसिंह ने स्वयं देखा कि महाराणा का चेतक मानसिंह के हाथी के मस्तक पर पाँव रखे ऐसा लग रहा था मानो उसके पंख हों और वह हवा में उड़ रहा हो। महाराणा के बरछे के प्रचंड प्रहार से महावत तो तत्काल स्वर्ग सिधार गया था। उसके बाद भी मानसिंह बच नहीं पाता, अगर ठीक पल भर पहले वह झुककर हौदे में छिप न गया होता।

अचानक ही शक्तिसिंह को लगा कि मुगल सेना के दोनों सिपाही अब महाराणा प्रताप के बहुत पास तक पहुँच चुके हैं। इस तरह रणभूमि से संभवतः बरबस ही चले जाने के लिए विवश कर दिए जाने के कारण महाराणा प्रताप अपने आपमें खोए हुए थे। उनको जरा भी आभास नहीं था कि इस समय भी मौत उनका पीछा

करती हुई एकदम सिर पर आ पहुँची है।

शक्तिसिंह ने एकाएक जोर से टेर लगाई, ''हो, हो! नीले घोड़े के सवार!''

चेतक को 'नीला घोड़ा' ही कहा जाता था। उस विकट स्थान में अचानक ही किसी राजपूत की परिचित आवाज सुनकर महाराणा को आश्चर्य हुआ। वह तो समझ रहे थे कि वह अकेले ही आ रहे हैं।

उन्होंने पलटकर देखा तो चकित रह गए—दो-दो मुगल सिपाहियों के घोड़े उनकी ही ओर चले आ रहे हैं। महाराणा आहत थे और चेतक भी अब लड़खड़ा रहा था। फिर भी महाराणा अपना बरछा सँभालकर हमले के लिए तैयार हो गए। एकाएक उनकी आँखों के सामने चमत्कार-सा हुआ। सहसा ही उन मुगल सिपाहियों के पीछे से एक राजपूत ने अपना घोड़ा उछाल दिया और एक झपट्टे में वह उन सिपाहियों के सिर पर आ पहुँचा। जब तक दोनों मुगल सैनिक सँभल पाते, इसके पहले ही वह राजपूत अपनी तलवार से उनपर टूट पड़ा। दोनों मुगल सिपाही पैंतरा बदलकर राजपूत से जूझने लगे। लेकिन उस राजपूत ने उछाल लगाकर ऐसा करारा हाथ दिखाया कि एक मुगल सिपाही सिर से पाँव तक बीच से चिर गया। दूसरे ने तड़पकर राजपूत पर झपट्टा मारा; लेकिन राजपूत ने पैंतरा बदलकर अपना स्थान छोड़ दिया। मुगल सिपाही अपने ही झटके से काफी दूर तक निकल गया। सँभलकर उसने घोड़ा लौटाया ही था कि राजपूत ने बगल से अपनी लपलपाती तलवार उसके सीने में उतार दी। वह भी चीख मारकर घोड़े से गिरा और तड़पकर एकाएक शांत हो गया।

उन दोनों मुगल सैनिकों को मौत के घाट उतारकर महाराणा की जान बचानेवाले उस अद्‌भुत योद्धा राजपूत की ओर महाराणा अचरज भरी आँखों से देखते रहे। वह अपना घोड़ा नचाकर एक बार खोज भरी निगाह से मानो यह देखता रहा कि उसके शिकार कहीं जीवित तो नहीं हैं। संतुष्ट होकर फिर पलटा और सीधा महाराणा की ओर आया। महाराणा सतर्क खड़े उसके वार की प्रतीक्षा कर रहे थे; क्योंकि इस बीच उनको स्पष्ट पता लग गया था कि वह राजपूत भी वास्तव में अकबर की सेना का ही है, उनकी ओर का नहीं। तो क्या वह मुगल सिपाहियों को इस कारण मारने पर तुला था कि महाराणा प्रताप की हत्या करने का श्रेय वह स्वयं पाना चाहता था? लेकिन ऐसा होता तो उसने महाराणा को सावधान क्यों किया था?

महाराणा कुछ समझ नहीं पा रहे थे और उसकी ओर से होनेवाले वार के लिए तत्पर खड़े थे। महाराणा ने उसे देखा तो उन्हें अपनी आँखों पर विश्वास नहीं आया। मुगलों को मारकर अब उनकी ओर झपटकर आनेवाला और कोई नहीं;

उनका भाई शक्तिसिंह ही था।

"शक्तिसिंह, तुम!" सहसा महाराणा के मुँह से निकल पड़ा।

शक्तिसिंह को अनुमान हो गया था कि खून से सनी तलवार लेकर उसे आते देखकर उसके अग्रज के मन में क्या संशय हो रहा होगा! उसने तत्काल तलवार दूर फेंक दी और दौड़कर एकाएक महाराणा प्रताप के पाँवों पर गिर पड़ा, "भैया!"

महाराणा गद्‌गद हो उठे। उनका गला अवरुद्ध हो गया। अपने इसी भाई के बारे में उनके मन में कैसी-कैसी बातें आ रही थीं, सोचकर उन्हें बहुत दुःख हुआ। उन्होंने अपना बरछा फेंक दिया और शक्तिसिंह को उठाकर अपने सीने से लगा लिया।

वर्षों से बिछुड़े उन दोनों भाइयों का वह अनोखा मिलन आँसुओं से भीगा हुआ था और उसकी एकमात्र साक्षी थी बनास नदी की धारा।

बड़ी देर तक आलिंगन में बँधे दोनों भाई बिना एक शब्द बोले मानो स्पर्श मात्र से अपने-अपने मन की सारी व्यथा सुना गए। कुछ कहे बिना ही वे एक-दूसरे का मन पढ़कर सबकुछ समझ गए थे। महाराणा ने एक बार उन दोनों मुगल सिपाहियों की खून से नहाई लाशों की ओर देखा, फिर शक्तिसिंह को भींचकर बोले, "तुम्हें कैसे पता लगा कि…"

"मैं देखते ही समझ गया था कि महाराणा को मेवाड़ के लिए जीने को विवश कर दिया गया होगा; क्योंकि वहाँ एक और महाराणा छत्र लगाए युद्ध कर रहे थे।"

महाराणा ने मन-ही-मन झाला मानसिंह को प्रणाम किया, फिर बोले, "वह कैलवारा के राव झाला मान थे। उनकी बात टाल नहीं पाया।"

"झाला मान की बात टालने योग्य थी भी नहीं। वह तो अपने प्राण देकर मेवाड़ के लिए अमर योद्धा को जीवित रखना चाहते थे। उनका बलिदान आपके जीवन के लिए ही था और निश्चय ही महान् बलिदान था। मेवाड़ की धरती युगों तक उनके यश की गाथा गाएगी। आपका जीवित रहना मेवाड़ के अस्तित्व के लिए जरूरी था।"

महाराणा ने उसाँस भरकर पूछा, "झाला मान क्या…"

"मैंने तो आते-आते देखा कि कम-से-कम तीस राजपूत वीरों ने अपना बलिदान देकर उनकी भी रक्षा करनी चाही; लेकिन तब तक…" वह अटककर बोला, "माँ ने अपना बलिदान स्वीकार करके झाला मान का गौरव बढ़ाया है।"

महाराणा की आँखों में आँसू आ गए; लेकिन मुँह से एक शब्द भी नहीं निकला।

चेतक वहीं पर गिर गया और तड़पते हुए ही उसने प्राण त्याग दिए। महाराणा अब अपने आँसू नहीं रोक सके। उनकी आँखों से अविरल धारा बह चली। अपने प्राण से भी अधिक प्रिय चेतक को उन्होंने थपथपाया। कुछ देर तक गहरा मौन छाया रहा।

अंत में शक्तिसिंह ने ही कहा, ''अब विलंब उचित नहीं होगा। कौन जाने··· तुरही-भेरी और नगाड़ों की आवाज से तो लगता है कि मानसिंह की फौज में खुशी मनाई जा रही है। अब वे किसी भी समय पता लगते ही पीछा करेंगे। वहाँ आपके स्थान पर झाला मान का शरीर देखते ही उनकी खुशी आग बनकर भड़क उठेगी। आप यहाँ से तुरंत ग्राम की ओर निकल जाइए। आप रहेंगे तो एक दिन मानसिंह और अकबर को इसकी सजा मिल जाएगी—और झाला मान का बलिदान सार्थक हो जाएगा।''

महाराणा धीरे से उठ खड़े हुए। उन्होंने चेतक को एक बार फिर थपकी दी और मानो उसकी याद में खो गए।

लेकिन शक्तिसिंह सावधान था। उसको संदेह था कि मुगलों की हर विजय की तरह मानसिंह इस बार भी मुगलों को यहाँ लूटमार और अनाचार करने की पूरी छूट दे देगा। तब महाराणा को बचकर निकलने का अवसर नहीं मिल पाएगा। कहीं मुगलों को पता लगा कि महाराणा इसी ओर आए हैं, तो···

उसने तत्काल अपने घोड़े को चुमकारकर पास बुलाया और थपथपाकर उसकी लगाम महाराणा को थमाते हुए कहा, ''बस, अब देर मत कीजिए। भाग्य रहा तो फिर मिलेंगे।'' और प्रणाम करके स्वयं उस ओर बढ़ा, जिधर दोनों मुगल सिपाही मृत पड़े थे। उसने एक खुरासानी सिपाही के घोड़े को पकड़ लिया और स्वयं उसपर सवार होकर बोला, ''भगवान् एकलिंग की जय!''

महाराणा ने भी 'भगवान् एकलिंग की जय' का नारा लगाकर भाई से विदा ली।*

---

* शक्तिसिंह द्वारा विपत्ति के उस समय में महाराणा की रक्षा करने की इस कथा को कुछ विद्वान् इतिहासकार कवि-कल्पना कहकर अस्वीकृत कर देते हैं। उनका तर्क यह है कि अबुल फजल ने कहीं यह नहीं लिखा है कि उस युद्ध के समय शक्तिसिंह भी मानसिंह के साथ मौजूद था। लेकिन अबुल फजल ने तो बहुत कुछ नहीं लिखा है और कितनी ही ऐसी बातें भी लिखी हैं जो संगत नहीं जान पड़तीं। उसे आधार मानकर इस प्रसिद्ध कथा को सर्वथा कल्पित कहना उचित नहीं लगता। इसमें तो कोई संदेह नहीं कि पहले शक्तिसिंह और प्रताप में मतभेद हो गया था और वह अकबर के दरबार में रहने लगा था; किंतु बाद में वह और उसके वंशज मेवाड़ आ गए थे।

□

शक्तिसिंह लौटकर जब मुगल फौज में पहुँचा तो वहाँ उसकी खोज हो रही थी। स्वयं सेनापति मानसिंह ने उसका पता लगाने को कहा था। शक्तिसिंह लौटा तो संयोगवश राह में ही मानसिंह से भेंट हो गई। उसने पूछा, ''किधर चले गए थे?''

शक्तिसिंह ने कहा, ''एकाएक नजर पड़ी कि महाराणा तो चुपचाप युद्ध छोड़कर चले जा रहे हैं और दो सिपाही उनके पीछे लगे हैं। मैं जानता था कि महाराणा को वे दोनों अकेले काबू नहीं कर सकते, इसीलिए मैं भी पीछे-पीछे चल पड़ा। लेकिन वे दोनों जोश में महाराणा के चेतक को छलाँग लगाकर नदी पार करते देखकर खुद भी छलाँग लगाने को ही थे कि महाराणा ने एक को बरछे से छेद दिया। दूसरा नदी पार कर चुका था, तब महाराणा का शिकार हो गया। मैंने ललकारकर अपने घोड़े को भी छलाँग लगवाकर नदी तो पार करा दी, लेकिन महाराणा का बरछा मेरे घोड़े को चीरता हुआ निकल गया। मैं गिर गया लेकिन मेरे सँभलने से पहले ही वह अपने घोड़े पर उड़ते हुए दूर निकल गए और मैं बिना घोड़े के खड़ा देखता ही रहा। फिर नदी पार करके मैंने मृत खुरासानी सिपाही का घोड़ा पकड़ा और वापस आ गया; क्योंकि अब पीछा करना बेकार ही था। आगे घोर जंगल है और वहाँ महाराणा के भील उनकी रक्षा करने के लिए तीर-कमान साधे खड़े होंगे। अकेले उनपर पार नहीं पाया जा सकता। जंगल में कहाँ कौन छिपा है, इसका तो किसीको पता ही नहीं लगता।''

कुछ इतिहासकारों का मत है कि शक्तिसिंह ने अपनी ओर से पूछने पर सच-सच कह दिया था कि खुरासानी और मुलतानी सिपाहियों को महाराणा प्रताप का पीछा करते देखकर उसने ही उन दोनों को मारकर अपने धर्म की रक्षा की थी। इस बात पर अकबर की ओर से उसको कोई दंड तो नहीं मिला, लेकिन उसे सेना से अलग हो जाने का हुक्म दे दिया गया।

शक्तिसिंह ने उसी समय मुगल सेना छोड़ दी और अपने साथ के राजपूतों को लेकर वह महाराणा से मिलने रवाना हो गया। उसे महाराणा से खाली हाथ मिलना उचित नहीं लगा, तो राह में भाइनसोर के किले पर अपने पाँच हजार सैनिकों के साथ उसने आक्रमण कर उसपर अधिकार कर लिया। महाराणा से मिलने पर शक्तिसिंह ने नजराने के तौर पर उनको भाइनसोर का वही किला भेंट किया।

शक्तिसिंह की ओर से नजराने के रूप में दिए गए किले की बात सुनकर महाराणा मुसकराए। उन्होंने किले की भेंट स्वीकार करके फिर उसे शक्तिसिंह को

ही दे दिया। कहा जाता है कि उस समय से ही भाइनसोर का दुर्ग शक्तिसिंह के वंशजों का भी निवास बन गया। उनके पराक्रमी वंशज शक्तिसिंह के नाम से ही 'शक्तावत' कहे जाते हैं।

शक्तिसिंह के बारे में एक और बड़ी ही रोचक कथा प्रचलित है। अब तक मिले विवरणों के अनुसार तो शक्तिसिंह महाराणा की विमाता महारानी सज्जाबाई सोलंकिणी के पुत्र थे और महारानी सज्जाबाई को शक्तिसिंह के अतिरिक्त एक पुत्र और था—वीरमदेव। बताया जाता है कि महाराणा प्रताप की अपनी माता राठौर कुल की जैवंताबाई भी शक्तिसिंह को बहुत चाहती थीं। यहाँ तक कि वह मेवाड़ के अधिपति अपने महाराणा पुत्र की बजाय शक्तिसिंह के साथ ही भाइनसोर के दुर्ग में उनके परिवार के साथ ही रहती थीं। लेकिन इसका अर्थ यह नहीं कि महाराणा को अपनी माँ के प्रति प्रेम नहीं था, अथवा राजमाता बन जाने के बाद महारानी जैवंताबाई के मन में प्रताप के प्रति कोई दुर्भावना रही होगी। इसका एक कारण तो यह हो सकता है कि अकबर से टकराने के लिए महाराणा को स्वेच्छापूर्वक लंबे समय तक पहाड़ियों और जंगलों में ही भटकना पड़ा था। उस समय महाराणा का अपना पूरा परिवार, यहाँ तक कि युवराज अमरसिंह की वधू और बच्चे तक उनके साथ ही थे; फिर भी संभवत: राजमाता जैवंताबाई का स्वास्थ्य इस योग्य नहीं था कि वे वन-वन भटकती रहतीं। उससे असुविधा ही अधिक होती। न जाने कब, किस जगह अकबर के सिपाहियों से भिड़ंत हो जाए। इसी कारण महाराणा ने माँ को शक्तिसिंह के साथ भाइनसोर के किले में सुरक्षित समझकर ही रखा होगा।

□

हल्दीघाटी की वह लड़ाई सुबह आठ बजे से दोपहर के कुछ देर बाद तक चलती रही।

महाराणा के सुरक्षित निकल जाने के बाद भी काफी देर तक राजपूतों ने मुगल फौज से टक्कर ली। लेकिन झाला मान के साथ महाराणा का छत्र भी गिरते देख आस-पास के राजपूत सैनिकों ने यही समझा कि महाराणा ही मारे गए, अत: उनका साहस टूट गया और हजारों सैनिकों के प्राण गँवा देने के बाद भी उन्हें पराजय स्वीकार करनी पड़ी। शेष राजपूत मैदान छोड़कर आस-पास की पहाड़ियों में छिप गए।

मानसिंह को किसी तरह हल्दीघाटी के युद्ध में विजय तो मिल गई थी, लेकिन यह उसकी पूर्ण विजय नहीं थी। और अकबर की इच्छा के अनुसार महाराणा प्रताप को न तो मारा ही जा सका, न उन्हें बंदी बनाकर उसके सामने ही लाया जा सका।

मानसिंह ने पराजित राजपूत सेना अथवा महाराणा का पीछा नहीं किया, जो कि उन दिनों युद्ध में आम बात थी। कम-से-कम मुगल सेना तो ऐसा ही करती थी। हाँ, राजपूत अवश्य मैदान छोड़कर भागते शत्रु का पीछा करना परंपरा के विरुद्ध मानते थे; क्योंकि यह वीरों की परंपरा नहीं थी। वे तो कट्टर-से-कट्टर शत्रु को भी निहत्था होने पर प्रहार नहीं करते थे। राजपूताना के योद्धाओं की अपनी परंपराएँ थीं, जो प्राचीन काल के धर्मयुद्ध की याद दिलाती थीं। लेकिन मुगलों का सेनापति होकर भी मानसिंह ने ऐसा नहीं किया; जबकि उसे अकबर की ओर से स्पष्ट आदेश था कि अबकी बार महाराणा प्रताप का अंत होना ही चाहिए। वह मेवाड़ को ध्वस्त कर देना चाहता था। अपने विशाल साम्राज्य की राह का रोड़ा वह महाराणा प्रताप को ही मानता था। विशाल मुगल साम्राज्य तथा उसकी अजेय शक्ति को अब तक स्वतंत्र खड़ा मेवाड़ ही चुनौती देकर उसे आँखें दिखाता रहता था और अभिमानी इतना कि बार-बार शहंशाह अकबर की ओर से खिलअत तथा उपहारों सहित भेजे गए संधि-प्रस्ताव की अवहेलना करके भी अब तक अविजित ही रह गया था। फिर मानसिंह अंत तक हल्दीघाटी में लगभग विजयी होकर भी महाराणा का पीछा आखिर क्यों नहीं करना चाहता था?

इस प्रश्न के उत्तर में अनेक इतिहासकारों के अनेक मत हैं। कुछ तो ऐसे भी हैं, जिनका विचार यही है कि स्वयं मानसिंह महाराणा को पकड़कर उन्हें अकबर के हवाले नहीं करना चाहता था। ऐसे लोगों का तो यह भी कहना है कि वास्तव में मानसिंह ने महाराणा को रणभूमि से निकलकर जाते देखा था, और उनको निकल जाने देना चाहता था। जब मुगल सेना के खुरासानी तथा मुलतानी दो सिपाहियों को उनका पीछा करते देखा तो उसने ही महाराणा को बचाने के लिए स्वयं शक्तिसिंह को उनके पीछे जाने को कहा था। इससे तो ऐसा प्रतीत होता है कि मानसिंह अपने मान-अपमान से कहीं अधिक महत्त्व राजपूतों की स्वाधीनता की चेतना को देता था।

यद्यपि मानसिंह का जो चरित्र रहा है, उसको देखते हुए यह असंभव नहीं लगता कि उस समय महाराणा की वीरता से प्रभावित होकर मानसिंह सचमुच उनको बंदी न बनने देने के लिए कृतसंकल्प हो गया होगा; लेकिन स्वयं मानसिंह तो आमेर का अधिपति बन जाने के बाद भी वर्षों तक, कहा जा सकता है कि आजीवन मुगलों की सेवा करता रहा। अकबर के बाद जहाँगीर के समय में भी वह मुगलों का ही सेवक बनकर रहा; यद्यपि जहाँगीर से उसका द्वंद्व चलता रहा। मानसिंह की बहन का विवाह सलीम के साथ हुआ था। बाद में सलीम ही जहाँगीर के नाम से सिंहासन पर बैठा।

अकबर के जीवनकाल में ही सलीम ने एक बार विद्रोह किया था। उस समय मानसिंह ने अकबर का ही साथ दिया था और सलीम के विरुद्ध युद्ध में भी गया था। इस कारण सलीम आरंभ से ही मानसिंह के खिलाफ था। बाद में तो मानसिंह से उसकी बिलकुल नहीं बनी; क्योंकि मानसिंह अपनी बहन के पुत्र खुसरू को अकबर के बाद सिंहासन पर बैठाने का प्रयास कर रहा था। खुसरू था तो सलीम का ही बेटा, लेकिन उसकी जगह अपनी बहन के बेटे को राजसिंहासन पर बैठाने का मानसिंह का प्रयास सलीम के विरुद्ध षड्यंत्र तो था ही। इसीसे लगता है कि मानसिंह चाहे कुछ भी हो, उसकी अपनी विचारधारा एकदम से अलग थी। हो सकता है, उसने महाराणा प्रताप को बंदी बनाने की बजाय उनको स्वतंत्र रहने देना ही उचित मानकर यह निर्णय लिया हो।

जो भी हुआ हो, इसमें संदेह नहीं कि हल्दीघाटी में पराजय के बाद भी महाराणा की कीर्तिगाथा मेवाड़ ही नहीं, समग्र राजस्थान में गाई जाने लगी थी। इस युद्ध में—कुछ विद्वानों के अनुसार—मेवाड़ के कुल बाईस हजार योद्धा लड़े थे, जिनमें से मात्र आठ हजार ही लौट सके। शेष चौदह हजार रणबाँकुरे युद्ध में वीरगति पा गए। यह अपने आपमें मेवाड़ के लिए बहुत बड़ी हानि थी—उस हानि से भी अधिक, जो चित्तौड़गढ़ पर मुगलों का अधिकार होने के बाद मेवाड़ के महाराणा उदयसिंह को उठानी पड़ी थी। निश्चय ही यह महाराणा प्रताप के लिए शक्ति-क्षय की दृष्टि से एक बहुत ही गहरा आघात था; लेकिन मेवाड़ की यह पराजय क्षणिक ही रही। मुगलों को भले ही तात्कालिक रूप से विजय मिली हो, लेकिन अकबर को तो इस आधी-अधूरी विजय से संतोष की जगह अपनी हेठी ही अधिक जान पड़ी थी। उसकी कल्पनाओं पर तुषारपात हो गया था।

मानसिंह हल्दीघाटी का युद्ध जीतकर भी मेवाड़ पर मुगलों का अधिकार स्थापित नहीं कर पाया था। वास्तव में कुछ स्थितियाँ तो मुगलों के ही विरुद्ध गईं। उन्होंने आक्रमण करते समय देखा ही था कि महाराणा ने मेवाड़ के अधिकांश क्षेत्रों में सबकुछ एक प्रकार से नष्ट करवा दिया था और ऐसा कर दिया था कि मुगल सेना को कहीं से रसद या चारा तक न मिले। उस उजाड़ धरती पर खेती-बारी तक रोक दी गई थी। मुगलों ने भी अपनी ओर से—मेवाड़ की सेना को कोई रसद न पहुँचने पाए, यह सोचकर लगभग सभी रास्ते काट दिए थे। लेकिन युद्ध तो मात्र कुछ ही घंटे चला। उसके बाद मुगल सेना द्वारा रसद आदि को रोकने के लिए यातायात के मार्गों को नष्ट कर देने की उनकी काररंवाई स्वयं उनके लिए भी कष्टप्रद हो गई। उस पहाड़ी इलाके में मुगलों की विशाल सेना के लिए न तो खाद्य

सामग्री ही उपलब्ध थी, न पहाड़ों के बीच पीने के पानी की ही सुविधा थी। उन दिनों बनजारे तक उस ओर अनाज वगैरह लेकर नहीं आते थे या तो उनपर महाराणा के आदेश का प्रभाव था अथवा वे स्वयं ही युद्ध की स्थिति से घबराते थे। हारकर मानसिंह को उस क्षेत्र से जल्दी-से-जल्दी निकल जाने के लिए मजबूर होना पड़ा।

युद्ध समाप्त हो जाने पर बनास नदी के तट की ओर ही मेवाड़ के बचे हुए सैनिक आने लगे। युद्धक्षेत्र से हट जाने और शक्तिसिंह से भेंट होने के पश्चात् महाराणा प्रताप वहाँ से निकट के ही एक ग्राम कोल्यारी में जा पहुँचे थे और वहीं रुककर अपनी सेना के बचे हुए राजपूतों के आने की प्रतीक्षा करने लगे। युद्ध में हताहत सैनिकों को भी सायंकाल तक वहीं लाया गया और वहीं उनका प्राथमिक उपचार किया गया। मरहम-पट्टी आदि करवाने के बाद महाराणा ने उनकी विधिवत् पूरी चिकित्सा की व्यवस्था करवाई। उसके बाद वह शीघ्र ही गोगुंदा होते हुए मझेरा क्षेत्र की ओर निकल गए और वहाँ भीलों को एकत्र करके अपने लिए नई सेना का संगठन करने लगे।

महाराणा प्रताप हल्दीघाटी क्षेत्र से निकलकर गोगुंदा की ओर चले गए हैं और उसके आस-पास ही हैं, यह सूचना जासूसों ने मुगल सिपहसालारों तक तत्काल पहुँचा दी। यदि मानसिंह सचमुच ही महाराणा प्रताप का पीछा इसलिए नहीं करना चाहता था कि—वह महाराणा को बंदी बनाकर अकबर के हवाले नहीं करना चाहता था—तो यही मानना होगा कि उसे इस सूचना को पाने के बाद मुगल सिपहसालारों की वजह से मजबूर होकर गोगुंदा की ओर जाना पड़ा होगा। किंतु मुगलों की सबसे बड़ी विवशता यह थी कि इस इलाके में वे भोजन-पानी के अभाव में भूखों मरने लगे थे। लेकिन दुर्भाग्य ने गोगुंदा में भी उनका पीछा नहीं छोड़ा। मानसिंह ने तेजी से बढ़कर गोगुंदा पर कब्जा तो कर लिया, लेकिन न तो उस पहाड़ी इलाके में अनाज ही पैदा होता था, न व्यापारी-बनजारे ही उधर आ रहे थे। युद्ध का भय अब तक कम नहीं हुआ था। खाद्य सामग्री की विकट समस्या का एक ही हल था—गोगुंदा में आम बहुत पैदा होता था तथा पशुओं की भी बहुलता थी। अतः मुगल सेना कई दिनों तक मांस तथा आम खाकर ही पेट भरती रही।

इसका परिणाम यह हुआ कि अन्न तथा पौष्टिक सामग्री के अभाव में केवल आम तथा मांस खाते रहने के कारण मुगल सिपाही अनेक व्याधियों से ग्रस्त हो गए। तब हारकर काफी सोच-विचार के बाद मानसिंह ने अपनी फौज के सिपाहियों के कई दल बनाकर उनको कहीं बाहर से अन्न आदि खाद्य पदार्थ लाने के लिए भेजा। जाते-जाते उन्हें दुश्मनों से सावधान किया गया और हुक्म दिया गया कि

पहाड़ियों में कहीं अगर राजपूतों का कोई दल इकट्ठा दिख जाए तो उनको बंदी बनाकर ले आएँ। संभवतः ऐसे लोगों के माध्यम से वे लोग अनाज आदि की व्यवस्था करना चाह रहे हों। लेकिन वास्तविकता यह थी कि मुगल सेना के सिपहसालार गोगुंदा में अपने को सुरक्षित अनुभव नहीं करते थे।

उनको तो ऐसा लगता था मानो उन्हें किसी कारावास में समय काटना पड़ रहा हो। कारण, हल्दीघाटी में महाराणा की पराजय के बाद भी उन्हें महाराणा प्रताप का भय सता रहा था कि अभी किसी ओर से अचानक ही धावा मारकर महाराणा के राजपूत सिपाही उनका कत्ल कर सकते हैं। मुगल सिपहसालार भी भयभीत लग रहे थे। अतः मानसिंह ने पूरे गोगुंदा कस्बे को एक छावनी का रूप दे दिया। उसने गोगुंदा कस्बे के चारों ओर काफी गहरी खाई खुदवा दी और फिर काफी ऊँची दीवार भी खड़ी करवा दी; क्योंकि मुगलों को लगता था कि कहीं राजपूत सैनिक खाई फलाँगकर उनपर आक्रमण न कर दें। उन्होंने दीवार इतनी ऊँची बनवाने को कहा था कि राजपूतों के घोड़े छलाँग लगाकर लाँघ न पाएँ। सिपहसालारों को डर लगता था कि महाराणा के जाँबाज राजपूत उन्हें मारने के लिए किसी भी सीमा तक दुस्साहस कर सकते हैं।

कहा जाता है कि उस समय लोग भूख और प्यास से इस कदर बेहाल थे कि सुरक्षा का प्रबंध हो जाने के बाद जब कुछ सिपहसालार नियम के अनुसार हल्दीघाटी के युद्ध में काम आए सिपाहियों, सिपहसालारों तथा घोड़े-हाथी आदि की सूची बना रहे थे, तो उस जमाने के मशहूर सिपहसालार सैयद अहमद खाँ बारहा ने हिकारत भरी निगाह से उनको देखते हुए कहा था, 'मुरदों की फेहरिस्त बनाने से ज्यादा जरूरी काम तो उनकी जिंदगी के लिए रसद का इंतजाम करना है, जो जिंदा हैं।' वास्तव में उस निर्जन और सुविधाहीन स्थान पर मुगल फौज का जीना मुश्किल हो गया था।

दस

शाही फौज जब गोगुंदा में भूखी-प्यासी रहकर मुसीबतों से जूझ रही थी, तब खुद शहंशाह अकबर हल्दीघाटी के युद्ध के बारे में पूरी जानकारी पाने की बेताबी से परेशान था। काफी इंतजार करने के बाद भी जब उधर से कोई खबर नहीं आई तो उसने अपने एक विश्वस्त सिपहसालार महमूद खाँ को दूत बनाकर राजपूताना से खबर लाने के लिए भेजा। महमूद खाँ के पहुँचने पर शाही फौज के सिपहसालारों

को बादशाह सलामत की बेसब्री का अहसास हुआ और वे परेशान हो उठे। ऐसे में महमूद खाँ तो फौरन मुगल फौज की विजय की खबर लेकर वापस लौट आया, लेकिन सिपहसालारों को लगा कि यह काफी नहीं है। शहंशाह को और भी अच्छी खबर देकर खुश करना होगा। उन्हें याद आया कि अकबर को महाराणा का प्रिय हाथी रामप्रसाद कितना पसंद था। अकबर ने महाराणा से बार-बार रामप्रसाद को माँगा भी था; लेकिन महाराणा प्रताप ने रामप्रसाद को देने से साफ इनकार कर दिया था। अब रामप्रसाद शाही फौज के साथ गोगुंदा में ही था; लेकिन वहाँ उसकी पूरी खुराक का इंतजाम नहीं हो पा रहा था। इसलिए उन्होंने तय किया कि रामप्रसाद को बादशाह सलामत के पास भेज देने का यही अच्छा मौका है।

अब आसफ खाँ ने मानसिंह को सलाह दी कि युद्ध का ब्योरा तैयार करने के लिए साथ आए इतिहासकार बदायूँनी के साथ ही रामप्रसाद को शहंशाह के पास भेज दिया जाए। मानसिंह ने तत्काल इसका इंतजाम कर दिया और पूरी तैयारी होने के बाद अपनी और हाथी रामप्रसाद की सुरक्षा के लिए पूरे तीन सौ बहादुर अंगरक्षक लेकर एक दिन बदायूँनी फतहपुर की ओर रवाना हो गया। उन दिनों अकबर फतहपुर में ही मुकीम था। बदायूँनी को असुरक्षित समझकर मानसिंह स्वयं भी शिकार खेलने के बहाने उसके साथ ही चल पड़ा। वह रास्ते में शिकार के साथ-साथ एक और खेल खेलता चल रहा था। उस इलाके में महाराणा की चौकियों पर कब्जा करता और मुगलों की नई चौकियाँ जमाता हुआ वह बदायूँनी के साथ-साथ वहाँ से कोई साठ किलोमीटर दूर मोही नामक गाँव तक चला गया।

बाद में मानसिंह से विदा लेकर बदायूँनी मोही के बाद मांडलगढ़ होता हुआ मानसिंह के पैतृक राज्य आमेर पहुँचा। इस बीच महाराणा प्रताप के साथ मुगल फौजों के युद्ध की बात चारों ओर फैल चुकी थी और लोग बदायूँनी को रोककर मार्ग में उससे हल्दीघाटी के युद्ध के बारे में पूछताछ करते रहे। बदायूँनी ने लिखा है कि वह जब कहता कि महाराणा पराजित हो गए और मानसिंह की जीत हुई है तो उसकी बात पर विश्वास करने के लिए कोई तैयार नहीं होता था। राजपूताना में मानो कोई महाराणा प्रताप के पराजित होने की कल्पना भी नहीं करता था।

आमेर के राजा भगवानदास खुद भी अकबर से मिलने के लिए बदायूँनी के साथ फतहपुर की ओर रवाना हो गया। वे सब लोग जून १५७६ में अकबर के पास पहुँचे। मानसिंह के पिता राजा भगवानदास ने स्वयं मानसिंह की विजय के उपलक्ष्य में बादशाह को मुबारकबाद के साथ महाराणा प्रताप का प्रिय हाथी रामप्रसाद उपहारस्वरूप भेंट किया। रामप्रसाद को देखते ही अकबर खुश हो गया; क्योंकि

रामप्रसाद उसके सबसे बड़े प्रतिद्वंद्वी महाराणा प्रताप की पराजय का प्रतीक था। अकबर हल्दीघाटी के युद्ध में अपनी जीत को पीर साहब की कृपा का नतीजा मानता था। अत: उसने 'रामप्रसाद' का नाम बदलकर 'पीरप्रसाद' रख दिया।

लेकिन हल्दीघाटी के युद्ध में महाराणा की पराजय से खुश होते हुए भी अकबर अपनी इस अधूरी जीत पर संतुष्ट नहीं था। पराजित कर दिए जाने के बाद भी महाराणा प्रताप को बंदी नहीं बनाया गया था, इस कारण अकबर क्षुब्ध हो उठा। उसे अपने तमाम सिपहसालारों से गहरी नाराजगी थी। उसे तो इस बात पर भी ताज्जुब हो रहा था कि हमेशा युद्ध में विजय पाने के बाद विजयी सेना पराजित सेना का पीछा करती हुई जीते हुए इलाके में जमकर लूट मचाती थी और परास्त दुश्मन को गिरफ्तार करके शहंशाह के सामने हाजिर करती थी; लेकिन हल्दीघाटी की लड़ाई में ऐसा नहीं किया गया। क्यों? कहा जाता है कि अकबर को अपने सिपहसालारों पर बहुत गुस्सा आया और उसे मन-ही-मन यह संदेह भी हो गया कि आखिर मानसिंह है तो राजपूत ही न; कहीं ऐसा तो नहीं कि वह महाराणा से मिल गया हो। नहीं तो हारने के बावजूद महाराणा बचकर मैदान से सुरक्षित दोबारा मेवाड़ की राजधानी की ओर कैसे जा सकता था। इसी क्रोधावेश में अकबर ने बाद में मानसिंह को दरबार में आने का मौका तक नहीं दिया और उसपर पूरे दो साल के लिए शाही दरबार में प्रवेश पर प्रतिबंध लगा दिया। इस योग्य सिपहसालार तथा प्रिय सेनापति को अकबर की ओर से पहली बार इतनी कठोर सजा दी गई थी।

मानसिंह ने गोगुंदा पर अधिकार कर लिया था—इस विजय को अकबर ने कोई महत्त्व नहीं दिया। उसे महमूद खाँ से ही सूचना मिल गई थी कि गोगुंदा की ओर से होते हुए महाराणा प्रताप अपने सज्य के महत्त्वपूर्ण क्षेत्रों की ओर निकल गए थे और वहाँ रहकर वे अपने लिए नई सेना संगठित करने में जुट गए थे। उस समय गोगुंदा में कुल बीस राजपूत ही थे। मानसिंह ने उनको मारकर कस्बे पर कब्जा कर लिया था। फिर वहाँ मुगल सिपाहियों को कैदियों की-सी जिंदगी बितानी पड़ी थी और विजेता होते हुए भी शाही फौज को भूख-प्यास तथा दुश्मनों के खौफ के बीच लगभग दो महीने गुजारने पड़े थे। यह सब सुनकर भी अकबर सकते में आ गया था।

उधर आम और मांस खाते रहने के कारण मुगल सैनिकों को विभिन्न प्रकार के रोगों के अतिरिक्त कई अन्य मुसीबतें भी उठानी पड़ रही थीं। उन्होंने गोगुंदा की एक तरह से कृत्रिम किलेबंदी ही कर ली थी; लेकिन महाराणा के भय से मन आतंकित रहता था और मन ही नहीं, सचमुच शत्रुओं की ओर से उनको हर तरह

से पीड़ा पहुँचाई जा रही थी। ऐसे में कभी बाहर से अनाज लाने की कोशिश की जाती, तो भी सफलता नहीं मिलती थी। अनाज होते हुए भी महाराणा की आज्ञा से कोई उसे मुगलों को देने के लिए तैयार नहीं था। कितनी ही कीमत दी जाती, लेकिन कोई लोभ में न आता। अगर कोई आस-पास खेतों में साग-सब्जी तक लगाने का साहस करता तो रातोरात उसके खेतों में आग लगा दी जाती थी। किसीने कहीं लोभ में आकर शाही सेना को कुछ दे भी दिया तो उसी रात उसे मौत के घाट उतार दिया जाता था। इस भय से कोई भी शाही सिपाहियों की मदद करने के लिए तैयार नहीं था।

हारकर मानसिंह को गोगुंदा छोड़कर कहीं और जाने की बात सोचनी ही पड़ी। गोगुंदा के कृत्रिम किले की सुरक्षा के लिए थोड़ी सी सेना के साथ उसका एक किलेदार भी नियुक्त करके मानसिंह वहाँ से कूच कर गया। शाही सेना को लेकर मानसिंह वहाँ से हटा ही था कि घात लगाकर बैठे गुप्तचरों ने महाराणा को सूचना दे दी और दो ही दिनों के बाद गोगुंदा फिर से महाराणा का थाना बन गया। मानसिंह के लिए यह भी एक गहरा आघात ही था। उधर तो शाही सेना हल्दीघाटी की विजय के बाद बादशाह के हुक्म के अनुसार मेवाड़ के अन्य इलाकों पर कब्जा करने की तरकीबें सोच रही थी और हो यह रहा था कि महाराणा अपनी नई सेना के बल पर उनके किए-कराए पर पानी फेरते जा रहे थे।

गोगुंदा पर महाराणा का फिर से अधिकार होते ही अकबर ने नाराज होकर मानसिंह को तत्काल वहाँ से अजमेर आ जाने का हुक्म भेजा। वह अब मानसिंह से पूरी तरह रुष्ट हो गया था। मानसिंह को वापस बुलाकर उसने उनकी जगह दो मुसलमान सिपहसालारों—कुतुबुद्दीन मुहम्मद खाँ तथा कुली खाँ को राजपूताना जाकर समूचे मेवाड़ का चप्पा-चप्पा छानकर जहाँ भी महाराणा प्रताप मिलें, फौरन उनका कत्ल कर देने का हुक्म जारी कर दिया।

लेकिन जिस समय मानसिंह स्वयं गोगुंदा में था उस समय भी मेवाड़ के गुप्तचरों और महाराणा एवं मेवाड़ के नाम पर प्राणोत्सर्ग कर देने को तत्पर रहनेवाले वीर राजपूत सैनिकों तथा भील सरदारों की सेना ने हमेशा शाही सेना को आतंकित किए रखा था। यहाँ तक कि उनको कभी निश्‍चिंत होकर सोने भी नहीं दिया था और खाना तो पूरी तरह से वैसे ही नहीं मिलता था, लेकिन जो मिलता था—आम और मांस—उसे भी आराम से खाने का मौका नहीं दिया था। वे किसी-न-किसी वेश में मुगलों के पास पहुँच जाते और उनको लूट लेने से बाज नहीं आते थे।

मानसिंह के जाने के बाद तो महाराणा के शूरवीर सैनिकों की बन आई।

उन्होंने सहज ही मानसिंह के थानेदार को मार भगाया और उनकी रही-सही सामग्री भी छीन ली।

मानसिंह के बाद महाराणा को मौत की सजा देने के लिए भेजे गए नए सिपहसालार कुतुबुद्दीन मुहम्मद खाँ तथा कुली खाँ गोगुंदा आ पहुँचे और कुछ देर के लिए उन्होंने गोगुंदा पर दोबारा अधिकार भी कर लिया; लेकिन जहाँ मानसिंह की नहीं चली थी वहाँ मेवाड़ की धरती तथा वहाँ के शूरवीर राजपूतों के खून से अपरिचित इन नए सेनापतियों की क्या बिसात? वे तथा उनके साथ आए दूसरे सिपहसालार पूरी कोशिश करके भी गोगुंदा को निरापद नहीं कर सके। उनको लगातार मेवाड़ के सैनिकों और भीलों के धावे सताते रहे। वे न जाने किधर से आकर मुगलों पर सहसा ही टूट पड़ते और अधिक-से-अधिक नुकसान पहुँचाकर अचानक ही अदृश्य हो जाते थे। गोगुंदा की छावनी में अराजकता और भुखमरी जैसी स्थिति ही बनी रहती थी।

इस स्थिति का लाभ महाराणा को मिलना ही था। वर्षा आरंभ हो चुकी थी। जुलाई में महाराणा ने समय देखकर एक रात अचानक ही हमला कर दिया। मुगल सिपाही उनका सामना करने में असमर्थ रहे और जिधर बना, उसी ओर भाग निकले। अब विशेष संघर्ष किए बिना गोगुंदा पर फिर से महाराणा का अधिकार स्थापित हो गया।

इस प्रकार एक तरह से अकबर की फौज को मुँह की खानी पड़ी थी। लेकिन महाराणा जानते थे कि अभी वे सुरक्षित नहीं हैं। अकबर को गोगुंदा में शाही सेना की मात का गम होगा ही और वह इस हार को बरदाश्त नहीं कर सकेगा। उसको यह आभास तो हो ही गया होगा कि हल्दीघाटी में उनकी पराजय कहने को ही पराजय थी। उनको पता लगा था कि अकबर को हल्दीघाटी के युद्ध में कुल लूट के रूप में मात्र रामप्रसाद हाथी ही मिल पाया था। यद्यपि यह महाराणा के लिए बहुत बड़ा नुकसान था, मगर अकबर को तो महाराणा के साथ-साथ समूचे मेवाड़ राज्य को जीतने की धुन थी और उसकी यह इच्छा अधूरी ही रह गई थी। फिर पराजय के बाद भी महाराणा इतना शक्तिशाली हो गया है कि अब वह मुगल सिपहसालारों को परास्त करके उनके जीते हुए क्षेत्रों को दोबारा छीन रहा था।

अकबर ने तो यह भी सुना था कि महाराणा पूरे मेवाड़ को फिर से जीतकर अपना राज्य सुरक्षित करना चाहता है और यह भी कि उसने चित्तौड़ को जीतने की प्रतिज्ञा कर ली है तथा जब तक वह चित्तौड़ को नहीं जीत लेगा तब तक वह न तो कोमल शय्या पर सोएगा, न सोने-चाँदी के बरतनों में भोजन करेगा। उसको यह

भी बताया गया था कि अकेले महाराणा ही नहीं, उसके साथ के तमाम लोग उसकी प्रतिज्ञा के अनुसार ही कठोर तप का जीवन बिता रहे हैं।

इन सारी बातों से अकबर को गहरा धक्का लगा था। अगर महाराणा पराजय के बाद अपनी शपथ को भूलकर कहीं कोने में जाकर चुपचाप जिंदगी गुजारने लगते तो अकबर को शायद संतोष मिल जाता, उसका अहं तृप्त हो जाता; लेकिन महाराणा तो हर तरह से अकबर को अब भी नीचा दिखाने पर तुले हैं। यह चुनौती अकबर कैसे बरदाश्त कर लेता! इसीलिए अब वह मेवाड़ की ओर विशेष ध्यान दे रहा था।

अकबर को यह भी पता लगा कि महाराणा ने गोगुंदा जीतकर वहाँ नए सिरे से मजबूत चौकी स्थापित कर सेना की एक सशक्त टुकड़ी और सेनापति तैनात कर दिया है और स्वयं वहाँ से जाकर कुंभलगढ़ के किले में निवास करने का निश्चय किया है। उसने कुंभलगढ़ में भी सुरक्षा का पूरा प्रबंध करके एक तरह से उसे ही अपनी अस्थायी राजधानी बनाकर वहीं से मुगल सम्राट् से टक्कर लेने की ठानी है।

ये सारी सूचनाएँ अकबर को मिलती रहती थीं। उसपर इनकी जो प्रतिक्रिया होती थी, उसकी भी खबर महाराणा के गुप्तचर उन्हें देते रहते थे।

□

महाराणा को पता लगा कि अकबर इस बार मार्च में ही अजमेर आ रहा है। उसका इरादा क्या हो सकता है, यह किसीको कैसे पता होता; लेकिन खुद बादशाह ने यही जाहिर किया था कि वह जल्दी इसलिए जा रहा है कि इस बार वह मेवाड़ के जीते हुए इलाकों में शिकार खेलना चाहता है। यही खबर महाराणा को दी गई थी। लेकिन महाराणा को उसपर विश्वास नहीं हुआ। वह तो जानते ही थे कि वास्तव में अकबर के सिपहसालारों को मेवाड़ का कितना हिस्सा जीतने का मौका मिला है! और उन्हें इस बात की भी जानकारी थी कि अकबर अपने प्रिय सिपहसालार मानसिंह को भी शाही दरबार में नहीं आने देता—मात्र इस कारण से कि वह मेवाड़ पर कोई खास जीत दर्ज करके अपना कब्जा नहीं जमा सका था। महाराणा निश्चिंत अकबर के आने का इंतजार करने लगे।

अकबर वैसे तो हर साल सितंबर के महीने में उर्स के मौके पर अजमेर जाकर ख्वाजा की दरगाह पर जियारत करता था, मन्नतें मानता था, चढ़ावा चढ़ाता था और मेवाड़ विजय की दुआएँ माँगता था। इस बार भी उसने यही किया था। मानसिंह को मेवाड़ पर आक्रमण करने के लिए भेजते समय भी वह मार्च में अजमेर आया था और हमले का पूरा खाका तैयार करने के बाद वापस चला गया

था। इस बार अजमेर आकर उसने पहले तो ख्वाजा की दरगाह पर दुआएँ माँगीं और फिर अपने सबसे बड़े दुश्मन महाराणा प्रताप को जड़-मूल से मिटा देने की तैयारी करने लगा।

सबसे पहले तो उसने हल्दीघाटी का युद्ध जीतनेवाले सिपहसालारों के पदों में उन्नति की घोषणाएँ कीं। उन्हें ऊँचे ओहदे दिए और उनका विशेष सम्मान किया। लेकिन हल्दीघाटी के वास्तविक सिपहसालारों में से मानसिंह और आसफ खाँ को तो उसने महाराणा को बंदी नहीं बना पाने के अपराध की सजा दी और उनका दरबार में प्रवेश करना ही वर्जित कर दिया। हाँ, उसने मिहत्तर खाँ को विशेष रूप से पुरस्कृत किया था; क्योंकि बदायूँनी तथा दूसरे तमाम लोगों से उसे पता लग चुका था कि जब राजपूत योद्धा शाही फौज पर हावी हो चुके थे और संभव था कि शाही फौज के पाँव उखड़ जाते, उस समय मिहत्तर खाँ ने ही अक्लमंदी से काम लेकर झूठी खबर उड़ा दी थी कि खुद बादशाह सलामत बहुत बड़ी फौज लेकर हल्दीघाटी के मैदान में पहुँच गए हैं। और इसीका परिणाम था कि भागती हुई शाही फौज रुक गई थी और दोबारा डटकर युद्ध करने लगी थी, जिसका नतीजा यह हुआ कि जीतते हुए राजपूत तो हार गए और शाही फौज जीत गई।

मानसिंह और अपने अन्य सिपहसालारों को गोगुंदा में गहरी विफलता पाते देखकर अकबर ने खुद ही मेवाड़ को फतह करने की ठान ली। अजमेर में रुककर ख्वाजा की मजार पर दुआएँ माँगने के बाद वह पूरी तैयारी करके खुद गोगुंदा को जीतने के लिए चल पड़ा।

अकबर एक कुशल राजनीतिज्ञ था और दूरदर्शिता से काम लेता था। इसी कारण उसने सबसे पहले मेवाड़ की सहायता करनेवालों को एक-एक करके मेवाड़ से काट देने का निश्चय किया। उस समय जालौर का शासक ताज खाँ तथा सिरोही का राजा देवराराय—दोनों ही महाराणा प्रताप के अच्छे मित्र तथा सहयोगी थे। वे मुगलों के खिलाफ मेवाड़ से होनेवाले युद्धों में भले ही सीधे भाग नहीं लेते थे, लेकिन हर तरह से उनकी सहायता करते थे। राजपूत सेना के लिए युद्ध के समय तमाम खाद्य सामग्री, हथियार आदि इन दोनों राज्यों के मार्ग से ही महाराणा की सेना को मिलते रहते थे। अकबर के गुप्तचरों ने यह भेद पता लगाकर उसे सावधान कर दिया था। इस कारण अकबर ने सबसे पहले इन दोनों राज्यों से ही प्रताप का संबंध बंद कर देने का निश्चय किया। वे दोनों सहज ही बातों से माननेवाले नहीं थे। अतः अकबर ने मेवाड़ पर आक्रमण करने के पहले इन दोनों राज्यों पर चढ़ाई करने के लिए अपनी सेना की दो टुकड़ियों को रवाना कर दिया।

उनमें से कोई भी अकबर की विशाल शाही फौज से टकराकर जीत तो सकता नहीं था, अतः विवश होकर उन दोनों को अकबर की अधीनता स्वीकार करनी पड़ी। यदि वे टकराते तो अकबर उनके राज्यों को ही ध्वस्त कर देता।

तो भी अकबर ने उनको सहज ही नहीं छोड़ा, बल्कि उनके राज्यों को जीतकर अपने अधीन कर लिया। अकबर की यह विजय हल्दीघाटी में मेवाड़ की पराजय के बाद होनेवाली ऐसी विजय थी, जो एक तरह से हल्दीघाटी का परिणाम ही कही जा सकती है। अगर महाराणा उस युद्ध में जीत गए होते तो अकबर को जालौर और सिरोही पर इतनी आसानी से जीतने का अवसर नहीं मिलता; क्योंकि महाराणा अपने दोनों मित्रों की सहायता करने आ जाते। लेकिन इस समय वे स्वयं ही घिरे थे।

अकबर ने इसके पहले महाराणा प्रताप के मामा जोधपुर के राजा चंद्रसेन राठौर को पराजित करके पहाड़ियों और जंगलों में जीवन बिताने के लिए विवश कर दिया था। यद्यपि चंद्रसेन भी किसी भी हालत में अकबर की अधीनता स्वीकार करने के लिए तैयार नहीं थे, किंतु उनके पास न तो महाराणा प्रताप जितनी शक्ति थी कि अकबर से टकराकर अपने राज्य के किसी भाग पर अपना अधिकार बनाए रख पाते, न महाराणा जैसे स्वामिभक्त सेनापति अथवा सामंत ही उनके साथ थे, जिनके बूते वह भी दोबारा बल-संग्रह करके अकबर के विरुद्ध लंबे समय तक चलनेवाला युद्ध छेड़ पाते।

अकबर इन दोनों राज्यों को अपने अधीन करने के बाद, एक तरह से मेवाड़ को किसी प्रकार की सहायता पहुँचने के सभी रास्तों को काटकर, गोगुंदा की ओर बढ़ा।

अकबर को विश्वास था कि जो काम उसके सिपहसालार इतनी बड़ी-बड़ी सेनाओं के बल पर भी नहीं कर पाए थे, उसे वह स्वयं अवश्य पूरा कर लेगा। वास्तव में लगभग पूरे हिंदुस्तान पर अधिकार कर लेने के बाद अकबर को ऐसा ही लगता था कि अब सेना की बात तो दूर, उसकी उपस्थिति ही बहुत होगी। उसके आने की खबर पाते ही मेवाड़ी सेना और वहाँ की प्रजा आतंकित होकर हथियार डाल देगी और महाराणा भी मजबूर होकर उसकी अधीनता स्वीकार कर लेगा, नहीं तो युद्ध में उसे घेरकर मारते देर नहीं लगेगी।

लेकिन ऐसा कुछ भी नहीं हुआ। जो हुआ, उसकी कल्पना भी अकबर ने नहीं की थी।

हल्दीघाटी के युद्ध में पराजय होने पर महाराणा ने अपने को निराशा में डूबने

नहीं दिया था। कहना तो यह चाहिए कि मेवाड़ पर अपने को बलिदान कर देनेवाले साहसी राजपूत योद्धाओं ने ही महाराणा को एक बार फिर नए सिरे से अकबर का सामना करने के लिए तैयार कर दिया था। उनके बलिदान की अवहेलना करके तो महाराणा अपने ही सम्मुख लज्जित हो जाते। उन योद्धाओं के प्राणोत्सर्ग कर देने पर ही महाराणा को आज जीवित रहकर मेवाड़ के उन बलिदानी वीरों का ऋण उतारना था। अत: उन्होंने नए सिरे से सेना संगठित करके अकबर का सामना करने की तैयारी कर ली थी। हाँ, हल्दीघाटी की पराजय से उन्होंने कई सबक भी सीखे थे।

पहले तो वह भी तमाम योद्धाओं की तरह आमने-सामने टकराकर मारने या मर जाने की परंपरा को ही मुख्य मानते थे, लेकिन हल्दीघाटी से झाला मान ने उनको मेवाड़ की रक्षा के लिए ही युद्धभूमि छोड़ने की जो शपथ दी थी, उसके बाद तो महाराणा प्रताप को यही लगता रहा कि अब उनका जीवन अपना नहीं है; उसपर मेवाड़ का अधिकार है। उनको मेवाड़ की आन-बान की रक्षा के नाम पर जीवित रहने का अवसर दिया गया है, और यह अवसर देने के लिए झाला मान जैसे कितने ही वीर राजपूतों ने अपना बलिदान किया था। और तो और, युवा वय में ही महाराणा से रूठकर अकबर की अधीनता में सुख भोगनेवाले शक्तिसिंह ने भी तो अपनी सारी सुख-सुविधा तथा अकबर की ओर से मिले अधिकारों और राजभोग को ठोकर मारकर उनकी रक्षा की थी। इसी कारण तो मेवाड़ को उनकी आवश्यकता थी। फिर महाराणा तो वास्तव में राजसुख भोगने के लिए नहीं होते, वरन् भगवान् एकलिंग की ओर से राज्य के प्रबंधक—दीवान मात्र—होते हैं। महाराणा ने इस आदर्श को मात्र परंपरा नहीं, बल्कि यथार्थ बनाकर स्वीकार कर लिया था। अत: उन्होंने अपनी रणनीति भी नए सिरे से तैयार की थी।

हल्दीघाटी में इतने शूरवीर राजपूत योद्धाओं का बलिदान होते देखकर उन्हें गहरी ठेस लगी थी। उस युद्ध में काम आनेवालों में से ढाई सौ से अधिक तो महाराणा के सगे प्रियजन ही थे। लेकिन मेवाड़ के लिए प्राण गँवानेवाले वे सभी योद्धा उनके पुत्रों के समान ही प्रिय थे। अकारण ही किसीका एक बूँद रक्त व्यर्थ गँवाना तो मेवाड़ के साथ विश्वासघात करना ही होता। और अकबर जैसे शक्तिशाली शहंशाह की सेना से आमने-सामने टकराने की बात सोचना तो एक तरह से खूँखार भेड़ियों के झुंड के बीच निहत्थे कूदकर जान दे देने जैसा ही था।

महाराणा ने निश्चय कर लिया था कि आगे से वह ऐसा कोई दुस्साहस नहीं करेंगे। उन्हें व्यर्थ में अपने योद्धाओं को घास की तरह कटवाना तो नहीं था। उनको

तो अकबर जैसे उच्चाकांक्षी शहंशाह को यह दिखा देना था कि स्वतंत्रता के लिए जान की परवाह न करनेवाले ऐसे भी होते हैं, जो दुनिया की सबसे बड़ी सेना को भी पस्त कर देते हैं। और इसका तरीका एक ही था कि कभी अकबर की फौज के सामने आकर अपना सिर मत कटवाओ, बल्कि मौका देखकर उसपर आक्रमण करो। और एक-एक राजपूत दस-दस दुश्मनों का सिर काटकर वहाँ से हवा हो जाए। एक सिर के बदले दस सिर।

महाराणा के लिए छापामार युद्ध की इस प्रणाली को अनुकूल बनाने के लिए मानो स्वयं प्रकृति ने मेवाड़ की धरती को पहाड़ियों और घने जंगलों का उपहार वरदान की तरह दिया था। महाराणा ने अपने सेनापतियों को पूरी तरह से इस युद्ध के लिए तैयार कर लिया और खूब सोच-विचार के बाद उनको अलग-अलग स्थानों पर मोरचा लगाकर अकबर की शाही फौज को सबक सिखाने के लिए तत्पर कर दिया।

अकबर जब अपनी विशाल सेना लेकर वहाँ आ रहा था तो गुप्तचरों ने उसकी एक-एक गतिविधि की जानकारी महाराणा को दी। महाराणा ने अकबर की विशाल वाहिनी को छकाने की पूरी युक्ति सोचकर अपने सभी सैनिकों एवं सेनापतियों को समझा दिया और स्वयं वहाँ से निकलकर दुर्गम पहाड़ियों में चले गए।

ग्यारह

अकबर ने हल्दीघाटी के युद्ध के ठीक तीन महीना बीस दिन बाद ११ अक्तूबर, १५७६ को अजमेर में दुआएँ माँगकर गोगुंदा की ओर कूच किया था। इतनी विशाल वाहिनी के अलावा उसके अंगरक्षकों की पूरी एक सेना ही साथ चल रही थी और शायद उस समय मुगल फौज के सबसे नामी सिपहसालार भी उसके साथ लगे हुए थे। फिर भी पूरे मार्ग पर उस (अकबर) की सुरक्षा की जबरदस्त व्यवस्था की गई थी। रात को जहाँ उसका पड़ाव होता, अगले दिन वहाँ से उसके रवाना होने के बहुत पहले ही सुबह तड़के सिपाहियों की एक टुकड़ी आगे रवाना कर दी जाती। वे यह देखने के लिए जाते थे कि कहीं राजपूतों ने छिपकर उनपर हमला करने का घात तो नहीं लगा रखा है। ऐसे में पहले वे ही टकराते और शहंशाह को किसी तरह का आक्रमण न झेलना पड़ता।

आखिर १३ अक्तूबर को अकबर सेना सहित गोगुंदा पहुँच ही गया। महाराणा तो पहले ही गोगुंदा को उजाड़ करने के बाद स्वयं पहाड़ियों में चले गए थे।

अकबर के साथ आई फौज ने एक बार फिर अरक्षित गोगुंदा को जीतकर उसपर कब्जा जमा लिया। शहंशाह अकबर को उस कूच के बाद यही पहली सफलता मिली थी।

महाराणा हाथ से निकल गया था—अकबर को इसका बहुत अफसोस था। कहाँ तो उसने सोचा था कि इस बार गोगुंदा में वहाँ की तमाम प्रजा और राजपूत सिपाही उसकी अधीनता स्वीकार करने के लिए हाथ जोड़े तैयार खड़े होंगे और जिस राणा को पकड़ने में इतने सिपहसालार इतनी सेना के साथ भी विफल रहे, वही महाराणा पहले तो खुद ही हार मानकर उसकी अधीनता स्वीकार कर लेगा, नहीं तो उसे घेरकर पकड़ने के बाद वह अपनी जीत का जश्न मनाएगा। लेकिन यहाँ तो मिला था एकदम उजाड़ गोगुंदा का ऐसा इलाका, जो एक हद तक बंजर ही कहा जा सकता है। वहाँ न तो खाने के लिए ही कुछ था, न पीने के लिए पानी ही था।

पहली बार अकबर को महसूस हुआ कि मानसिंह या दूसरे सिपहसालारों को यहाँ कैसी परेशानी झेलनी पड़ी होगी। वह तो जासूसों और पहले आनेवाले सिपहसालारों ने सावधान कर दिया था, इसलिए अकबर के साथ पहले ही सावधानीपूर्वक भरपूर रसद भी लाई गई थी। इस समय अकबर ने पहले से ही मेवाड़ के रास्ते तो बंद कर दिए थे, लेकिन अपने लिए सारे रास्ते खुले ही रखे थे। उसको किसी तरह की कमी नहीं हो सकती थी। अगर वह उस समय आता और उसी तरह आया होता, जैसे उसके सेनापतियों को आना पड़ा था, तो शायद मांस के लिए जानवरों को जिबह करने का मौका तो मिल जाता; लेकिन अक्तूबर के इस महीने में आम तक मयस्सर नहीं होते। तो भी उसने यह नहीं महसूस किया कि मानसिंह या अन्य सेनापतियों ने वाकई इतनी तकलीफ उसकी उच्चाकांक्षा को पूरा करने के नाम पर झेली थी। वह तो अब भी यही सोचता था कि इसमें गलती उन्हीं लोगों की थी। अपना इंतजाम तो उनको ही करना था। अगर भूल की तो सजा भी उन्हींको भुगतनी थी।

महाराणा को वहाँ न पाकर अकबर को निराशा तो हुई, लेकिन उसने हार नहीं मानी। उसने गोगुंदा को ही अस्थायी तौर पर महाराणा की खोज के लिए आधार बनाकर वहीं डेरा जमा लिया और वहीं से महाराणा को पकड़ने के लिए योजनाएँ बनाने लगा। उसने ठान लिया था कि महाराणा चाहे जहाँ छिपा हो, उसे खोजकर बंदी बनाना ही होगा। खुद इतनी दूर तक आने के बाद वह खाली हाथ लौटकर कैसे चला जाता!

गुप्तचरों के दल-के-दल लगातार यथासंभव धावे मारते रहे। सैनिक टुकड़ियाँ भी पहाड़ियों में जाकर तलाश करती रहीं। एकाध बार तो कुछ सिपाही गायब ही हो जाते और एकाध बार कई घायल सिपाहियों ने लौटकर खबर दी कि पहाड़ी की कंदराओं में छिपे हजारों सिपाही उनका इंतजार ही कर रहे हैं। कोई भी वहाँ जाने के बाद सुरक्षित नहीं बच सकता। जिन पहाड़ी चट्टानों पर आदमी पाँव रखकर आसानी से चल भी नहीं पाता, उनपर वे लोग दौड़ भी लेते हैं और भील भी न जाने कहाँ से उनपर तीर बरसाने लगते हैं कि आदमी बिना दुश्मन को देखे ही मौत का शिकार हो जाता है।

अकबर को अब लगा कि महाराणा इन सिपाहियों को आगे करके खुद कहीं दूर निकलकर छिपना चाहता होगा, इसलिए उसने महाराणा का पीछा करने का हुक्म राजा भगवानदास और कुतुबुद्दीन मुहम्मद खाँ को ही दिया। उसका खयाल था कि इन लोगों को पहले यहाँ आने के कारण इन स्थानों के बारे में पूरी जानकारी है, इसलिए यही महाराणा की खोज करने के लिए उपयुक्त हैं।

दोनों ही सिपहसालार अपनी सेना लेकर महाराणा को पकड़ने के लिए निकल पड़े। लेकिन पहले ही मक्खी गिर गई। वे गोगुंदा से कुछ ही दूर गए थे कि एक जगह राजपूतों का एक दल कहीं जाता दीख पड़ा। उन लोगों के साथ थोड़े से पशु भी थे, जो बड़ी मुश्किल से उस पहाड़ी राह पर चल पा रहे थे। कुतुबुद्दीन खाँ ने अपने सिपाहियों को भेजकर उनको पकड़वा लिया। वे डरे-डरे से हाथ जोड़कर दुहाई देते हुए जान बख्श देने की गुहार लगाते रहे। इस वक्त वे कहाँ जा रहे हैं, यह पूछने पर काफी देर तक वे आना-कानी करते रहे; किंतु जब उन्हें सिपाहियों ने मारा और तलवार निकालकर कत्ल कर देने का डर दिखाया तो वे फूटे। जान बख्श देने की भीख माँगते हुए उन्होंने बताया कि इधर शहंशाह अकबर के आने के डर से महाराणा प्रताप गोगुंदा से भागकर यहीं पहाड़ी की ओट में अपने परिवार और रनिवास के साथ छिपे हैं। उनकी पुत्रवधू के दो-दो छोटे बच्चे हैं, जिनको दूध चाहिए। महाराणा के सैनिकों ने आकर उनको काफी धन दिया और उनके लिए दो गाय तथा तीन-चार बकरियाँ पहुँचाने को कहा। वे उन्हींके लिए ये पशु लेकर जा रहे हैं।

यह सुनते ही कुतुबुद्दीन उछल पड़ा। मानो मुँहमाँगी मुराद मिल गई हो उसे। खुद महाराणा अपने रनिवास के साथ मिल गया, ऐसा वह दिन में ही सपने देखने लगा। उसे पूरा विश्वास हो गया कि अब तो महाराणा को रनिवास सहित बंदी बनाकर वह शहंशाह के सामने पेश करने में सफल हो ही जाएगा। इससे उसे बहुत बड़ी जागीर मिल जाएगी। कौन जाने शहंशाह उसपर खुश होकर उसे मेवाड़ की

ही जागीर दे दें। उसने पूरी बात राजा भगवानदास को भी नहीं बताई। वह अपनी सफलता में किसीको हिस्सेदार नहीं बनाना चाहता था। उन भीलों से पूछताछ करने पर पता लगा कि सामने जो ऊँची सी पहाड़ी दीख रही है, ठीक उसके पीछे ही एक बहुत बड़ा सरोवर है। उसके पास ही महाराणा का शिविर लगा है। लेकिन वहाँ चारों ओर राजपूतों का पहरा है। उनको एक-एक पल की जानकारी होती रहती है। हाँ, रात जरा गहरा जाने के बाद जरूर दो-तीन पहरेदार ही जगते हैं, तब उनके पास पहुँचना आसान हो जाता है। कुतुबुद्दीन खाँ ने उन भीलों को अपने डेरे में रखा और हर तरह से उनकी खातिरदारी की। उसने भगवानदास को यह खबर नहीं लगने दी।

भीलों में से जो सबसे उमरदार लगता था, वह तो महाराणा का अंधभक्त था; लेकिन उसको बहुत देर तक पिघलाने के बाद आखिर कुतुबुद्दीन खाँ ने राजी कर ही लिया। उसको यकीन दिला दिया कि वह अगर महाराणा का डेरा दिखा देगा तो खुद बादशाह अकबर उसको अपने यहाँ बुलवा लेंगे और रहने के लिए महल देंगे। फिर तो उसको किसी चीज की कमी नहीं रहेगी। वह सरदारों की तरह हुक्म चलाया करेगा। अंतत: भील राजी हो गया; लेकिन उसने यही सलाह दी कि आप अपने साथ काफी संख्या में सिपाही लेकर चलना, ताकि राजपूत सिपाहियों को मजबूर किया जा सके।

दूसरे दिन सवेरे-सवेरे ही कुतुबुद्दीन खाँ के शिविर में हलचल सी मची तो भगवानदास का ध्यान उस ओर गया। उन्होंने पता करवाया तो जो कुछ मालूम हुआ उससे उन्हें क्रोध भी आया और हँसी भी। कुतुबुद्दीन खाँ के सिपाहियों की एक टुकड़ी महाराणा का पता लग जाने पर उन्हें किन्हीं भीलों के साथ पकड़ने के इरादे से चुपचाप उनके साथ पहाड़ियों के दुर्गम रास्तों पर चलती हुई काफी दूर तक चली गई थी। लेकिन महाराणा तो दूर, कोई राजपूत सैनिक तक कहीं नहीं दिखा। तब भील से पूछताछ की गई। उसने चुपचाप उनको अपने पीछे-पीछे आने को कहा और अंतत: एक कंदरा के दरवाजे पर रुककर उसने इशारे से समझाया कि इसीके भीतर महाराणा अपने रनिवास के साथ छिपे हुए हैं। उसकी रखवाली के लिए सिपाहियों में से तीन तो वहीं पर रह गए और बाकी दल कंदरा में पैठ गया। सँकरी सी उस गुफा में कहीं से हलकी सी रोशनी आ रही थी; फिर वह भी बंद हो गई। मुगल सैनिक एक-दूसरे का हाथ पकड़कर बड़ी देर तक टटोलते हुए कंदरा में बढ़ते रहे। अंत में लगा मानो इस गुफा का कोई ओर-छोर ही न हो।

बड़ी देर बाद वे लोग अचानक ही बाहर पहुँच गए, तो देखा कि उनको चारों

ओर से राजपूत सैनिकों ने घेर रखा है। पलक झपकते ही उन सबको बंदी बना लिया गया। दो-तीन ने लड़ने की कोशिश की तो उनको मौत के घाट उतार दिया गया। उस सँकरी सी चट्टानी राह पर मुगल सैनिक जरा भी पैंतरा बदलकर हमला करना चाहते तो कहीं नीचे खड्ड में गिरने का डर था। वे मजबूर होकर, चुपचाप हथियार डालकर राजपूतों के बंदी बन गए।

राजपूतों ने उन सबके सिर मूँड़कर फिर उसी कंदरावाली राह पर लौट जाने को कहा। जान बची और लाखों पाए। वे न जाने कितनी देर तक भूखे-प्यासे चलते रहे, तब कहीं जाकर कंदरा से बाहर निकले। उस भील पर सारा गुस्सा उतारने की सोचकर वे आ रहे थे; लेकिन बाहर निकलकर उनको अपने तीनों सिपाहियों की लाशें ही मिलीं। उनके शरीर छोटे-छोटे तीरों से छिदकर नीले पड़ गए थे। वह भील और उसके दोनों साथी कहाँ गए, कुछ पता नहीं लगा। सिपाहियों ने फिर उनको खोजने की हिम्मत भी नहीं की। अपनी जान लेकर वे चुपचाप गिरते-पड़ते वापस छावनी में आ गए।

महाराणा को रनिवास के साथ पकड़कर शहंशाह से सारा पुरस्कार खुद ही पाने की कुतुबुद्दीन खाँ की तमन्ना पर तो पानी फिर ही गया था, राजा भगवानदास के सामने उसे अपना चेहरा दिखाने में भी शर्म आ रही थी। वैसे खाँ साहब मन-ही-मन अपनी खैर मना रहे थे कि ठीक आखिरी मौके पर एकाएक उन्हें अक्ल आ गई थी और वह खुद अपनी फौज की टुकड़ी के नायक बनकर जाते-जाते रुक गए थे। अगर वह खुद जाते तो राजपूत उनको हरगिज न छोड़ते और शायद उनका सिर कलम करके महाराणा की ओर से अकबर के पास भेज दिया जाता। सिपाहियों ने बताया था कि उनके सिर मूँड़कर छोड़ते वक्त एक सरदार ने कहा था, 'इनको यहाँ रखकर सुअरों की तरह इतना खाना कहाँ से खिलाएँगे। हाँ, अगर खुद इनका सिपहसालार आया होता तो उसका सिर भेजकर अकबर से ही अपने लिए भी रसद मँगवा लेते।'

राजा भगवानदास ने इतना ही कहा कि ऐसे किसी भी आदमी पर यहाँ विश्वास करना खतरे से खाली नहीं है। महाराणा की ओर से तैनात ऐसे कितने ही मेवाड़ी राजपूत और भीलों के समूह मुगलों को बरगलाकर फँसाने के लिए पहाड़ियों और जंगलों में घूम रहे होंगे।

□

राजा भगवानदास तथा कुतुबुद्दीन खाँ की फौज उसके बाद भी काफी दिनों तक पहाड़ियों को घेरकर दुर्गम रास्तों को पार करती, नदी-नालों को लाँघती हुई

यहाँ-वहाँ चक्कर काटती रही। उन्हें कभी अपने जासूसों से खबर मिलती कि महाराणा इस समय उस ओर से नदी पार करेंगे और फिर से गोगुंदा के एकदम पास से ही गुजरेंगे। उनके साथ उनका रनिवास भी है। हर बार जासूस विश्वास दिलाते कि यही पक्की खबर है और इसके लिए वे अपने साथ उन गँवारों को भी पकड़ लाते थे, जिनसे यह खबर मिलती थी। लेकिन उस ओर मुगल सेना घेराबंदी करके बड़े जोश से महाराणा के साथ आनेवाले अंगरक्षकों की सेना को मारकर किसी भी कीमत पर महाराणा को पकड़ लेने के लिए मोरचा बाँधे खड़ी रहती—और कभी-कभी तो पूरी-पूरी रात आँखों में ही काट देती। फिर एकाएक दूसरा जासूस आकर खबर देता कि महाराणा तो एकदम से उलटी दिशा से निकलकर बहुत दूर पहुँच चुके हैं। मुगल सिपहसालार राजपूतों को कोसते हुए हाथ मलते रह जाते।

इस तरह कितनी ही जगह धावे मारने पर भी उनको महाराणा की गंध तक नहीं मिल पाई थी। एक दिन तो खुद राजा भगवानदास को ही पता लगा कि महाराणा प्रताप की हालत अब बहुत ही खराब हो रही है और उनको कई दिनों से अन्न तक नहीं मिल पा रहा है। पूरा परिवार, रनिवास तथा नन्हे-नन्हे बच्चे तक भूख से बेहाल हैं। अगर इस अवसर पर कोई उनको समझानेवाला हो तो वह जरूर आत्मसमर्पण कर देंगे।

काफी सोच-विचार के बाद राजा भगवानदास ने खुद महाराणा से एक बार और मिलकर उनको समझाने का विचार किया। वह अब महाराणा के छिपने के गुप्त स्थान तक जाने का उपाय सोचने लगे। और एक दिन यह समस्या हल हो ही गई। दो ही दिन बाद उनको साथ ले जाकर पहुँचाने के लिए कुछ राजपूत मान गए। राजा भगवानदास ने महाराणा के खिलाफ अपनी फौजी काररवाइयों को कुछ समय के लिए रोक देने को कहा। उनको महाराणा के पास ले जाने का आश्वासन देनेवाले राजपूतों के एक आदमी ने आकर बताया कि महाराणा ने हमें आज्ञा नहीं दी कि आपके साथ भी वही सलूक किया जाए जो कुतुबुद्दीन के आदमियों के साथ किया गया था। महाराणा तो आपको बहुत पहले से जानते हैं। उन्होंने कहा कि राजा भगवानदास का स्वभाव वास्तव में किसी श्वान का-सा है। वह जिस स्वामी के पास रहता है, उसके ही पाँव चाटता रहता है। मेवाड़ में हमारा दरबार करते थे, तब से मैं उनको जानता हूँ। अगर अब वह मुगल बादशाह अकबर के पाँव चाटते हों तो कोई अचरज की बात नहीं; लेकिन ऐसे ईमानदार स्वामिभक्त ने भी एक दिन मेवाड़ से विश्वासघात किया था। अब दोबारा मैं उस आदमी को इस योग्य नहीं मानता कि उससे मिलकर संधि की वार्त्ता करूँ। उसको माफ कर दो,

क्योंकि आखिर उसने कभी मेवाड़ की सेवा की थी। भगवान् एकलिंग की सेवा करने के लिए उसको एकाध बार तो क्षमा कर ही देना चाहिए।

यह संदेश देने के बाद राजपूत ने हाथ जोड़कर कहा, "हमको तो माफी मिले, अन्नदाता! हम तो ठहरे महाराणा के दूत। महाराणा सा ने जो कहा, सो जैसे का तैसा महाराज को सुना देना अपना कर्तव्य था।"

वास्तव में महाराणा की ओर से ही यह संदेश आया था या खुद राजपूतों ने ही अपनी ओर से यह हरकत की है, कुछ पता नहीं; लेकिन उस संदेश का एक-एक शब्द जहर से सिंचा था। यह संदेश सुनकर राजा भगवानदास क्रोध से तमतमा उठे। उन्होंने मन-ही-मन प्रतिज्ञा कर ली कि महाराणा को चैन से नहीं जीने देंगे। अगर अब तक उन्हें भूख-प्यास नहीं सहनी पड़ी है तो अब उनके लिए अन्न का एक दाना तक नहीं पहुँचने दिया जाएगा।

उस क्रोध में भी सामने ही बैठे कुतुबुद्दीन के सामने वह कोई ऐसी बात नहीं करना चाहते थे कि और भी शर्म उठानी पड़े। इसीलिए उन्होंने सामने हाथ बाँधकर खड़े उस राजपूत दूत को जान से नहीं मारा, जिसने महाराणा के नाम पर संदेश देने के बहाने राजा भगवानदास के गुजरे जमाने का कच्चा चिट्ठा खोलकर रख दिया था। वह गुर्राकर बोले, "हम भी राजपूत हैं और वीरों की परंपरा जानते हैं। इसलिए तुमको मारा तो नहीं जाएगा; लेकिन जाकर अपने राणा से कह देना कि अब तक हम तो यही सोचकर बार-बार उसको समझाने की कोशिश करते थे कि बचपने में वह हिंदुस्तान की सबसे बड़ी ताकत से टकराकर अपना और अपने वफादार राजपूत योद्धाओं का खून व्यर्थ ही न बहाकर शहंशाह से मित्रता कर ले। इससे मेवाड़ भी उसका ही बना रहेगा और रक्तपात का पाप भी नहीं लगेगा। लेकिन अब लगता है कि स्वयं विधाता भी उसकी बुद्धि पर प्रभाव नहीं डाल सकते। अब मेवाड़ में उसका जीना तो दूभर हो ही गया है, हम भी उससे चैन से मेवाड़ का पानी तक नहीं पीने देंगे।"

"जो हुक्म, ठाकुर सा।" राजपूत ने एकाएक ऐसी बात कही थी कि राजा भगवानदास का खून खौल उठा। उनको 'राजा' तक नहीं कहना चाहता महाराणा का यह क्षुद्र दूत, 'ठाकुर' कहता है। लेकिन राजा भगवानदास को सामने ही बैठे कुतुबुद्दीन से अपना चेहरा जो बचाना था। अत: उन्होंने सुनकर भी अनसुना कर दिया।

दूत चला गया तो राजा भगवानदास ने क्रोध के साथ अपने गुप्तचरों के नायक को बुलाकर उसपर बरसे, "न जाने कहाँ से अंधों की तरह जिस-तिस को

दूत समझकर छावनी में लाकर खड़ा कर देते हैं! जिसको बोलने तक की तमीज नहीं···ऐसे दूतों की वजह से ही तो प्रतापसिंह का यह हाल हो रहा है। अभी क्या, अभी तो बहुत कुछ होना शेष है।'' फिर उनको बैठाकर भगवानदास महाराणा को घेरने की आगामी युक्तियाँ सोचने लगे।

कुतुबुद्दीन को तो इससे भी कहीं अधिक शर्म उठानी पड़ी थी। शायद इसीलिए वह सबकुछ देखने के बाद भी राजा भगवानदास की हँसी नहीं उड़ाना चाहता था। वह खुद भी उनके साथ बैठकर महाराणा को पकड़ने की तरकीब सोचने लगा।

□

चारों ओर भटकते हुए अनेक बार जाल में फँसकर काफी नुकसान उठाने के बाद आखिर तक राजा भगवानदास और कुतुबुद्दीन खाँ के सेनापतित्व में गई फौज भी निराश होकर लौट आई। महाराणा प्रतापसिंह को पकड़ पाना तो दूर, वे लोग उनकी गंध तक नहीं पा सके थे। जितना उन्होंने इतने दिनों तक दुर्गम पहाड़ियों और कंदराओं तक को छान डालने के बाद पता लगाया था उतना तो अकबर को अपनी छावनी में बैठे-बैठे पता लगता रहता था; जबकि इतनी सी जानकारी पाने में उन दोनों सिपहसालारों ने अनेक सिपाहियों की जान के साथ-साथ काफी रसद, बारूद और हथियार तक गँवा दिए थे।

अकबर खामोशी के साथ उनकी विफलता की लंबी-चौड़ी कहानी सुनते-सुनते ही क्रोध से भड़क उठा और उसी वक्त हुक्मनामा जारी करके उन दोनों की ड्योढ़ी बंद कर दी, अर्थात् राजा भगवानदास तथा कुतुबुद्दीन खाँ को भी दरबार में आने की इजाजत नहीं रही।

लेकिन महाराणा के विरुद्ध लगातार अभियान जारी रखने के बाद भी जब उन्हें पकड़ने में मुगल सेना को सफलता नहीं मिली तो अकबर को वहाँ के संकटों की वास्तविकता समझ में आ गई। कहा जाता है कि स्वयं उस स्थिति को महसूस करने के बाद अकबर ने मानसिंह को माफ कर दिया था। राजा भगवानदास और सिपहसालार कुतुबुद्दीन ने खुद ही अपनी विफलता के लिए माफी माँग ली तो उनको भी अकबर ने माफ कर दिया।

उन दोनों विश्वसनीय और बहादुर सिपहसालारों की मात के बाद अकबर खुद महाराणा के खिलाफ काररवाई करने के लिए आगे बढ़ा। वह खुद हल्दीघाटी और उसके आस-पास के उन स्थानों को देखना चाहता था, जहाँ उसकी इतनी बड़ी सेना से महाराणा ने राजपूतों की छोटी सी सेना के साथ इतनी देर तक टक्कर

ली थी और काफी नुकसान पहुँचाने के बाद मिहत्तर खाँ की चालाकी से ही मुगल फौज हारते-हारते बची थी। किंतु मुगल सेना से घिर जाने के बावजूद महाराणा वहाँ से बच निकले थे।

अकबर ने स्वयं जाकर हल्दीघाटी के आस-पास के तमाम क्षेत्र को देखा; लेकिन वह असावधान नहीं था, न एक पल को भी महाराणा प्रताप को भूल पाता था। इस कारण उसने काफी मजबूत किलेबंदी सी करवा दी। उसने सबसे पहले तो गुजरात की ओर जानेवाले राजमार्ग पर मुगल थाने जमा कर ऐसा प्रबंध कर दिया कि महाराणा इन रास्तों से बचकर निकल न भागें। उसने महाराणा की सहायता पाने की दृष्टि से जिन रास्तों को उपयुक्त समझा, उनको एकदम अवरुद्ध करने का पूरा प्रबंध करने के बाद ही पूर्व की ओर रुख किया।

उसने कई चुने हुए और जाँबाज सिपहसालारों के अधीन पूरे तीन हजार सिपाहियों की फौज नाथद्वारा के समीप मोही नामक स्थान पर तैनात कर दी। फिर वह और आगे जाकर जगह-जगह महाराणा के रास्ते अवरुद्ध करता हुआ मदारिया पहुँचा और वहाँ भी उसने मुगल थाना स्थापित कर दिया। इस प्रकार महाराणा को पूरी तरह घेरकर अकबर पहाड़ियों के भीतर कैदी की-सी हालत में डाल देना चाहता था, जिससे महाराणा को सचमुच अन्न के एक-एक दाने के लिए मोहताज होकर, अंततः उसकी अधीनता स्वीकार करने के लिए विवश होना पड़े। इसी तरह हर मौके की जगह पर शाही थाने नियुक्त करता-करता वह नवंबर में उदयपुर जा पहुँचा।

उदयपुर को महाराणा प्रताप के पिता महाराणा उदयसिंह ने बसाकर अपनी नई राजधानी बनाया था। अब अकबर का वहाँ भी अधिकार हो गया था। उदयपुर पहुँचकर बादशाह को घोर पहाड़ी स्थानों और बारिश के कारण बढ़ी हुई नदियों तथा नालों से कुछ देर को छुटकारा मिला था। इस खूबसूरत नगर में अकबर कुछ दिनों तक रुककर विश्राम करता रहा, फिर उसने आगे जाने का विचार किया। इस नगर पर अपना अधिकार बनाए रखने के लिए उसने अपने दो चुने हुए सिपहसालारों—फखरुद्दीन तथा राजा जगन्नाथ को वहाँ का प्रशासन सँभालने के लिए नियुक्त कर दिया। उन दोनों पर अकबर को पूरा भरोसा था।

वैसे उदयपुर में अच्छा और व्यवस्थित शासन स्थापित करना तो अकबर का उद्देश्य था नहीं, इसलिए उसने आस-पास के पर्वतीय क्षेत्रों पर निगाह रखने की जिम्मेदारी एक बार फिर से राजा भगवानदास को सौंपी। हाँ, उसके साथ अकबर ने विफल सिपहसालार कुतुबुद्दीन की जगह सैयद अब्दुल्ला खाँ को भी नियुक्त किया था। उनको महाराणा को गिरफ्तार करने का आदेश देकर अकबर स्वयं

बाँसवाड़ा की ओर चल पड़ा।

वह पूरे दो महीने तक उत्तर-पूर्वी तथा दक्षिण-पूर्वी क्षेत्रों में भ्रमण करता हुआ महाराणा की घेराबंदी ही करता रहा। अकबर को इतना पता तो था ही कि महाराणा इन दिनों इसी पर्वतमाला में छिपे हुए हैं। अत: वह कोई ऐसी राह नहीं छोड़ना चाहता था कि महाराणा को निकलकर कहीं और जाने का अवसर मिल जाए। पश्चिमी पर्वतमाला को पूरी तरह से घेरने के लिए वह कोने-कोने में, स्थान-स्थान पर शाही थाने स्थापित करता रहा। वह चाहता था कि पूरी तरह घिर जाने के बाद महाराणा विवश होकर उसके सामने आत्मसमर्पण कर दें। आखिर उन उजाड़ पहाड़ियों में कोई कब तक अपनी सेना और रनिवास के साथ गुजारा कर पाएगा।

लेकिन अकबर का यह सपना सपना ही रह गया।

महाराणा के आत्मसमर्पण की बात तो हवा में ही रह गई। इसके विपरीत एक दिन अकबर को खबर मिली कि महाराणा तो उसके आने के बाद से अरक्षित पड़े गोगुंदा पर दोबारा अधिकार करने के लिए उसपर धावा मारने की तैयारी कर रहे हैं। यह सुनकर अकबर के अहं को गहरी ठेस लगी। उसने तत्काल गोगुंदा को बचाने के लिए एक साथ कई अनुभवी सरदारों को गोगुंदा जाकर उसकी रक्षा करने का हुक्म दिया। राजा भगवानदास, उनके पुत्र मानसिंह, अकबर के विश्वस्त मिर्जा खाँ आदि कई सिपहसालार गोगुंदा पहुँच गए। वे लोग कुछ दिनों तक तो वहीं रुककर महाराणा की ओर से होनेवाले हमले का इंतजार करते रहे, फिर उन्होंने गोगुंदा की रक्षा के लिए काफी मजबूत इंतजाम कर दिए और वहाँ से लौटकर बादशाह सलामत के अगले हुक्म का इंतजार करने लगे।

इस प्रकार अकबर पूरे छह महीने तक मेवाड़ के ही इलाके में चक्कर काटता रहा; लेकिन महाराणा को न तो पकड़ पाया और न इतना मजबूर ही कर सका कि वह आत्मसमर्पण कर देते। हाँ, इस बीच उसने राजपूताना के कुछ और राजपरिवारों के साथ संबंध जोड़कर अपनी ताकत जरूर बढ़ा ली थी। बाँसवाड़ा तथा डूँगरपुर के राज्य काफी समय से मेवाड़ के परम विश्वसनीय मित्रों में थे। अकबर उनको किसी तरह से काटकर अलग करना चाहता था। इसके लिए विभीषण वाली नीति काम आई। आमेर के राजा भगवानदास ने स्वयं ही अकबर से अपनी पुत्री का विवाह करके उससे संबंध जोड़ने के बाद अपने लिए तथा मानसिंह के लिए चैन से राजसुख भोगने का प्रबंध कर लिया था। उन्होंने अपनी ओर से राजपूताना के और भी कई राजवंशों को अकबर की अधीनता स्वीकार कर लेने की प्रेरणा दी थी।

स्वयं महाराणा को भी अकबर के अधीन लाने के लिए उन दोनों बाप-बेटे ने क्या नहीं किया था। इस बार भी राजा भगवानदास ही काम आए। उन्होंने बाँसवाड़ा के राव प्रतापसिंह तथा डूँगरपुर के राव आसकरण को तरह-तरह के प्रलोभन तथा भय दिखाकर अंत में अपनी ओर मिला ही लिया और उनको लेकर वह अकबर के दरबार में हाजिर हुआ।

महाराणा के दो विश्वस्त मित्रों को अपनी ओर आते देखकर अकबर को बड़ी प्रसन्नता हुई। उसने दोनों रावलों का खूब सम्मान किया। डूँगरपुर की राजकन्या से विवाह कर उसे अपनी बेगम भी बना लिया। यह उसके लिए काफी बड़ी सफलता थी। यह सफलता प्राप्त करने के बाद अकबर वहाँ से विदा होकर राजपूताना के पड़ोस में ही मालवा की ओर निकल गया। इसपर भी काफी संघर्ष के बाद अकबर का कब्जा हुआ था, इसलिए यहाँ आने के बाद वह एक बार मालवा भी जाना ही चाहता था; लेकिन मालवा में भी महाराणा प्रताप से उसका पीछा नहीं छूटा। वास्तव में समूचे भारत का एकच्छत्र सम्राट् बनने के बाद भी अकबर को मेवाड़ का वह सिंह अकेला ही चुनौती देता हुआ अब तक स्वतंत्र होकर मुगल शक्ति के लिए चुनौती बना हुआ था।

इस बीच अकबर को जानकारी मिली कि आज भी महाराणा को सिरोही और बूँदी की ओर से सहायता मिल रही है। इन दोनों राज्यों पर अब तक अकबर का प्रभुत्व नहीं जम पाया था। एक सीमा तक इन दोनों राज्यों पर मेवाड़ का ही अधिकार था, क्योंकि वहाँ के राव-राजा भी उनके सामंत माने जाते थे। अकबर ने सिरोही पर आक्रमण करने के लिए रायसिंह को सेना लेकर रवाना कर दिया। सिरोही का राज्य इतना बड़ा और शक्तिशाली नहीं था कि अपने बूते पर ही अकबर की फौज का सामना कर पाता। मेवाड़ की ओर से तो इस समय कोई सहायता पाने की आशा भी नहीं थी। अत: राव सुरत्राण बूँदी से भागकर आबू चला गया। लेकिन रायसिंह ने उसका पीछा किया। अंतत: राव सुरत्राण को हारकर समर्पण करना ही पड़ा। रायसिंह उसको अकबर के सामने ले गया और राव सुरत्राण ने अकबर की अधीनता स्वीकार कर ली।

सन् १५७८ में अकबर ने सफदर खाँ को सिपहसालार बनाकर फौज के साथ बूँदी पर आक्रमण करने के लिए भेजा; लेकिन बूँदी ने सिरोही के राव की तरह जल्दी हार नहीं मानी। सफदर खाँ का हमला विफल रहा। तब अकबर ने अगले वर्ष मार्च महीने में जैन खाँ कोका को बूँदी पर आक्रमण करने के लिए भेजा। इस बार बूँदी आंतरिक कलह का शिकार होने के कारण निर्बल सिद्ध हुआ। विचित्र

स्थिति थी कि बूँदी का युवराज दुर्जनसिंह तो मुगल सेना का सामना कर रहा था; लेकिन उसका पिता सुरजन और भाई योग मुगलों का साथ दे रहे थे। अपने पिता सुरजन का रवैया युवराज की समझ में नहीं आ रहा था। अंततः परिणाम वही हुआ, जो गृह कलह के शिकार राज्यों का होता आया है। बूँदी की पराजय हुई और इस प्रकार अकबर मेवाड़ का एक और मित्र-गढ़ तोड़ने में सफल रहा। अब मेवाड़ पूरी तरह से असहाय और मुगलों द्वारा चारों ओर खिंची दीवार के बीच घिर गया था।

महाराणा को चारों ओर से घेर देने के बाद अकबर १२ मई को वहाँ से फिर अपनी तत्कालीन राजधानी फतहपुर सीकरी लौट गया। यद्यपि महाराणा प्रताप हाथ नहीं आए; लेकिन अकबर ने महाराणा पर आया क्रोध छोटे से राज्य ईडर पर उतारा। उसने ईडर पर हमला करके वहाँ के राजा नारायणदास को पराजित किया और उसके राज्य को मुगल साम्राज्य में मिला लिया। इस प्रकार महाराणा प्रताप पर अकबर का भीषण क्रोध ईडर के पतन का कारण बन गया।

हल्दीघाटी के युद्ध में पराजय होने पर भी महाराणा की शक्ति पूरी तरह भंग नहीं हो सकी थी। हाँ, यह पराजय उनके लिए एक करारा झटका जरूर साबित हुई थी, लेकिन यही एक तरह से महाराणा के लिए वरदान भी सिद्ध हुई। उनकी समझ में आ गया था कि इतनी बड़ी शक्ति के साथ प्रत्यक्ष युद्ध करना तो आत्मघात के समान होगा। हल्दीघाटी के युद्ध से सबक पाकर महाराणा ने युद्धनीति में सर्वथा परिवर्तन कर लेना उचित समझा। महाराणा की वह पराजय सही मायने में पराजय थी नहीं, क्योंकि उसमें मेवाड़ के हजारों सैनिक मरे तो अवश्य थे, लेकिन महाराणा की वीरता और साहस के साथ स्वतंत्रता के लिए उनके अपार आग्रह की सराहना मेवाड़ के लोगों ने की थी—और अब तो वे निडर होकर अपने महाराणा के साथ मेवाड़ की धरती के लिए प्राण देने को तत्पर हो गए थे। महाराणा ने मेवाड़ के वनों और पहाड़ियों की स्थिति का लाभ उठाकर छापामार युद्ध करके मुगलों को एक पल के लिए भी चैन नहीं लेने देने का संकल्प ले लिया और इसके अनुरूप ही तैयारी चलती रही।

अपनी प्रजा के साथ ही अन्य राव-राजाओं की ओर से भले ही महाराणा को खुलकर, अकबर के भय से, कोई सहायता नहीं मिल पाती हो, लेकिन उनके मन में महाराणा के प्रति अपार श्रद्धा और विश्वास की बात छिपी नहीं रही। भले ही कोई विवश होकर अकबर की अधीनता स्वीकार कर चुका हो, किंतु वह भी महाराणा प्रताप की वीरता और अकबर से टक्कर लेने के उनके शौर्य का प्रशंसक था और मन-ही-मन महाराणा से सहानुभूति रखता था। इसी कारण नैतिकता की

विजय मानकर महाराणा ने जीवन भर मेवाड़ के लिए संघर्ष करते रहने का निर्णय कर लिया था। वह जानते थे कि यह मार्ग काँटों से भरा है और जीवन संभवत: इसी तरह संघर्ष करते बीत जाएगा; फिर भी वह अपनी प्रतिज्ञा पर अटल रहे।

अब समग्र भारत के एकच्छत्र अधिपति और छोटे से राज्य मेवाड़ के महाराणा के बीच निरंतर संघर्ष चलने लगा। मुगलों की ओर से मेवाड़ पर अगर एक आघात होता तो महाराणा अवसर देखकर तत्काल उसका उत्तर देने में नहीं चूकते थे। वह अकबर को यह सोचकर निश्चिंत नहीं होने देते थे कि अब तो महाराणा प्रताप चारों ओर से घिर ही चुका है और आज नहीं तो कल उसको आत्मसमर्पण करना ही होगा।

अकबर मेवाड़ में महाराणा के मित्रों को परास्त करके निश्चिंत मन से लौटा ही था कि महाराणा प्रताप ने अपने योद्धाओं को पुन: सक्रिय हो जाने के लिए कहा। और वे लगातार जगह-जगह अकबर द्वारा स्थापित किए गए थानों को ध्वस्त करने लगे। अकबर ने हर महत्त्वपूर्ण स्थान पर थाने बनाकर वहाँ एक थानेदार और उसके साथ एक हजार सैनिक तैनात कर दिए थे। मौका आने पर हर शाही थाने का थानेदार पास के थानों के सैनिकों की सहायता ले सकता था। लेकिन जब ऐसा मौका मिल पाता, तभी तो! महाराणा की ओर से हर ऐसे थाने पर हमला होने लगा था; लेकिन यही पता नहीं चलता था कि कब, कहाँ, किस थाने पर महाराणा के सैनिकों का धावा होने वाला है। महाराणा के हमले का तरीका भी अब छापामार युद्ध का था। किसी भी समय सहसा मेवाड़ के कुछ गिनती के सैनिक अचानक ही हमला कर देते और जब तक मुगल सिपाही सँभलें तब तक उनको खदेड़कर बाहर कर दिया जाता था। कितनी ही बार तो मुगल थानेदार को हथियार सँभालने का भी मौका नहीं मिलता था।

अकबर ने चारों ओर से रास्ते अवरुद्ध करके महाराणा को विवश करने की सोची थी। अब मेवाड़ के सैनिक जो कर रहे थे, वह भी उसी नीति का अगला खंड था। महाराणा के आदेश से सबकुछ ऐसे ही बेतरतीबी के साथ न होकर एक सोची-समझी युक्ति के तहत हो रहा था। सबसे पहले महाराणा ने घात लगाकर मुगलों के एक के बाद एक थानों को ध्वस्त करते हुए आगे बढ़कर आगरा के मार्ग पर कब्जा जमा लिया। इस प्रकार आगरा की ओर मुगल सेना के आवागमन का मार्ग ही अवरुद्ध कर दिया गया। अब थानों पर जमे बैठे मुगल थानेदारों को आगरा की ओर से मदद आने की कोई आशा नहीं रही। उसी समय महाराणा ने और आगे बढ़कर गोगुंदा और उदयपुर में स्थापित महत्त्वपूर्ण थानों से मुगलों को परास्त कर

वहाँ अधिकार जमा लिया। उदयपुर में तो अकबर ने पूरे तीन हजार सिपाहियों को तैनात कर रखा था; लेकिन वे राजपूतों की मार खाकर नंगे पाँव भाग खड़े हुए।

अकबर ने महाराणा को निरंतर घेरकर रखने और उन्हें एक पल को भी राहत की साँस लेने का मौका न देने के लिए अपने एक बड़े कूटनीति-विशारद सिपहसालार शहबाज खाँ को मुगलों की काफी बड़ी फौज के साथ मेवाड़ में नियुक्त कर दिया था। महाराणा को इस बात की जानकारी थी। वह चुप नहीं रहे। उन्होंने अपनी ओर से मुगलों का चैन छीनने के लिए कुछ-न-कुछ करते रहने की ठान ली थी। गोगुंदा और उदयपुर को अपने अधिकार में कर लेने के बाद भी वह चुप नहीं बैठे। उन्होंने मुगलों को पस्त करने के लिए अपने ही राज्य को उजाड़ देने की तथा अवसर पाते ही मुगल थानों पर धावा बोल देने की नीति अपना ली थी। खेतों में खड़ी फसल तक को काटकर या आग लगाकर नष्ट कर दिया जाता था, ताकि मुगल सेना को कहीं अनाज या पशुओं का चारा तक न मिलने पाए।

अकबर ने मोही में मिजाहिद बेग को थानेदार बनाकर कई सिपहसालारों के साथ वहाँ भी तीन हजार अश्वारोही सिपाही तैनात कर रखे थे। इस जगह को अकबर अपने लिए विशेष सामरिक महत्त्व की मानता था—और वह थी भी। एक दिन थानेदार मिजाहिद बेग निश्‍चिंत होकर महाराणा प्रताप की खिल्ली उड़ाते हुए अपने किले जैसे निवास में बैठा शतरंज खेल रहा था। रात गहराने लगी थी। जासूसों ने शाम को ही खबर दी थी कि अब शहबाज खाँ के साथ बादशाह सलामत ने इतनी बड़ी फौज भेजी है कि कुछ दिनों के भीतर मेवाड़ी राजपूतों का कोई नामलेवा तक नहीं बचेगा।

ठीक उसी समय अचानक ही बाहर के पहरेदार ने चिल्लाकर हमले की चेतावनी दी। थाना क्या, पूरा किला ही था। मिजाहिद बेग को कल्पना तक नहीं थी कि राजपूत यहाँ तक हमला बोलने की हिमाकत कर सकते हैं। यह कोई छोटा-मोटा थाना तो था नहीं, यहाँ तो मिजाहिद बेग ने ऊँची-ऊँची दीवारें खड़ी करवा ली थीं और पूरे तीन हजार सिपाहियों के साथ हुक्म चलाता रहता था। आस-पास के कस्बों और गाँवों में मिजाहिद बेग का नाम सुनकर लोग काँपते थे; लेकिन कँपकँपी पैदा कर देनेवाले थानेदार मिजाहिद बेग साहब को एकाएक दीवारों को फलाँगकर, हमला कर देनेवाले राजपूतों के सामने पूरी तरह कमर कसकर अपनी तलवार सँभालने का भी मौका नहीं मिला। अचानक ही उनकी गरदन कलम कर दी गई। मिजाहिद बेग को इस तरह हलाल होते देखकर थाने के रखवाले दूसरे सेनापतियों को पसीना आ गया। वे किसी तरह लड़ते-जूझते जैसे ही मौका मिला,

रात के अँधेरे में जिस ओर मुँह था उसी ओर को भाग चले। कुछ ही देर में थाना खाली हो गया और वहाँ का शासन राजपूत सेनापति ने सँभाल लिया।

मिजाहिद बेग का मारा जाना और मोही के शाही थाने का उठना अकबर की इज्जत पर एक ऐसा दाग था, जो किसी भी तरह छुड़ाए नहीं छूटनेवाला था। उसके लिए मात्र महाराणा प्रताप का कटा हुआ सिर ही ऐसा था, जो अकबर की खोई हुई प्रतिष्ठा को वापस करा सकता था। क्षुब्ध अकबर ने शहबाज के साथ जो सेना भेजी थी, उसका सिपहसालार तो शहबाज खाँ ही था, लेकिन उसके साथ एक-से-एक बड़े सरदार भी आए थे, जो हर तरह से उसकी मदद करके महाराणा प्रताप को पकड़ने या फिर उनको पूरी तरह बरबाद करने के लिए कटिबद्ध थे। अकबर का ऐसा ही आदेश था। शहबाज के साथ आनेवाले सेनापतियों में से कुछ प्रमुख थे—राजा भगवानदास, मानसिंह, सैयद हाशिम, सैयद राजू, सैयद कासिम, पायंदा खाँ मुगल, उलग असद तुर्कमान, गाजी खाँ बदख्शी, मिर्जा रहीम खाँ (जो बाद में खानखाना के नाम से मशहूर कवि हुए), शरीफ खाँ अतगह, गजराज चौहान आदि।

अनेक बड़े-बड़े सेनापतियों तथा सैन्याधिकारियों के साथ यह मुगल फौज १५ अक्तूबर को कूच करके शीघ्र ही मेवाड़ आ पहुँची; लेकिन लाख कोशिशें करने पर भी पहाड़ियों के बीच लगभग कैद महाराणा प्रताप को पकड़ने में विफल ही रही। शहबाज बड़ा चालाक सिपहसालार था। वह सीधे विफलता स्वीकार करके अकबर की निगाह से गिरना नहीं चाहता था। इसलिए उसने खबर भेजी कि महाराणा पहाड़ियों के बीच ही बँधा जरूर है, लेकिन इस कैद का दायरा इतना बड़ा है कि वह जब जी चाहता है, अपनी मरजी से कहीं भी नमूदार हो जाता है और हमारे थानों को नुकसान पहुँचाकर गायब हो जाता है। उसको पकड़ने के लिए, या फिर उसका काम तमाम करने के लिए और भी बड़ी फौज की जरूरत है।

अकबर पर तो किसी भी कीमत पर महाराणा प्रताप को परास्त करने की धुन सवार थी। शहबाज के कहने पर उसने शेख इब्राहिम फतेहपुरी के साथ एक और सेना उसकी मदद के लिए तत्काल भेज दी। अब दोनों फौजों को लेकर शहबाज महाराणा को पकड़ने की युक्ति सोचने लगा। लेकिन वह अपनी युक्तियों का राज किसी पर खुलने नहीं देना चाहता था और अपने अभियान में विफल भी नहीं होना चाहता था। अकबर के मन में राजपूतों के प्रति हमदर्दी थी, यह बात शहबाज को अच्छी नहीं लगती थी। उसका खयाल था कि ये काफिर कितने भी बदल जाएँ, अपनी कौम के लिए इन्हें हमदर्दी तो बनी ही रहेगी। उसे शंका बनी रही कि ये

हिंदू राव-राजा मौका पाकर महाराणा की सहायता कर सकते हैं, या उसको पहले ही सावधान करके उसकी सारी योजना पर पानी फेर सकते हैं। इसीलिए उसने अपनी सेना में आए राजा भगवानदास तथा मानसिंह को मात्र राजपूत होने के कारण वापस जाने को कह दिया। अकबर ने इस सेना का प्रमुख सेनापति तो शहबाज खाँ को ही नियुक्त किया था, अतः राजा भगवानदास और मानसिंह को उसकी बात माननी पड़ी। वे वापस लौट गए। शहबाज इतने से ही संतुष्ट नहीं हुआ, उसने अपनी फौज के एक-एक हिंदू अधिकारी को चुन-चुनकर निकाल बाहर किया। शहबाज खाँ की यह काररवाई वास्तव में अकबर की नीतियों के विरुद्ध थी; लेकिन उस समय अकबर ने शहबाज से कुछ नहीं कहा।

कुछ समय पहले मानसिंह के जाते ही महाराणा प्रताप ने गोगुंदा को फिर से जीतकर कुंभलगढ़ में अपनी अस्थायी राजधानी बना ली थी और वहीं से युद्ध की काररवाई जारी रखी थी। मेवाड़ का शासन भी महाराणा वहीं से चलाया करते थे। लेकिन जब शाहबाज खाँ विशाल सेना लेकर चढ़ आया और कैलवाड़ा के एकदम पास ही शिविर डाल दिया तब महाराणा ने कुंभलगढ़ में रहना निरापद नहीं समझा। महाराणा ने पहले मेवाड़ की व्यवस्था बनाने की चेष्टा की थी और बहुत दिनों से मेवाड़ में बंद खेती-बारी का काम फिर से आरंभ करवाने की सोची थी; लेकिन अब पुनः इतनी बड़ी मुगल सेना आ जाने के कारण उन्हें अपनी नीति में फिर परिवर्तन करना पड़ा। जिन मार्गों से मुगल सेना खाद्य सामग्री तथा रसद प्राप्त करती थी उन सभी रास्तों को तो पहले ही काट दिया गया था; लेकिन अब शहबाज की ओर से आक्रमण की आशंका के कारण महाराणा को दोबारा कुंभलगढ़ से निकलकर पहाड़ियों में ही अपने निवास का इंतजाम करना पड़ा। ऐसे में वह कैसे चाहते कि मुगलों को मेवाड़ के किसानों की खेती से ही चारा और अनाज मिलने लगे। उन्होंने एक बार फिर मेवाड़ के किसानों को अपनी खेती-बारी छोड़ देने का आदेश दिया।

इस बार उनके आदेश का बड़ी कठोरता के साथ पालन करवाया जा रहा था। उन्होंने कृषि योग्य तमाम धरती को पूरी तरह से उजड़वा दिया। साथ ही किसानों को भी उस क्षेत्र को छोड़कर पहाड़ियों पर अथवा कहीं और चले जाने की आज्ञा दे दी। महाराणा की आज्ञा का गाँव-गाँव में प्रचार कर दिया गया कि यदि कोई एक बिस्वा धरती पर भी अपना पेट पालने के बहाने खेती करेगा और मुगलों को दाना-चारा मिलने का साधन बनाएगा तो उसका सिर कटवा लिया जाएगा। इस आज्ञा का पालन भी एकाध बार इतनी ही कठोरता से किया गया था।

कहीं एक किसान ने अपने खेत में सब्जी उगाई थी। राजपूत सैनिकों ने

आकर किसान को उस खेत में आग लगाकर नष्ट कर देने को कहा; लेकिन उसने ऐसा नहीं किया। अगले ही दिन उसका सिर काट दिया गया; क्योंकि गुप्तचरों को पता लग गया था कि मुगल सिपाहियों ने उस किसान को काफी धन का लालच देने के साथ-साथ उसकी जान की सुरक्षा करने का आश्वासन भी दिया था। उसका खेत मुगल छावनी के एकदम पास ही था; लेकिन इतने पर भी उसकी रक्षा नहीं हो सकी। रात में ही उसका सिर कलम कर दिया गया था। मुगलों ने समझ लिया कि यह काम किसी मेवाड़ी जासूस का ही होगा।

मेवाड़ में महाराणा की आज्ञा से खेती करना एकदम बंद हो गया था। किसान परिवार विवश होकर जीविका के लिए अन्यत्र भागने लगे। महाराणा की आज्ञा का कितनी कठोरता से पालन कराया जा रहा था, कर्नल टॉड ने इसका उदाहरण देते हुए लिखा है कि 'महाराणा की आज्ञा से जिन स्थानों को वीरान कर दिया गया था उनमें से एक स्थान पर एक दिन कोई गड़रिया आराम से अपनी भेड़ें चराता मिल गया। यह महाराणा की आज्ञा का उल्लंघन था—वह तो अनजाने में मुगलों के खाने के लिए घर बैठे शिकार का जुगाड़ लगा रहा था। बस, उसका सिर काटकर शव एक पेड़ से लटका दिया गया। इतनी कठोरता के बाद मेवाड़ में कोई ऐसा नहीं रहा, जो महाराणा की आज्ञा का उल्लंघन करने का साहस करता। ऐसे तो प्रजा में अधिकतर महाराणा के लिए खेती-बारी तो क्या, अपना सर्वस्व त्यागकर उनके साथ जूझने के लिए तत्पर होकर पहाड़ियों पर ही पहुँच गए थे।'

शहबाज खाँ जब भी सुराग पा जाता, अपनी फौज लेकर महाराणा प्रताप के पीछे-पीछे भागने लगता, लेकिन उसे कहीं सफलता नहीं मिली।

कैलवाड़ा में शिविर ड़ालकर पड़ा शहबाज खाँ महाराणा को पकड़ने की तरकीब रात-दिन सोचा करता था; लेकिन क्या करे, यह उसकी समझ में नहीं आता था। कुंभलगढ़ से कैलवाड़ा की दूरी मात्र तीन मील है, लेकिन इतना करीब होते हुए भी पहाड़ियों के बीच छिपा सा होने के कारण कुंभलगढ़ नजर नहीं आता था। शहबाज खाँ यहीं रुककर कुंभलगढ़ लेने की युक्ति सोचने लगा; लेकिन मेवाड़ के सैनिक सतर्क थे। उन्होंने मुगलों की उस विशाल सेना को भी नहीं छोड़ा। एक दिन सहसा ही राजपूतों ने धावा बोलकर शाही सेना के चार हाथी बलात् अपने कब्जे में कर लिये और उनको लेकर अँधेरे में गुम हो गए। यह दुस्साहस ऐसा था कि शहबाज खाँ दाँत पीसकर रह गया। शाही सेना के उन हाथियों को सैनिकों ने ले जाकर महाराणा को भेंट कर दिया।

शहबाज ने सबसे पहले तो चारों ओर से कुंभलगढ़ की नाकाबंदी कर दी।

उसने नाडोल तथा कैलवाड़ा की ओर के रास्ते एकदम अवरुद्ध कर दिए, ताकि कुंभलगढ़ में रसद अथवा किसी भी प्रकार की सामग्री का पहुँचना बंद हो जाए। ऐसी स्थिति में राज्य के हितैषी तथा वफादार सामंतों ने यही निश्चय किया कि महाराणा तत्काल कुंभलगढ़ से निकलकर बाहर चले जाएँ; क्योंकि शहबाज की रहस्यात्मक काररवाइयों से आशंका हो गई कि वह कुंभलगढ़ पर आक्रमण करना चाहता है और पहले से ही उसकी घेराबंदी कर रहा है। ऐसी स्थिति में कुंभलगढ़ में महाराणा का रहना खतरे से खाली नहीं था। महाराणा को सामंतों की बात में गहराई नजर आई। उन्हें भी लगा कि यहाँ घिर जाने पर तो वह मेवाड़ के अन्य भागों से कट जाएँगे और उसकी रक्षा के लिए कुछ भी नहीं कर पाएँगे।

उन्हें याद आया कि वर्षों पहले अकबर की ओर से चित्तौड़ पर घेरा डालने को तत्पर देखकर उनके पिता महाराणा उदयसिंह को भी इसी तरह दुर्ग और अपनी राजधानी को छोड़कर बाहर निकल जाना पड़ा था। वह काफी दिनों तक पहाड़ियों तथा जंगलों में ही जीवन बिताते रहे। वही बात आज फिर होने की आशंका दिख रही थी। लेकिन अब देर करना उचित नहीं था। महाराणा ने निश्चय किया। वह अपने रनिवास और परिवार को लेकर विश्वस्त सैनिकों तथा सेनापतियों के साथ कुंभलगढ़ से निकलकर पहाड़ियों पर चले गए। तब से लगभग दस वर्ष पहले महाराणा उदयसिंह ने चित्तौड़ से जाते समय गढ़ की रक्षा का भार जयमल तथा पत्ता को सौंपा था। उन्होंने उसकी रक्षा करते हुए अपने प्राण दे दिए थे। आज उसी प्रकार महाराणा प्रताप ने कुंभलगढ़ को छोड़ते समय उसकी रक्षा का भार अक्षयराज के पुत्र कुँवर भाण को सौंपा। महाराणा के अमात्य भामाशाह कुंभलगढ़ से सारा राजकोष लेकर वहाँ से मालवा क्षेत्र के रामपुरा में चले गए; क्योंकि महाराणा के साथ पहाड़ियों और जंगलों में तो इतने रत्न-जवाहरात और सोना-चाँदी लेकर भटकते रहना जोखिम भरा था। भामाशाह मेवाड़ के प्रति निष्ठावान् ऐसे अमात्य थे, जो समय आने पर अपना प्राण देकर भी उसके हित की रक्षा करते।

शहबाज खाँ के कुंभलगढ़ अभियान के विषय में एक दंतकथा भी प्रचलित है। कहा जाता है कि शहबाज खाँ को कुंभलगढ़ के रास्ते का ज्ञान तो था नहीं। अतः इसके लिए उसने किसी गद्दार की सहायता लेने की युक्ति सोची। कोई राजपूत तो उसको राह बताने के लिए तैयार नहीं हुआ, लेकिन एक चतुर मालिन ने लोभ में पड़कर उसको राह दिखाने की बात मान ली। उसने सीधे राह दिखाने के लिए किसीके साथ जाने की बात तो नहीं मानी, लेकिन चालाकी से इसकी युक्ति खोज निकाली। उसने कहा कि वह रास्ते पर फूल गिराती चली जाएगी। फूलों को

देखते हुए चलने पर वह किले के पास पहुँच जाएगा। यही युक्ति काम में लाई गई। मालिन फूल गिराती हुई कैलवाड़ा तक गई; लेकिन तब तक किसी भील सरदार को मालिन के इस कुकृत्य का पता लग गया था। उसने तीर का निशाना साधकर मालिन को वहीं मौत के घाट उतार दिया था।

जो भी हो, एक दिन शहबाज़ खाँ ने कुंभलगढ़ के किले पर आक्रमण कर ही दिया। उस समय तक सामंतों की सूझ-बूझ और सतर्कता के कारण महाराणा भी कहीं दूर पहाड़ियों में सुरक्षित रहकर मुगलों से टकराने का उपाय करने लगे थे। शहबाज ने घेरा डाल दिया। कुंभलगढ़ में रक्षा के लिए तैनात राजपूत सेनापति कुँवर भाण बड़ी वीरता के साथ मुगलों का सामना करता रहा। उसने मुगलों की ओर से गढ़ को तोड़कर प्रवेश करने की हर कोशिश को नाकाम कर दिया था।

लेकिन कुंभलगढ़ का अजेय दुर्ग दुर्भाग्यवश राजपूतों के हाथ से निकल ही गया। कारण था नियति की ओर से अचानक किया गया एक गहरा आघात। दुर्ग के अंदर रखी एक तोप में न जाने कैसे भयंकर विस्फोट हो गया। फलतः वहाँ रखी अधिकांश युद्ध सामग्री आग लग जाने से स्वाहा हो गई। ऐसी स्थिति में रक्षक सेना एक तरह से निहत्थी होकर रह गई। जब मुगलों के आक्रमण का सामना करने का कोई उपाय नहीं रहा तो विवश होकर वीर राजपूतों ने एक दिन सहसा ही दुर्ग का द्वार खोल दिया और झपटकर शहबाज की सेना पर टूट पड़े। लेकिन हर प्रकार के शस्त्रों से सुसज्जित मुगलों की सेना के सामने वे मुट्ठी भर राजपूत योद्धा कितनी देर टिक पाते। अंत में उनकी हार हुई और कुंभलगढ़ पर मुगलों का अधिकार हो गया।

शहबाज ने कुंभलगढ़ को ३ अप्रैल, १५७८ को अपने कब्जे में ले लिया। लेकिन दुर्ग में प्रवेश करने के बाद उसकी निराशा का ठिकाना न रहा। उसे भी ठीक वैसा ही अनुभव हुआ जैसाकि दस वर्ष पूर्व चित्तौड़ पर कब्जा करने के बाद स्वयं अकबर को हुआ था। गढ़ में पहुँचकर शहबाज को खबर मिली कि महाराणा तो अब तक रामपुरा पहुँच गए होंगे। फिर उसे खबर मिली कि अब तक महाराणा रामपुरा से भी निकलकर कहीं और, शायद बाँसवाड़ा चले गए हैं।

शहबाज निराश तो हुआ, लेकिन वहाँ रुका नहीं। महाराणा को पकड़ने के लिए उनका पीछा करने का निश्चय करके वहाँ से जाने की तैयारी करने लगा। उसने कुंभलगढ़ में सुरक्षा का जबरदस्त इंतजाम किया और अपने साथ आए गाजी खाँ बदख्शी को किले की रक्षा करने की जिम्मेदारी सौंपकर वहाँ से महाराणा की खोज में कूच कर दिया।

दूसरे ही दिन शहबाज गोगुंदा की ओर बढ़ा और अगले ही दिन उसने दोपहर में गोगुंदा पर अधिकार कर लिया। उस समय महाराणा वहाँ से चले गए थे और आस-पास के क्षेत्र लगभग अरक्षित ही पड़े थे। अतः शहबाज को कहीं किसी तरह राजपूत सेना से भिड़ना नहीं पड़ा था। वह महाराणा को जल्दी-से-जल्दी पकड़ने के लिए उतावला हो रहा था, अतः गोगुंदा पर कब्जा करके और उसकी सुरक्षा आदि का प्रबंध करके वह उदयपुर की ओर बढ़ चला। वह आँधी की तेजी से बढ़ रहा था, क्योंकि कहीं भी उसको किसी प्रतिरोध का सामना नहीं करना पड़ रहा था। संभवतः अचानक ही कुंभलगढ़ छोड़कर आने के कारण महाराणा अपने इन विजित क्षेत्रों की रक्षा का कोई समुचित उपाय नहीं कर सके थे। जो भी हो, शहबाज उसी तूफानी रफ्तार से उदयपुर पहुँचा और उसी रात उसने उदयपुर पर भी कब्जा जमा लिया। इसके बाद उसने मुगलों की परंपरा के अनुसार जीते हुए इलाकों को जमकर लूटा। वह जिधर से भी निकलता था, उस इलाके को पूरी तरह लूटकर वहाँ का सबकुछ बरबाद कर देता था। उसे तो वहाँ आकर राज करने की कोई चिंता नहीं थी। उसे तो बस अपने शहंशाह के दुश्मन को सबक सिखाना था। वह लगातार पहाड़ियों और जंगलों में भटकता रहा, लेकिन उसे महाराणा प्रताप की छाया तक देखने को नहीं मिली।

शहबाज खाँ ने जो तेजी दिखाई थी, वह वास्तव में किसी सेनापति के लिए गर्व की ही बात मानी जाती है। कई इतिहासकार तो इस तेजी से धावा मारकर रातोरात गोगुंदा और उदयपुर को जीतने के लिए उसकी तुलना नेपोलियन बोनापार्ट से करते हैं। लेकिन शहबाज खाँ का दुर्भाग्य यह था कि उसको कहीं भी महाराणा प्रताप के विषय में वास्तविक सूचना नहीं प्राप्त हो रही थी। इससे वह भ्रम में यहाँ-वहाँ भागता रहा; जबकि महाराणा उसकी पहुँच से कहीं दूर थे। लेकिन सूचना गलत होने की जानकारी तो शहबाज को थी नहीं, वह तो अपनी ही धुन में एक के बाद एक क्षेत्रों को जीतकर लूट मचाता हुआ आतंक फैलाता रहा। लेकिन हर तरफ से उसे विफलता ही मिलती रही। महाराणा को पकड़ना जब असंभव सा लगा तो शहबाज हताश हो गया। वह लगभग तीन महीने तक पहाड़ियों तथा जंगलों की खाक छानता रहा था। फिर जब उसे विश्वास हो गया कि महाराणा को पकड़ पाना उसके लिए मुश्किल ही नहीं, असंभव है तो उसने मेवाड़ से लौटने का इरादा कर लिया और इस बीच पचास से अधिक शाही थाने स्थापित करके उनकी रक्षा का बंदोबस्त कर देने के बाद वह फतहपुर सीकरी लौट गया।

☐

इस बीच महाराणा को वास्तव में घोर संकट झेलने पड़ रहे थे। वह कहीं एक रात भी निश्चिंत होकर नहीं रह पाते थे। मुगलों के जासूस उनका हर जगह पीछा करते रहते थे। और कितनी ही बार तो महाराणा उनकी निगाह बचाकर कुछ ही पल पहले अपनी शरणस्थली छोड़कर निकलते, तभी मुगलों का हमला हो जाता था। इसी प्रकार बचते-बचाते महाराणा आज यहाँ तो कल वहाँ, स्थान बदलते फिर रहे थे। ऐसी स्थिति में उन्हें इतना समय ही कहाँ मिलता था कि कहीं जमकर अपनी सेना को संगठित करके मुगलों को सबक सिखा सकते। वास्तव में मुगलों की विशाल सेना से सीधे टकराने की नीति तो महाराणा आत्मघाती मानकर छोड़ ही चुके थे; लेकिन छापे मारकर उस विशाल वाहिनी को हानि पहुँचाने के लिए भी तो काफी मात्रा में हथियार और सैनिकों की आवश्यकता होती ही थी। सबसे बड़ी बात तो यह थी कि कहीं टिककर अपनी रणनीति के अनुसार मोरचा बाँधने की और धावा बोलने की युक्ति भी सोचने के लिए समय तथा अवकाश तो चाहिए था। लेकिन महाराणा के पास न तो समय था, न पर्याप्त मात्रा में धन, न हथियार व रसद ही थी और न आवश्यकता के अनुसार सैनिक ही थे। जो थे भी, वे पहले से ही कहीं-न-कहीं मोरचा सँभाल रहे थे। और नए सैनिकों की भरती का अवकाश था ही नहीं। तो भी महाराणा की रक्षा करने के लिए हर पल सतर्क रहनेवाले उन योद्धाओं की निष्ठा और आस्था के विषय में सोचकर उनके प्रति मन श्रद्धा से भर उठता है। महाराणा को उन्होंने किसी भी तरह बचाए रखा और मेवाड़ के लिए अपनी जान हथेली पर रखकर जूझते रहे।

महाराणा के संकेत मात्र से अपना प्राणोत्सर्ग कर देने की भावना से ओतप्रोत लोगों में राजपूत और भील योद्धा तो थे ही, ऐसे लोग भी थे, जो मात्र स्वार्थवश उनका अहित करने के लिए सन्नद्ध रहते थे। एक बार ऐसा ही हुआ, जब मुगलों से बचते-बचते महाराणा को दूर कमलमीर के दुर्ग में जाकर आश्रय लेना पड़ा था। इसकी भी खबर शहबाज खाँ को मिल गई थी। उसने तत्काल कमलमीर का दुर्ग घेर लिया। उनके लिए यह आसान काम था, क्योंकि महाराणा को घेरने के लिए मुगल सिपाही एक तरह से पूरी अरावली पर्वतमाला को ही घेरकर खड़े थे। इसके ठीक पूर्व ही राजपूतों ने मुगलों से एक ठिकाने पर टक्कर ली थी; लेकिन मुगलों की टिड्डी दल जैसी फौज के सामने चंद राजपूत कब तक टिक पाते। उनको पराजय का सामना करना ही पड़ा। फिर भी इसका एक बड़ा लाभ यही था कि महाराणा मुगलों के घेरे से बचकर कमलमीर के दुर्ग में पहुँचकर सुरक्षित हो गए थे। लेकिन शहबाज खाँ ने उनका सुराग पाते ही कमलमीर के किले पर घेरा डाल दिया।

कुछ समय तक तो महाराणा दुर्ग की रक्षा करते रहे, लेकिन गरमी का प्रकोप आरंभ होते ही वहाँ टिके रहना कठिन हो गया। इसका सबसे बड़ा कारण था पानी का घोर अभाव। प्रचंड गरमी पड़ी तो कुएँ और जलाशय सब सूख गए। पानी की कमी से राजपूतों की सेना को घोर कष्ट हो रहा था। बस, एक ही सहारा था—कमलमीर में निगुण नामक एक विशाल जलकूप, जिसे कुंड ही कहना चाहिए। उसमें कभी जल की कमी नहीं होती थी। उस समय भी निगुण कुंड का जल ही उनके जीवन का आधार बना था। लेकिन दुर्भाग्य ने अपना प्रभाव दिखाया। सहसा आबू के राजा के मन में लोभ जाग उठा। उसने सोचा कि अगर इस कुएँ का रहस्य मुगलों को दे दिया जाए तो शहंशाह अकबर उसपर खुश होकर उसे और भी बड़ा ओहदा तथा सम्मान दे देगा। उसने उस कूप का रहस्य मुगलों तक पहुँचा दिया। सुनते ही शहबाज ने फौरन जासूसों को नियुक्त कर दिया और एक रात उस निगुण कूप में भयंकर विष घोल दिया गया। उसका जल जीवन देने की बजाय अब जीवन लेनेवाला हो गया।

सहसा पानी का विकट अभाव हो गया तो राजपूतों में खलबली सी मच गई। विवश होकर महाराणा को अपनी सेना के अधिकतर सैनिकों के साथ कमलमीर का दुर्ग भी छोड़कर कहीं और शरण लेने के लिए चले जाना पड़ा। लेकिन शहबाज खाँ ज्यादा दिनों तक इंतजार नहीं कर सकता था। उसे यकीन था कि इस बार वह महाराणा को पकड़ने में निश्चय ही सफल हो जाएगा। इसीलिए उसने बार-बार दुर्ग पर हमला बोलना शुरू कर दिया। दुर्ग की रक्षा करनेवाले मुट्ठी भर सैनिक एक तो हर तरह से अभाव के मारे थे, ऊपर से मुगलों के हमले। उन्होंने अंत में निश्चय किया और दुर्ग के द्वार खोलकर मुगल सेना पर टूट पड़े। मरने के पहले उन्होंने अपने से चार गुने अधिक मुगल सिपाहियों का वध कर डाला और अंत में वीरगति प्राप्त की।

कमलमीर दुर्ग पर मुगल सेना का अधिकार तो हो गया, लेकिन शहबाज खाँ हाथ मलकर रह गया—महाराणा तो यहाँ से भी मानो जादू के जोर से गायब हो गए थे।

अकबर ने जैसा कहा था, मुगल सेनापतियों ने वैसा ही किया। उन्होंने सचमुच महाराणा को शांति से एक पल कहीं बैठकर आगे की योजना तक बनाने का अवसर नहीं मिलने दिया था। इतने पर भी उस महान् स्वतंत्रता-प्रेमी के मन में एक पल के लिए भी विपरीत भावना नहीं जगी। उन्होंने एक बार भी मुगल शहंशाह की बात मानकर संधि कर लेने की नहीं सोची। यद्यपि अकबर की ओर से ऐसे संदेश

भी आते रहते थे कि महाराणा एक बार हार मानकर शहंशाह की अधीनता स्वीकार कर लें तो उनका सर्वस्व उन्हें दे दिया जाएगा। वह पहले की ही तरह पूरे मेवाड़ के स्वामी बनकर रहेंगे और उनकी राजधानी चित्तौड़ भी उन्हें मिल जाएगी।

लेकिन महाराणा को तो मृत्यु का वरण करना प्रिय लगता था, अकबर की अधीनता नहीं। वह अपनी प्रतिज्ञा पर दृढ़ रहे और अपने परिवार के साथ भूख-प्यास तक झेलते हुए भटकते रहे। राजसी ठाट से जीने का राजसुख भोगने का अवसर मात्र एक 'हाँ' की दूरी पर था। लेकिन महाराणा के मुँह से अधीनता स्वीकार करने के लिए 'हाँ' निकलने की ही तो आशा नहीं थी। वह अपने बच्चों तथा राजभवन में सदा मूल्यवान् पर्यंकों पर भी रात को करवट बदलनेवाली महारानी को ऊबड़-खाबड़ चट्टानी धरती पर या जंगलों के बीच कीड़े-मकोड़ों से अँटी पड़ी नंगी जमीन पर लेटे देखकर भी नहीं हारे। उन्हें तो अब अपना जीवन ही अपना नहीं, मेवाड़ की धरोहर जान पड़ता था। फिर मेवाड़ की धरोहर को वह जीते जी कैसे बेच देते!

□

जिस प्रकार उजाले के लिए अंधकार का होना जरूरी होता है उसी प्रकार विलक्षण वीरता के लिए कायरता का एक क्षण बड़ा मूल्यवान् होता है; क्योंकि उसके बिना यह समझ में ही नहीं आता कि वीरता का रंग कितना उज्ज्वल है। अंधकार होने पर ही प्रकाश की आभा का मूल्य जान पड़ता है। इसी प्रकार कहा जाता है कि एक दिन महाराणा प्रताप के मन में भी पल भर के लिए निर्बलता आ ही गई थी। इतिहासकारों को तो तर्क के आधार पर ही हर बात का निश्चय करना होता है; किंतु मानवीय संवेदनाओं को ग्रहण करने के लिए जो भावना होती है उसके लिए तर्क अंतिम सीमा नहीं होता। यह दंतकथा बहुत प्रसिद्ध है और हमें महाराणा के उस मानवीय पक्ष का परिचय देती है, जिससे महाराणा के समस्त त्याग तथा बलिदान और अधिक मूल्यवान् एवं वास्तविक प्रतीत होने लगते हैं। हम मात्र आदर्श मानकर महाराणा के साथ इस विचलन को आवश्यक मानकर सहज ही स्वीकार नहीं कर लेते, वरन् उन्हें अपने स्तर पर भी अनुभव करके उसकी संवेदना से विह्वल हो जाते हैं।

कहा जाता है कि यह बात उन दिनों की है जब महाराणा भीलों के बीच वन्य जीवन जी रहे थे। सहसा पता लगा कि मुगलों की बहुत बड़ी सेना उस स्थान पर पहुँचने ही वाली है। महाराणा तो हर पल तैयार ही रहते थे। उन्हें उन दिनों लगभग तीन महीने तक अपने युद्धवाले वस्त्रों को उतारने का अवसर तक नहीं मिला था।

कब, कहाँ अचानक ही उन्हें शत्रु से जूझना पड़ जाएगा, इसका कोई ठिकाना नहीं होता था। ऐसे में महाराणा ने अपने भील साथियों से अपने बच्चों तथा परिवार को लेकर कहीं अन्यत्र छिप जाने को कहा और स्वयं शत्रु को अवरुद्ध करने के लिए अपने गिने-चुने सैनिकों के साथ तैयार हो गए।

समय अधिक नहीं था। महाराणा ने जल्दी से अपने सैनिकों को मोरचा बाँधने के लिए कहा और स्वयं भी एक चट्टान की ओट लेकर डट गए। हमला हुआ, लेकिन हमला वास्तव में इधर से ही किया गया। जैसे ही मुगल फौजी उस ओर दिखाई पड़े, महाराणा का संकेत पाते ही भील योद्धाओं ने पेड़ों और ऊँची-ऊँची चट्टानों से उनपर अपने तीखे, विष-बुझे तीरों की बौछार करनी शुरू कर दी। मुगल हड़बड़ी में शत्रु की खोज में इधर-उधर आँखें दौड़ाने लगे कि महाराणा के राजपूतों ने अचानक ही पार्श्व से उनपर तूफानी वेग से ऐसा धावा बोला कि मुगल सैनिक पहाड़ी धरती पर गिरते-पड़ते भागने लगे। मुगल सैनिक संख्या में अधिक होते हुए भी पहाड़ियों की ऊँची-नीची धरती पर युद्ध करने के अनुभव से वंचित थे और भीलों के तीर-कमान के सामने तो वे एकदम विवश हो जाते थे। महाराणा के भील सैनिक न जाने कहाँ से उनपर तीरों की अनवरत बौछार करते रहते। उन अदृश्य शत्रुओं से कोई लड़े भी तो कैसे।

कुछ ही देर में काफी नुकसान उठाकर बचे हुए मुगल सैनिक भाग निकले। ऐसे-ऐसे मोरचों पर मुगलों को बार-बार मुँह की खानी पड़ती थी और वे पूरी तरह घेर लेने के बाद भी महाराणा को पकड़ नहीं पाते थे!

मुगल सिपाहियों के भाग जाने पर महाराणा अपने भील सरदार के साथ वहाँ पहुँचे, जहाँ उनकी महारानी अजबादे तथा बच्चों व अन्य स्त्रियों को ले जाकर बचाया गया था। महाराणा उस भयंकर वन को देखकर दंग रह गए। महारानी तथा परिवार के वयस्क सदस्यों—स्त्री-पुरुषों को निकट ही एक खोह में बैठा दिया गया था और उनकी रक्षा के लिए सँकरे से गलियारे जैसे रास्ते में अनेक भील युवक तीर-कमान तथा फरसे-कुल्हाड़ियों से लैस होकर खड़े थे। देखकर यह तो विश्वास हो गया कि वहाँ चाहे कितने ही सिपाही आ जाते तो भी खोह में सुरक्षित स्त्रियों पर कोई आँच नहीं आ सकती थी; क्योंकि उस सँकरी राह से एक-एक करके ही प्रवेश किया जा सकता था और गलियारे जैसी उस सँकरी राह में एक के पीछे एक बीस भील युवा इस प्रकार खड़े थे कि अगर दुश्मन एक से बचकर आगे बढ़ता तो भी उसे मौत के घाट उतारने के लिए उन्नीस भील युवक तो थे ही।

बालकों को उससे आगे और भी घने जंगल के बीच पेड़ों से बँधे विशेष ढंग

के थैलों में बैठाकर लटका दिया गया था; क्योंकि इस वन में जंगली हिंसक पशुओं तथा जीव-जंतुओं की भरमार थी। ऐसे में बच्चों को सुरक्षित रखने का यही उपाय था। उनकी रक्षा के लिए भी आस-पास के पेड़ों पर कितने ही भील युवक तीर-कमान लेकर तैनात थे। राजभवन में रहनेवाली महारानी और अपने कोमल बच्चों को भयंकर जीव-जंतुओं से भरे इस जंगल में इस प्रकार जान बचाने के लिए छिपने को विवश देखकर महाराणा को घोर व्यथा हुई।

एक बार तो उनके मन में आया कि जब वह किसी प्रकार से अकबर की इस विशाल सेना से अपने मेवाड़ को मुक्त नहीं करवा सकते तो फिर व्यर्थ ही अपने परिवार के अबोध बच्चों तथा स्त्रियों के साथ ही मेवाड़ की प्रजा को भूख-प्यास से विकल होकर लगातार यहाँ से वहाँ भागने और जब-तब होनेवाली भिड़ंत में प्राण गँवाने के लिए मजबूर करके आखिर किसीको क्या मिलने वाला है? अगर वह अब भी अकबर से संधि कर लेते तो मेवाड़ के इन दीन-हीन किसानों तथा कारीगरों को अपना काम छोड़कर उनके साथ वन-वन भटकने को विवश तो न होना पड़ता। वे भी अपनी खेती-बारी करके आराम से पेट तो पालते। उन्हीं की जिद के कारण पूरा मेवाड़ उजाड़ कर दिया गया है और जिनकी रक्षा करने के लिए इतना कष्ट उठाया जा रहा है, वे आए दिन मौत के शिकार होते जा रहे हैं। जब मेवाड़ में कोई रह ही नहीं जाएगा और धरती ही बंजर होकर रह जाएगी तो उसके पीछे इतनी जानें गँवाकर क्या मिलनेवाला है?

कहा जाता है कि उसी दिन महारानी ने जंगली घास के दाने बीन-बीनकर, उनको चट्टान पर पीसकर किसी तरह दो रोटियाँ बनाई थीं। तीन दिन से भूखे बच्चों को खाने के लिए वे रोटी दे ही रही थीं कि सहसा एक जंगली बिल्ला झपटकर आया बच्चे के हाथ से रोटी छीनकर भाग निकला। बच्चे की चीख से स्तंभित महारानी को यह सह्य नहीं हुआ, आँखों से आँसू बह निकले। लेकिन वह कुछ बोल नहीं पाईं। क्या कहकर भूख से व्याकुल छटपटाते बच्चे को चुप करातीं! पास ही पेड़ से टेक लगाए मेवाड़ के महाराणा चट्टान पर बैठकर विश्राम कर रहे थे। उन्होंने भी यह दृश्य देखा, ज़ो उस महान् योद्धा को युद्ध से कहीं अधिक पीड़ादायक लगा। वह स्तब्ध रह गए।

कहा जाता है कि उस दिन महाराणा का धीरज पल भर के लिए भंग हो गया था। उन्होंने आवेश में मुगल बादशाह से संधि करने की इच्छा प्रकट करते हुए एक पत्र लिखकर एक दूत के हाथों उसी समय अकबर के पास भेज दिया।

पत्र पाकर अकबर को जरा भी विश्वास नहीं हुआ कि उसके घोर प्रतिद्वंद्वी ने

सचमुच हारकर संधि का प्रस्ताव किया है। उसने अपने दरबारियों को दिखा-दिखाकर यह निश्चय करने का प्रयास किया कि क्या यह वास्तव में महाराणा का हस्ताक्षर है! लेकिन किसीको महाराणा प्रताप के हस्ताक्षर की पहचान नहीं थी, तो भी उनमें से कितने ही चाटुकारिता के कारण यही कहते रहे कि महाबली शहंशाह अकबर के सामने मेवाड़ की छोटी सी रियासत का वह राणा कितने दिन टिक सकता था! उसने आखिर हार मान ही ली! फिर भी अकबर को विश्वास नहीं हो रहा था। किसीने उस पत्र को अकबर की सेवा में ही रहनेवाले पृथ्वीराज नामक एक युवा राजपूत कवि को दिखाने की राय दी। पृथ्वीराज महाराणा प्रताप के अनुज शक्तिसिंह के दामाद थे और वह स्वयं भी अपनी छोटी सी रियासत की ओर से अकबर के दरबार में रहते थे। अकबर को बताया गया कि पृथ्वीराज को अवश्य महाराणा के हस्ताक्षर की पहचान होगी।

अकबर ने उसी समय पृथ्वीराज को बुलवाकर पत्र उसके हाथ में थमा दिया। पत्र पढ़कर पृथ्वीराज को गहरी ठेस लगी। वह कुछ कह नहीं पाया।

अकबर ने पूछा, ''क्यों कुँवर, यह महाराणा ने ही लिखा है न? तुम तो उनका हस्ताक्षर पहचानते हो।''

''कदापि नहीं, जहाँपनाह!'' सहसा पृथ्वीराज ने कहा, ''मैं उनके हस्ताक्षर अवश्य पहचानता हूँ। मुझे बहुत पहले महाराणा का लिखा एक पत्र मिला था; लेकिन मुझे विश्वास तो नहीं आता कि यह उनका लिखा हुआ होगा। वैसे मेरी पत्नी तो उनकी सगी भतीजी ही है। मैं उससे निश्चय कर लेता हूँ कि महाराणा का ही हस्ताक्षर है या नहीं।''

अकबर ने अनुमति दे दी।

पृथ्वीराज जब पत्र लेकर जा रहे थे तो बाहर ही वह राजपूत दूत भी दिख गया, जो महाराणा का पत्र लेकर आया था। पृथ्वीराज उसे भी अपने साथ ही ले गए।

पृथ्वीराज की पत्नी तथा शक्तिसिंह की पुत्री सुंदरदे अपने सौंदर्य के लिए विख्यात थी। कहा जाता है कि उसकी सुंदरता के कारण उसपर अकबर की गहरी आसक्ति थी। एक बार मीना बाजार के अवसर पर अकबर ने उसे प्राप्त करने की बलात् चेष्टा भी की थी; किंतु राजपूत बाला ने उस समय अकबर की घोर भर्त्सना की थी। कहा तो यह भी जाता है कि उसने कटार निकालकर अकबर को विवश कर दिया था। लेकिन अकबर की हत्या करने की बजाय उसने कहा, 'मैं इसी क्षण आत्महत्या करके बादशाह अकबर के चरित्र की कहानी पूरी दुनिया के सामने खोलकर रख दूँगी कि प्रजा की रखवाली करने का दंभ भरनेवाला शहंशाह किस

तरह से अपनी प्रजा की रखवाली करता है और मीना बाजार का बहाना करके किस प्रकार अपनी कामुकता की तृप्ति करता है। कहा जाता है कि अकबर ने उससे क्षमा माँगी और उसके बाद मीना बाजार को तो बंद नहीं किया, लेकिन स्वयं जो छद्म वेश में मीना बाजार जाकर सुंदरियों के साथ मन बहलाता था, वह सिलसिला बंद कर दिया था।

पृथ्वीराज ने अपनी पत्नी सुंदरदे को महाराणा का लिखा हुआ पत्र दिखाया तो उसकी आँखें फैली-की-फैली रह गईं। हस्ताक्षर तो महाराणा के ही थे; किंतु उसे विश्वास नहीं हो रहा था कि यह बात सच होगी। वस्तुतः महाराणा के प्रति उनके विरोधियों के भीतर भी एक ऐसी आस्था थी, जो उनको यह मानने नहीं देती थी कि महाराणा कभी अकबर के सामने झुकना स्वीकार करेंगे। यह एक सच्चाई है कि जो राजपूत जीवन में महाराणा की भाँति अपनी आन नहीं रख सके थे और विवश होकर अकबर की अधीनता स्वीकार करके उसके दरबार में हाजिरी देने लगे थे, उनमें से कितने ही ऐसे थे जिनके मन में महाराणा की विजय और उनकी आन के प्रति सम्मान का भाव था। वे कल्पना में भी यह नहीं चाहते थे कि महाराणा किसी भी संकट में अपनी आन छोड़कर अकबर के सामने घुटने टेक दें। सच्चाई तो यह है कि महाराणा उस समय विवश राजपूतों के लिए भी आशा के वह शिखर थे, जिसके साथ उन सबका मान-सम्मान जुड़ा हुआ था।

पति-पत्नी ने परस्पर विचार-विमर्श के बाद यही निश्चय किया कि कौन जाने किसी अत्यंत विकट पल में महाराणा ने क्षणिक आवेश में आकर ऐसा निर्णय कर ही लिया हो; किंतु निश्चय ही वह अब इस आवेश अथवा भावावेश से मुक्त हो गए होंगे। ऐसी स्थिति में इस पत्र को महत्त्व देकर महाराणा की आन पर संदेह करना ही अनुचित है।

पृथ्वीराज ने तत्काल महाराणा को एक पत्र लिखा और उस दूत को काफी धन-रत्न आदि देकर वहाँ से विदा कर दिया। उन्होंने दूत को सबकुछ समझाकर मुगलों से बचने की युक्ति भी बता दी और उसे बाहर निकलने में सहायता की।

बाद में अकबर ने जब पूछा तो पृथ्वीराज ने स्पष्ट इनकार कर दिया। उन्होंने कहा, ''अवश्य किसीने बादशाह सलामत के हुजूर में गुस्ताखी की है। वह पत्र महाराणा द्वारा नहीं लिखा गया था।'' संदिग्ध दूत की खोज होने लगी कि वह किसके इशारे पर महाराणा की ओर से लिखा वह पत्र लेकर आया था। लेकिन वह अब कहाँ से मिलता! पृथ्वीराज ने तो उसी समय अकबर को सूचित कर दिया था कि वह तो दूत को अपने साथ इसलिए ले गए थे कि शायद उनकी पत्नी सुंदरदे

अपने ताऊ को अब यह संघर्ष बंद करके जहाँपनाह की बात मान लेने को कहे; लेकिन संभवत: दूत पहले ही भय से निकल भागा।

पृथ्वीराज का वह पत्र पद्य में ही लिखा गया था। उसमें महाराणा से यही प्रश्न किया गया था कि यदि महाराणा रूपी सूर्य ही अस्त होने को आ गया है तो संसार को उजाला दिखानेवाला और कौन है! इसी बात को उन्होंने कविता में ऐसे ओज भरे शब्दों में कहा था कि पढ़कर स्वयं महाराणा भी फड़क उठें। वैसे तो दूत से पत्र भेजने के बाद कुछ ही पलों में महाराणा अपनी निर्बलता से मुक्ति पा गए थे और वह पहले की भाँति ही मुगलों से टक्कर लेने के लिए तत्पर हो गए थे; लेकिन यह कथा उस महानायक की मानवीय भावनाओं पर प्रकाश डालती है।

बारह

महाराणा प्रताप ने अपना सर्वस्व त्यागकर मेवाड़ की स्वतंत्रता के लिए आजीवन संघर्ष करने का व्रत तो ले ही रखा था, लेकिन अब वह समझ नहीं पा रहे थे कि साधन तथा धन से विहीन होकर वह यह संघर्ष कब तक चलाते रह सकेंगे। अंत में उन्होंने यही निश्चय किया कि अब मेवाड़ की रक्षा करने का एक ही उपाय है कि वह स्वयं ही इस धरती को छोड़कर चले जाएँ। जब तक वह यहाँ रहेंगे तब तक उन्हें पकड़ने के लिए अकबर की सेनाएँ मेवाड़ पर बार-बार हमला करके उसे हानि पहुँचाती रहेंगी। कितने ही निर्दोष व्यक्ति इसी प्रकार मौत के घाट उतारे जाते रहेंगे और एक दिन मेवाड़ की धरती बंजर होकर रह जाएगी।

इस समय तक मुगलों ने लगभग पूरे मेवाड़ पर कब्जा कर लिया था और जिन पहाड़ियों व जंगलों पर अब तक उनका अधिकार नहीं था, वहाँ एक तरह से कुछ भी ऐसा नहीं था कि उसके बल पर इस संघर्ष को और लंबे समय तक चलाया जा सकता।

एक दिन महाराणा अपने परिवार को लेकर मेवाड़ की मरुभूमि के किनारे पहुँचे और अपने निश्चय से अपने साथियों को अवगत करा दिया। बोले, ''अब तो ऐसे भी मेवाड़ पर मेरा अधिकार नहीं रहा। मुगलों ने इसको हमसे लगभग छीन ही लिया है और इसका राजकाज भी अब वही चला रहे हैं। ऐसे में मेरे होने से अब मेवाड़ की हानि ही हो रही है। मैं यह सब देखते हुए भी इसकी रक्षा के लिए कुछ कर नहीं पा रहा हूँ, बल्कि उलटे आप सब पर बोझ बनकर रहता हूँ। अत: अब मेरा यहाँ से चले जाना ही उचित होगा।''

मेवाड़ की रक्षा के लिए महाराणा के साथ रात-दिन संघर्ष में जुटे रहनेवाले राजपूत योद्धाओं तथा भील सरदारों पर तो मानो वज्रपात हो गया था। वे तो सपने में भी ऐसी कल्पना नहीं करते थे कि एक दिन अपने महाराणा से अलग होना पड़ेगा। उस समय सलुंबर के रावकृष्ण चूडावत और महाराणा के प्रधानमंत्री रामा महासाहाणी भी वहीं थे; लेकिन उनकी समझ में नहीं आ रहा था कि महाराणा को कैसे रोकें? महाराणा की बात तो एक सीमा तक सही ही थी। वह अपने परिवार को लेकर वर्षों से वन-वन भूखे-प्यासे भटक रहे हैं और जहाँ तक बना, शत्रु से टक्कर लेते ही रहे हैं; लेकिन जब कोई साधन नहीं रहा और धन का कोई उपाय भी नहीं किया जा सकता तो अब आखिर मेवाड़ के लिए और किया ही क्या जा सकता है?

उस समय लगभग सभी सामंत तथा भील सरदार वहाँ उपस्थित थे; किंतु कोई भी महाराणा के निर्णय के विरुद्ध एक शब्द भी नहीं कह पा रहा था। कहते भी क्या! महाराणा प्रताप ने तो आज तक कभी अपनी सुख-सुविधा की लालसा से कोई ऐसा कार्य नहीं किया था कि उन्हें किसी भी प्रकार मेवाड़ की दुर्दशा के लिए दोषी कहा जाता। महाराणा के आत्मोत्सर्ग और मेवाड़ की स्वतंत्रता के प्रति उनकी निष्ठा की भावना तो इतिहास में अपनी उपमा आप ही बन गई थी। संसार के सबसे विशाल साम्राज्य के उच्चाकांक्षी सम्राट् से मेवाड़ के लिए वर्षों तक निरंतर संघर्ष करके महाराणा प्रताप ने सिद्ध कर दिया था कि हार और जीत वास्तव में किसी सेना अथवा शारीरिक बल की नहीं, वरन् मन की होती है। महाराणा प्रताप का मनोबल अदम्य था। वह राजभवनों को त्यागकर लगातार अपने रनिवास तथा पुत्रों के साथ वन-वन और पहाड़ियों की कंदराओं में रात-दिन भटकते रहे। उन्होंने मेवाड़ के रत्नों, स्वर्ण एवं रजत मुद्राओं से भरे राजकोष का उपयोग कभी अपनी विलासिता के लिए नहीं किया। राजभवन का राजसुख भोगने की इच्छा उनको कभी नहीं व्यापी। अपने प्रिय मेवाड़ के लिए फूलों की सेज त्यागकर उन्होंने अपने लिए काँटों की सेज चुन ली थी।

मुगलों ने अब तक एक विशेष भाग को छोड़कर मैदानी तथा उर्वरा धरतीवाले मेवाड़ के तमाम क्षेत्रों को अधिकार में करके उजाड़ कर डाला था। लूटने से ही उनको संतोष नहीं हुआ था, कितने ही संपन्न और हरे-भरे क्षेत्रों को उन्होंने आग लगाकर भस्म कर दिया था। अब जो थोड़ा सा पहाड़ी तथा जंगली इलाका रह गया था, मुगल सेना लगातार घेरकर महाराणा को पकड़ने के लिए उसे भी उजाड़ देने पर आमादा थी। ऐसे में महाराणा ने मेवाड़ से चले जाने का निर्णय केवल इसी विचार से किया था कि शायद तब शत्रु कम-से-कम मेवाड़ का विनाश करने की

जिद छोड़कर शायद वहाँ से हट जाने की सोचे।

लेकिन मेवाड़ की धरती अपने रक्षक को ऐसे ही छोड़ने को तैयार नहीं थी। अमात्य भामाशाह अपने युवा भाई ताराचंद के साथ अचानक वहाँ आ पहुँचे। उन्होंने अपना मस्तक धरती पर रखकर महाराणा की जुहार की और कहा, ''घड़ीखम्मा! हमने अभी-अभी भील सरदार पुंजा से सुना कि अन्नदाता इस धरती से रुष्ट होकर इसे ही त्याग देने को तत्पर हो गए हैं!''

महाराणा ने धीरे से कहा, ''अपनी आँखों से मेवाड़ को अब नाहक ही मुगलों द्वारा उजाड़ते नहीं देखा जाता, भामाशाह! मेरे चले जाने पर अकबर को कम-से-कम मेवाड़ पर कहर ढाने की जरूरत नहीं रह जाएगी। अब तो ऐसा ही लगता है कि वह केवल मेरे कारण पूरे मेवाड़ का विनाश करने पर तुला है। मैं तो अब इतना समर्थ रहा नहीं। मुगलों की विशाल सेना से टक्कर लेने के लिए जितनी युद्ध सामग्री और रसद की जरूरत होगी, वह इन पहाड़ियों और जंगलों से तो नहीं अर्जित की जा सकती! उसके लिए पर्याप्त राशि चाहिए। इतनी धन-संपदा अब मेवाड़ के देशभक्त लोग कहाँ से जुटा पाएँगे? वे तो पहले ही अपनी उपजाऊ धरती तक छोड़कर हमारे साथ वन-वन भटक रहे हैं।''

सहसा भामाशाह ने अपने भाई की ओर देखा और स्वयं अपने साथ आए भील युवा को बुलाकर, उसके पास सुरक्षित चर्मकोषों को खोलकर उसी चट्टानी धरती पर सोने और चाँदी की अनगिनत मुद्राएँ उड़ेल दीं। हाथ जोड़कर बोले, ''घड़ीखम्मा! यह सारा धन आपका ही है। इसको लेकर आप मेवाड़ की रक्षा के लिए जो भी करना चाहें, करें।''

वहाँ उपस्थित सरदारों की आँखें चमक उठीं। वे विस्मित से उस विशाल कोष की ओर देखते रह गए।

महाराणा ने कहा, ''भामाशाह, यह तुम्हारा धन है। मैं तुम्हारे धन को लेकर इस प्रकार कैसे लुटा सकता हूँ? इसे तुम अपने पास ही रखो।''

भामाशाह ने करबद्ध विनती की, ''अन्नदाता, हम तो आपका दिया हुआ ही खाते हैं और आपका दिया हुआ ही जीते हैं। यह मेवाड़ की धरती हमारी माँ है। इसके निमित्त आप तो अपना सारा राजसुख तक निछावर करके जूझते रहे हैं। ऐसे में यह धन यदि आप किसी भी प्रकार हमारी माँ की स्वतंत्रता के लिए खर्च करते हैं, तो यह हमारे लिए महान् गौरव की बात होगी। आप जो चाहें, जैसे भी चाहें, इसका उपयोग करें। हमें तो अपने अन्नदाता पर विश्वास है। अपनी धरती माँ की स्वाधीनता के लिए अपना सिर कटवाना हो तो हमें आप सदा तत्पर ही पाएँगे।''

भामाशाह ने गलत नहीं कहा था। हल्दीघाटी के युद्ध के समय ताराचंद सहित भामाशाह ने महाराणा के साथ ही सेना के मध्य में रहकर अपूर्व पराक्रम दिखाया था और अंगरक्षक की भाँति हर पल महाराणा के साथ-साथ लगे रहे थे। इस समय भामाशाह ने ऐसे अवसर पर इतनी संपदा देकर एक प्रकार से मेवाड़ के स्वतंत्रता संग्राम के बुझ रहे दीये में घृत डालने का काम किया था। महाराणा ने मेवाड़ छोड़कर जाने का विचार त्याग दिया और उसी धन से रसद तथा आवश्यक युद्ध-सामग्री का प्रबंध करके वह फिर से मुगलों को टक्कर देने की तैयारी में जुट गए। मेवाड़ के सभी सामंतों तथा भील सरदारों में नया उत्साह जाग उठा।

इस विषय में कई मत हैं कि भामाशाह को उस समय इतना धन कहाँ से मिला था। कुछ इतिहासकारों का मत है कि ताराचंद और भामाशाह ने मेवाड़ से रामपुरा जाने के बाद मालवा के गाँवों को लूटकर यह धन एकत्र किया था। कुछ का कहना है कि यह भामाशाह की अपनी ही संपत्ति थी। कुछ इतिहासकार यह तर्क देते हैं कि उन दोनों भाइयों को मालवा के राव ने उस समय संरक्षण दिया था तो उसने भामाशाह को अपने गाँवों को लूटने की अनुमति कैसे दी होगी? कुछ का मत है कि वे मालवा में रामपुरा की ओर जाते समय ही बीच के गाँवों को लूटकर यह संपत्ति एकत्र करते हुए गए थे। जो भी रहा हो, यह तो मानना ही होगा कि उस समय मेवाड़ और महाराणा के लिए भामाशाह ने जो अपूर्व त्याग किया था, वह इतिहास में अनुपम उदाहरण बन गया।

महाराणा की ओर से भामाशाह को इसका पुरस्कार भी मिला। मेवाड़ के संकट में सदा काम आनेवाले भामाशाह को मेवाड़ का महामंत्री बनाकर उन्होंने भामाशाह का उचित सम्मान किया।

उन्हीं दिनों शहबाज खाँ लगभग पाँच महीने तक महाराणा को पकड़ने के लिए मेवाड़ को उजाड़ता हुआ वहाँ के जंगलों और पहाड़ियों की खाक छानते रहने के बाद भी विफल रहा, तो वापस अकबर के पास फतहपुर सीकरी चला गया। यह अवसर पाते ही महाराणा अपनी सेना को शस्त्रों तथा साधनों से सुसज्जित करके पुनः बाहर निकल आए और मुगलों द्वारा अधिकृत स्थानों पर आक्रमण करके उन्हें फिर अपने अधिकार में लेने का प्रयास करने लगे।

भामाशाह से मिले धन से अपनी सेना का पुनर्गठन करने के बाद महाराणा ने अन्य स्थानों पर कब्जा करने के साथ ही मुगलों के मजबूत थाने दिवेर पर आक्रमण कर दिया। शहबाज ने दिवेर पर सुलतान खाँ मुगल मुख्तार को थानेदार बनाकर उसके साथ काफी फौज भी रख दी थी। महाराणा ने उसपर हमला कर दिया। नए

जोश से भरपूर राजपूत सैनिकों ने हल्दीघाटी की पराजय का बदला लेने की ठान ली थी। राजपूतों के प्रबल आक्रमण के सामने मुगल सिपाहियों का टिकना कठिन हो गया। इस आक्रमण में युवराज अमरसिंह भी अगले मोरचे पर ही थे। उनकी सुलतान खाँ से सीधी भिड़ंत हो गई। कहा जाता है कि उस समय अमरसिंह ने बरछे का इतना करारा आघात किया कि बरछा सुलतान खाँ मुगल को छेदते हुए उसके घोड़े को भी छेदकर धँसा रह गया। घोड़े सहित सुलतान खाँ नीचे गिर पड़ा। वह अचानक उस युवक योद्धा को देखने के लिए उत्कंठित हो गया, जिसने बरछे का आघात किया था।

अमरसिंह उसे निकाल नहीं पाए। तब महाराणा ने ललकारकर उनको बरछा निकाल लेने का आदेश दिया। अमरसिंह सामने आ गए और एकाएक पाँव टेककर उन्होंने बरछा खींच लिया। सुलतान खाँ ने उन्हें प्रत्यक्ष देखने के साथ ही प्राण त्याग दिए।

सुलतान खाँ के मरने से मुगलों में घबराहट फैल गई। ठीक उसी समय सहसा एक राजपूत ने अपनी तलवार के प्रहार से एक हाथी का पाँव ही काट डाला। चिंघाड़ता हुआ हाथी मुगलों की सेना को तीन पाँवों के ही बल रौंदता हुआ भाग निकला। फिर तो दिवेर की शाही सेना के पाँव उखड़ गए। मुगल फौजी मैदान छोड़कर भाग निकले। 'हर-हर महादेव' और 'भगवान् एकलिंग की जय' के नारे के साथ राजपूतों ने उनको दूर तक खदेड़ दिया। इस प्रकार दिवेर पर महाराणा का अधिकार हो गया। किंतु महाराणा इतने पर ही रुक नहीं गए। उन्होंने लगे हाथों दूसरे शाही थानों पर भी हल्ला बोल दिया। कुंभलगढ़ के निकट ही स्थित हमीरसरा पर कब्जा जमाकर मेवाड़ की सेना सीधे कुंभलगढ़ की ओर झपट पड़ी और थोड़े से ही संघर्ष के बाद उन्होंने मुगलों को परास्त करके कुंभलगढ़ पर भी अधिकार कर लिया।

फिर तो महाराणा के वीर सैनिकों ने रुकने का नाम ही नहीं लिया। कुंभलगढ़ पर विजय करने के बाद वे जावर, छप्पन तथा वागर के पहाड़ी क्षेत्रों को एक-एक करके जीतते हुए आखिर चावंड नामक स्थान तक पहुँच गए। चावंड देवी चामुंडा के मंदिर के नाम पर 'चामुंड' कहा जाता था, जो धीरे-धीरे अपभ्रंश के कारण 'चामुंड' से 'चावंड' रह गया था। वह स्थान महाराणा को सामरिक दृष्टि से इतना पसंद आया कि उन्होंने वहीं पर अपनी अस्थायी राजधानी बनाने का निश्चय कर लिया। सबसे पहले उन्होंने चामुंडा देवी के मंदिर का जीर्णोद्धार करवाया और मुगलों द्वारा उजाड़कर बरबाद किए गए स्थानों को फिर से बसाया।

मेवाड़ से शहबाज खाँ के जाने के कुछ ही दिनों बाद मेवाड़ की नई युद्ध सामग्री से सुसज्जित सेना ने एक पल का विश्राम किए बिना ही मुगलों के अधिकार में फँसी बस्तियों का उद्धार करके उन्हें फिर से बसाकर संपन्न बनाने का प्रयास आरंभ कर दिया।

कुछ ही दिनों के भीतर मेवाड़ का अधिकांश क्षेत्र फिर से महाराणा प्रताप के अधिकार में आ गया और पहले की तरह ही मेवाड़ की उन्नति का प्रयत्न किया जाने लगा। तब तो मेवाड़ के राजपूतों के उत्साह की सीमा नहीं रही। वे हुमसकर मेवाड़ ही नहीं, मालवा में भी मुगलों के थानों और उनके विजित क्षेत्रों पर हमला कर-करके उनको जीतने और लूटने लगे। स्थान-स्थान पर मुगलों के शिविरों पर धावा बोल-बोलकर उन्होंने मुगल फौज को नष्ट करना आरंभ कर दिया था। इस प्रकार वे मेवाड़ तथा राजपूतों के अपमानों का बदला गिन-गिनकर ले रहे थे। लेकिन महाराणा के कुछ आदेश बहुत कठोरता से लागू थे, जैसे—किसी भी स्थिति में मुगलों अथवा किसी भी शत्रु की स्त्रियों का किसी भी प्रकार से अपमान करने पर अथवा उनसे दुर्व्यवहार करने पर अपराधी को महाराणा के कोप का भाजन बनना पड़ता था। वैसे भी शूरवीर परंपरा के राजपूत योद्धा स्त्रियों पर किसी प्रकार के अत्याचार को हेय दृष्टि से देखते थे; लेकिन वे शत्रु पक्ष के सैनिकों को दंड देने में कभी चूक नहीं करते थे। हाँ, कोई हथियार डाल दे अथवा हाथ जोड़कर या मुँह में दाब (तिनका) आदि लेकर शरणागत हो जाए, तो बात ही और थी।

लेकिन मुगलों में ऐसी कोई नैतिकता नहीं थी और वे कभी शत्रु से किसी प्रकार की उदारता नहीं दिखाते थे। यद्यपि कुछ मामलों में स्पष्ट रूप से स्वयं मुगल बादशाह अकबर अवश्य उदार कहा जा सकता है। जैसे कुछ दिनों बाद महाराणा को पकड़ पाने में मिली विफलता के कारण शहबाज का इरादा राजपूतों को धार्मिक स्तर पर दंड देने का था; किंतु अकबर ने तब तक 'दीन-ए-इलाही' का सिद्धांत अपना लिया था। उसे किसी प्रकार इसलाम के नाम पर अत्याचार करके अन्य धर्मों को बरबाद करना पसंद नहीं था। उसने अपने किसी सिपहसालार को ऐसा कोई हुक्म नहीं दिया था कि वे हिंदुओं के मंदिरों को नुकसान पहुँचाएँ अथवा उनके धर्म-कर्म में कोई बाधा डालें।

सच बात तो यह है कि अकबर और महाराणा प्रताप की लड़ाई किसी भी तरह से धर्म की लड़ाई न होकर साम्राज्य और एक छोटे से राज्य की स्वाधीनता की राजनीतिक लड़ाई ही थी। इसका उदाहरण हल्दीघाटी के युद्ध में भी स्पष्टत: देखने को मिला था। महाराणा की सेना के हरावल दस्ते का सेनापतित्व उस समय

हाकिम सूर नामक मुसलमान सेनानी कर रहा था तो अकबर की मुगल सेना का सेनापति मानसिंह राजपूत था। महाराणा के सहायकों में भी अनेक मुसलमान योद्धा थे, जिनमें से जालौर का ताज खाँ प्रमुख था।

इसी समय एक घटना घट गई। शहबाज खाँ मेवाड़ को छोड़कर पंजाब की ओर जा रहा था, तभी बस्सी नामक गाँव के पास भामाशाह के भाई ताराचंद से उसकी मुठभेड़ हो गई। ताराचंद के पास कोई विशेष सेना भी नहीं थी। उसे ऐसी किसी टक्कर की न तो आशंका ही थी, न तैयारी ही। फिर भी राजपूत सेना ने मुगलों से जमकर युद्ध किया। ताराचंद उस समय बुरी तरह आहत हो गया। लेकिन राव चैनदास ने समय पर उसकी सहायता की और उसका उपचार करवाया। जब ताराचंद स्वस्थ हो गया तो राव चैनदास स्वयं उसे साथ लेकर महाराणा के पास आया था। महाराणा ने चावंड में उनका स्वागत किया। इस घटना का कोई विशेष प्रभाव नहीं हुआ।

महाराणा ने मेवाड़ का हारा हुआ अधिकांश भाग फिर से अपने अधिकार में कर लिया था; लेकिन चित्तौड़ अब भी मुगलों के अधिकार में ही था। इस बीच महाराणा का ध्यान अपने पुराने मित्र राज्यों की ओर गया, जो अब उनके साथ नहीं रह गए थे। आक्रमण के पहले ही अकबर ने महाराणा के मित्रों को तोड़कर उन (महाराणा) की शक्ति को क्षीण करने का निश्चय करके उनके कई मित्र राज्यों को अपने अधिकार में कर लेने की नीति अपनाई थी। उस समय उसने आमेर के राजा भगवानदास कछवाहा की सहायता से सबसे पहले डूँगरपुर के राव आसकरण तथा बाँसवाड़ा के राव प्रतापसिंह को अपनी ओर मिलाकर उन्हें मुगलों की अधीनता स्वीकार कर लेने के लिए तैयार कर लिया था।

मेवाड़ की स्थिति के थोड़ा सँभलते ही महाराणा प्रताप ने उन दोनों राज्यों को फिर से अपनी ओर करने के उद्देश्य से रावत मान के सेनापतित्व में एक सेना उनपर चढ़ाई करने के लिए रवाना कर दी। इस अभियान में उनका सहयोग करने के लिए महाराणा के मामा जोधपुर के राव चंद्रसेन भी आ पहुँचे थे। बाँसवाड़ा और डूँगरपुर की सेनाओं ने एक होकर सोम नदी के तट पर रावत मान का सामना किया। संभवत: उनकी ओर से मुगल सैनिक भी लड़ रहे थे। इस बार युद्ध का संचालन खाँटी राजपूत शैली में नहीं हो रहा था। उनकी पद्धति पर मुगलों के रण-कौशल का प्रभाव स्पष्ट था। घमासान युद्ध हुआ और स्वयं रावत मान का पुत्र इस युद्ध में वीरतापूर्वक आगे रहकर लड़ता हुआ वीरगति को प्राप्त हुआ। लेकिन अंतत: महाराणा की सेना ने उन दोनों राज्यों की संयुक्त सेना को पराजित कर

दिया। इस युद्ध के परिणामस्वरूप दोनों ही राज्य—डूँगरपुर तथा बाँसवाड़ा—फिर से महाराणा के अधीन हो गए।

वैसे इस युद्ध के विषय में कुछ इतिहासकारों के अलग मत हैं। कहा जाता है कि इन दोनों राज्यों का मुगल प्रभाव में रहना मेवाड़ की सुरक्षा की दृष्टि से जोखिम भरा था। अत: महाराणा उन्हें अपनी ओर मिलाने के प्रयास करते रहे। पहले तो उन्हें वार्त्ता द्वारा अपनी ओर मिलाने का प्रयास किया जाता रहा; मगर जब काम नहीं बना तो उनके विरुद्ध सेना भेजी गई थी। लेकिन उस युद्ध में बाँसवाड़ा तथा डूँगरपुर की ओर से मुगल फौज भी लड़ रही थी और महाराणा की सेना उन्हें जीतने में विफल रही। हाँ, इसका मात्र इतना ही लाभ हुआ था कि कुछ समय तक उसी ओर मुगलों के उलझे रहने से महाराणा को शेष मेवाड़ के अपने थानों को सुदृढ़ करने का अवसर जरूर मिल गया था। अत: यही कहा जा सकता है कि महाराणा ने कूटनीतिक सफलता अवश्य प्राप्त की थी। इसी कूटनीति का एक अंग यह रहा कि जब डूँगरपुर के राव आसकरण ने मुगलों का आधिपत्य स्वीकार कर लिया तो उसका पुत्र सहसमल पिता के इस कायरता भरे निर्णय से क्षुब्ध होकर डूँगरपुर से मेवाड़ चला आया था। महाराणा प्रताप ने उसे अपने यहाँ शरण दी और समय आने पर उसे डूँगरपुर के राजसिंहासन पर बैठाने का आश्वासन भी दिया था। इस प्रकार उन्होंने डूँगरपुर के राजकुल को निर्बल करने में सफलता पाई थी और अपना पक्ष मजबूत कर लिया था।

छह महीने के भीतर ही महाराणा प्रताप द्वारा मेवाड़ में किए जा रहे अभियान और उसकी सफलता के विषय में जब अकबर को खबर मिली तो वह बेहद चिंतित हुआ। महाराणा ने महीनों की मेहनत से मेवाड़ में बैठाए गए समस्त मुगल थानों को इस बीच उठा दिया था और अनेक महत्त्वपूर्ण स्थानों पर अधिकार जमा लिया था। इस प्रकार वह फिर से उतने ही शक्तिशाली हो गए थे जितने मुगल आक्रमण के पहले थे। यह बात अकबर को बहुत खल रही थी कि उसके सिपहसालारों के सारे किए-कराए पर पानी फिर गया था। कहाँ तो खबर मिला करती थी कि जिंदगी से तंग महाराणा अब मेवाड़ छोड़कर जंगलों में जाने ही वाला है और कहाँ अब पता लगता है कि वह दोबारा अधिकांश मेवाड़ को जीतकर फिर से अपना शासन जमाने में लगा है। अकबर को यह भी पता लगा कि महाराणा चावंड में अपनी नई राजधानी का निर्माण भी करवा रहा है।

एक बार फिर अकबर के मन में मेवाड़ और महाराणा को पूरी तरह से नेस्तनाबूद कर देने का इरादा सिर उठाने लगा। उसने काफी विचार करने के बाद

फिर से महाराणा प्रताप को पकड़कर सजा देने की जिम्मेदारी शहबाज खाँ को ही सौंप दी; क्योंकि अब तक मेवाड़ पर हमला करनेवाले तमाम सिपहसालारों में शहबाज खाँ ही सबसे ज्यादा सफल रहा था।

इस बार शहबाज खाँ की सहायता के लिए फिर कई प्रमुख मुगल सिपहसालार दिए गए थे। उनमें से प्रमुख थे—गाजी खाँ, मीरजाद, मुहम्मद हुसेन, शेख तिमूर बादख्शी, अली खान आदि। अकबर ने उनके जाते-जाते उन्हें सख्ती से हुक्म दिया था कि अगर इस बार महाराणा का पूरी तरह दमन किए बिना कोई वापस आया तो उसका सिर कलम कर दिया जाएगा।

हाँ, इस बार अकबर ने अपने सिपहसालारों को बहुत बड़ी मात्रा में धन भी दिया था कि जहाँ मौका लगे तो वह राजपूत सरदारों को धन का प्रलोभन देकर भी अपनी ओर मिला सकता है। यह तो जाहिर ही था कि प्रताप को तभी अधीनता स्वीकार कर लेने के लिए मजबूर किया जा सकता है जब चारों ओर से उसके मित्रों को खत्म कर दिया जाए और रसद आदि मिलने के तमाम रास्तों को काटकर मित्रों से उसे हीन कर दिया जाए।

हथियार, विशाल फौज तथा अथाह धन-संपदा से संपन्न होकर शहबाज खाँ दोबारा मेवाड़ पर चढ़ आया और जहाँ भी मौका लगा, लूटमार करता हुआ फिर से थाने पर थाने जमाता हुआ मेवाड़ के विभिन्न भागों को रौंदता रहा। पहले की तरह ही उसे दोबारा जहाँ भी महाराणा प्रताप के होने की खबर मिली, उसने वहीं उन्हें घेरने की कोशिश की; लेकिन कहीं सफलता नहीं मिली। राजपूतों को धन से खरीदकर महाराणा को पकड़ने की कल्पना तो कल्पना ही रही। वह काफी दिनों तक सिर धुनने के बाद आखिर दोबारा पहाड़ियों के चक्कर काटता रहा; क्योंकि उसके हमले की सूचना पाते ही महाराणा ने एक बार फिर अपने रनिवास तथा परिजनों और सामंतों के परिवारों के साथ महलों को छोड़कर जंगलों और दुर्गम पहाड़ियों का आश्रय ले लिया था।

शहबाज की सारी युक्तियाँ बेकार हो गईं। महाराणा को उसके हाथ न आना था, न आए। शहबाज फिर मुगलों के थाने जमाता हुआ अनेक स्थानों को दोबारा जीतकर वापस फतहपुर चला गया।

वहाँ पहुँचकर उसने अकबर को अपनी विजय के तमाम कारनामे सुनाए। साथ ही उसने उसे एक कुटिलता भरी सलाह भी दे डाली कि "ऐसे तो राजपूतों को तोड़ पाना जरा मुश्किल ही लगता है; लेकिन अगर शहंशाह हुक्म दें तो उनके धर्म पर हमला करके उन्हें जरूर तोड़ा जा सकता है।" शहबाज खाँ ने अपना

अनुभव सुनाकर अकबर को यकीन दिलाना चाहा कि ये राजपूत अपने मजहब के मामले में बड़े ही कट्टर हैं और अपने देवी-देवताओं या फिर औरतों के मामले में जोर-जबरदस्ती सहन नहीं कर पाते। अगर इनके धर्म पर हमला किया जाए तो वे जरूर कमज़ोर होकर हमारी बात मानने के लिए तैयार हो जाएँगे।

अकबर इन कई वर्षों के अनुभव से कुछ और ही समझ चुका था। उसे अब हिंदुस्तान के तमाम हिंदू राव-राजाओं की मित्रता के बाद इतना तो अनुभव हो ही गया था कि अगर हमें हिंदुस्तान पर शासन करना है तो हिंदुओं से दोस्ती बनाए रखनी होगी। हम उनके मित्र बनकर ही उन्हें अपने साथ रख सकते हैं। बरबस उन्हें हरा देने पर भी उनकी इच्छा के विपरीत अपने काबू में नहीं किया जा सकता। इसका सबसे बड़ा प्रमाण महाराणा प्रताप ही थे। वर्षों पूर्व जब उसने चित्तौड़गढ़ पर विजय प्राप्त की थी तो उसके सामने कितने ही मंदिर भी तोड़े गए थे और तीस हजार निर्दोष नागरिकों का कत्लेआम भी उसने करवाया था; लेकिन आज वह समझ गया था कि वह सब गलत ही रहा। प्रताप तो उसी घटना का नतीजा है। फिर इधर अकबर खुद भी मानवता के आधार पर 'दीन-ए-इलाही' नामक धर्म को स्थापित करने का प्रयास कर रहा था। ऐसे में उसे शहबाज खाँ की सलाह जरा भी अच्छी नहीं लगी और उसने इस बात को मानने से साफ इनकार कर दिया।

तो भी अकबर ने इतना तो जरूर महसूस किया कि पिछले तीन महीनों के इस अभियान में शहबाज खाँ ने मेवाड़ के तमाम जीते हुए इलाकों पर दोबारा कब्जा कर लिया था और एक बार फिर मेवाड़ के जमते हुए राजशासन को बरबाद करके उसके शत्रु को पहाड़ों और जंगलों में भटकने के लिए मजबूर कर दिया था। इस कारण उसने अपने हुक्म के मुताबिक उन लोगों को कोई कठोर सजा नहीं दी और महाराणा प्रताप को अपने अधीन करने की कोई और जुगत सोचने लगा।

□

मेवाड़ से शहबाज खाँ के दोबारा जाते ही महाराणा अपनी नीति के अनुसार फिर से सक्रिय हो गए और मेवाड़ में दोबारा हलचल शुरू हो गई। इस बार महाराणा ने और भी गहरी नीति से काम लिया। उनके संकेत पर इस बार जोधपुर के राव चंद्रसेन ने भी अपनी राजगद्दी के लिए विद्रोह कर दिया। अकबर को चंद्रसेन की ओर से ऐसी ही आशंका थी; लेकिन यह उम्मीद नहीं थी कि महाराणा प्रताप के साथ ही राजपूताना में एक और राज्य में विद्रोही खड़े हो जाएँगे। उसने पायंद मुहम्मद खाँ को एक बड़ी फौज के साथ चंद्रसेन के विद्रोह का दमन करने के लिए भेजा। चंद्रसेन ने उस समय अपनी सेना के साथ राजपूताना में अकबर के

खास मुकाम अजमेर की ओर ही कूच कर दिया था।

अकबर को महाराणा प्रताप की 'विद्रोही' गतिविधियों की जानकारी मिली तो वह बौखला उठा। इस तरह तो वह बार-बार न जाने कितना नुकसान उठाकर अपनी फौजें भेजता रहेगा और मेवाड़ का यह जरा सा 'राजपूत राजा' पहाड़ियों में छिपकर उसके हर अभियान को बेकार करता रहेगा। मुगल फौज के हटते ही वह फिर जंगल से निकलकर अपनी कारखाइयाँ करने लगेगा।

अकबर बार-बार अजमेर में ख्वाजा की दरगाह पर आकर मन्नतें मानता और महाराणा को परास्त करने की दुआएँ माँगकर उनपर हमला कर देता; लेकिन उसकी मुराद पूरी हो ही नहीं पाती थी। अकबर किसी भी कीमत पर मेवाड़ पर अपना प्रभुत्व जमाना चाहता था। अत: एक बार फिर वह अजमेर आया और दरगाह पर दुआएँ माँगने के बाद वह स्वयं इस बार साँभर नामक जगह पर जा पहुँचा। यह सन् १५७८ का अक्तूबर का महीना था।

साँभर से उसने फिर एक बार शहबाज खाँ को ही सेनापति बनाकर अपनी फौज के साथ मेवाड़ पर हमला करने का हुक्म दिया। पूरी तैयारी कर लेने के बाद शहबाज खाँ फिर मेवाड़ पर चढ़ाई करने को तत्पर हो गया। ९ नवंबर, १५७९ को शहबाज खाँ ने विशाल सेना के साथ तीसरी बार मेवाड़ के लिए कूच किया। इस बार भी अकबर ने शहबाज खाँ तथा उसके साथ जानेवाले तमाम सिपहसालारों को सख्ती से हुक्म दिया था कि अबकी बार वे किसी भी कीमत पर महाराणा को नेस्तनाबूद करके ही मेवाड़ से वापस आने की सोचें, वरना उन्हें कड़ी सजा दी जाएगी।

शहबाज खाँ या कोई भी सिपहसालर तो हरदम इस बात के लिए तैयार ही रहता था कि उसे ही महाराणा जैसे सख्तजान दुश्मन को खत्म करने का सेहरा अपने सिर बँधवाने का मौका मिले; लेकिन वह कोई ऐसे कामचोर मजदूर तो थे नहीं कि इनाम पाने के लालच से काम ज्यादा करते हों या फिर सजा पाने के डर से काम पूरा कर डालेंगे। शहबाज ने इस बार भी मेवाड़ में अपनी जान लड़ा दी। उसने तीसरी बार भी महाराणा प्रताप द्वारा जीते गए तमाम शाही थानों को फिर से जीतकर अपने कब्जे में कर लिया और लगभग मध्य मेवाड़ पर पूरा ही कब्जा जमा लिया। फिर वह महाराणा प्रताप की तलाश में पहाड़ियों तथा जंगलों की खाक छानता रहा और उन इलाकों में कहर ढाता हुआ भटकता रहा; लेकिन महाराणा उसके कब्जे में नहीं आए तो नहीं ही आए।

वास्तव में महाराणा प्रताप भी इतने दिनों में पूरी तरह से मँज चुके थे। वह

कभी एक ही जगह पर न टिकते, या एक ही राह से अपना निवास नहीं बदलते थे। उनके गुप्तचरों में अथाह निष्ठा से भरे भीलों की संख्या बहुत बड़ी थी, जो अपनी जान देकर भी महाराणा की सेवा करते थे। उन दुर्गम क्षेत्रों में उनका वेग भी अबाध ही था। कहा जाता है कि पचास मील की दूरी का संदेश भी भील धावक दुर्गम क्षेत्रों को पार करके दस घंटे के अंदर ही महाराणा तक पहुँचा देते थे। इसलिए महाराणा को मुगल फौज की गतिविधियों की सूचना बहुत समय रहते मिल जाया करती थी। दुश्मनों की गंध पाते ही उनके साथी उन्हें सपरिवार एकदम से विपरीत दिशा में सुरक्षित स्थान पर पहुँचा देते थे, जिसकी कल्पना भी दुश्मन नहीं कर पाता था। इसी कारण महाराणा को काबू में कर पाना उनके लिए सर्वथा असंभव था।

तीसरी बार शहबाज खाँ का आक्रमण हुआ तो महाराणा फिर पहाड़ियों पर चले गए। उनके विषय में अनेक भ्रामक प्रचार भी किए जाते रहते थे, जिनके आधार पर शहबाज खाँ अपनी विशाल फौज लिये जगह-जगह भटकता फिरता; लेकिन महाराणा को कहीं देख तक नहीं पाता था। एकाध बार तो सचमुच जरा सी ही दूरी रह गई थी; लेकिन महाराणा तब भी बड़ी चतुराई से बच निकले। जब शहबाज उन्हें घरेने के लिए जंगलों में भटक रहा था, तब महाराणा आबू से कोई बारह मील की दूरी पर स्थित सोढ़ा क्षेत्र के पर्वतीय क्षेत्र में चले गए थे। वहाँ उन्हें लोयाना के राव धूला अपने दुर्ग में ससम्मान ले गए। उन्होंने महाराणा का बड़ा आदर-मान किया और उनके लिए हर प्रकार की सुविधा का प्रबंध किया। राव धूला के आतिथ्य से महाराणा बहुत संतुष्ट हुए। महाराणा को प्रसन्न करके राव धूला ने उनके साथ संबंध भी बनाने की आज्ञा प्राप्त कर ली और उनसे अपनी पुत्री का विवाह कर दिया।

महाराणा ने राव धूला को 'राणा' की उपाधि दी और उन्हें मेवाड़ में अनेक सम्मानित सामंतों के बराबर अधिकार भी दिए।

अकबर ने चाहे जितने सख्त हुक्म दिए थे, लेकिन शहबाज खाँ महाराणा का प्रभाव मेवाड़ पर से एक बार फिर से खत्म करने की कोशिश में तो कुछ हद तक सफल जरूर हो गया था; लेकिन वह महाराणा को किसी भी तरह पकड़ पाने में असमर्थ ही रहा। फिर उन्हें नेस्तनाबूद करने की तो सोची ही नहीं जा सकती थी। अतः शहंशाह अकबर उससे नाराज हो गया। अब उसने शहबाज खाँ को एकदम से नाकारा मानकर उसे मेवाड़ से वापस आने का हुक्म जारी कर दिया।

इस बार सात महीने से भी ज्यादा दिनों तक मेवाड़ में रहने के बाद शहबाज

खाँ १५८० के मध्य में वापस आ गया।

□

अकबर ने आरंभ से ही अजमेर को अपना ऐसा सूबा बना रखा था, जो सारे राजपूताना का मुगल नाका था। वहीं से अकबर की हुकूमत मेवाड़ ही नहीं, समूचे राजपूताना की देख-रेख करती थी। यह व्यवस्था अकबर के बाद के मुगल बादशाहों के भी समय में चलती रही।

शहबाज खाँ को राजपूताना से वाप्स बुला लेने के बाद अकबर ने उसकी जगह रुस्तम खाँ को राजपूताना भेजा। उसे अजमेर के सूबेदार का ओहदा देकर भेजा गया था। वह अजमेर पहुँचकर अपने मेवाड़ अभियान की तैयारी भी नहीं कर पाया था कि अचानक ही शेरपुरा में कछवाहा राजपूतों के विद्रोह की खबर मिली। अजमेर के सूबेदार के रूप में राजपूताने में होनेवाले ऐसे किसी भी विद्रोह को दबाने की जिम्मेदारी उसीकी थी। अत: मेवाड़ को उस समय भूलकर वह शेरपुरा पहुँच गया। उसने कछवाहों को दबाने के लिए उनपर आक्रमण कर दिया। लेकिन कछवाहा राजपूतों ने जमकर सामना किया और सूबेदारी पाने के मात्र चार महीने के बाद ही उस युद्ध में रुस्तम खाँ मारा गया।

१६ जून, १५८० को अकबर ने अब्दुर्रहीम, जो बाद में 'खानखाना' के नाम से हिंदी के कवि के रूप में भी मशहूर हुए, को अजमेर का सूबेदार नियुक्त करके राजपूताना भेजा। खानखाना इसके पहले भी स्वयं शहंशाह अकबर के साथ तथा शहबाज खाँ के साथ भी मेवाड़ के अभियान के दौरान काम कर चुके थे और उन्हें महाराणा की युद्धनीति की भी काफी समझ थी। इसी कारण अकबर को आशा थी कि जो काम पहले के सिपहसालारों के वश का नहीं था, उसे खानखाना अपनी बुद्धिमानी से अवश्य कर दिखाएँगे।

खानखाना ने बड़ी आशा के साथ तैयारी करने के बाद महाराणा का पीछा करने के लिए कूच कर दिया। उन्होंने अपना परिवार शेरपुरा में ही छोड़ दिया और स्वयं फौज लेकर मेवाड़ के दुर्गम क्षेत्रों में महाराणा की तलाश में निकल गए। जब महाराणा को मुगलों द्वारा पीछा करने की खबर मिली तो वे अपना निवास बदलकर ढोलान की ओर निकल गए। अब्दुर्रहीम उनका पीछा करने लगे; लेकिन उसी समय उसे सहसा एक आघात लगा। महाराणा प्रताप को बचकर निकल जाने का अवसर देने के लिए मेवाड़ के युवराज अमरसिंह ने बड़ी चतुराई से सहसा शेरपुर पर आक्रमण कर दिया और वहाँ के मुगल रक्षकों को परास्त करके उन्होंने खानखाना के हरम सहित तमाम परिवार को बंदी बना लिया।

इस सफलता की सूचना महाराणा को भी दी गई। सुनकर महाराणा ने तुरंत ही अमरसिंह को संवाद भेजा कि खानखाना की बेगमों को किसी भी तरह अपमानित न किया जाए और उन्हें आदर के साथ खानखाना को सौंप दिया जाए।

अमरसिंह अपने पिता के उच्च आदर्शों से परिचित था। उन्होंने स्वयं ही खानखाना की बेगमों को बड़े आदर-मान के साथ अपने संरक्षण में रखा था। महाराणा के आदेश का अक्षरशः पालन किया गया और कहा जाता है कि उस समय की स्थितियों में भारी जोखिम उठाकर भी अमरसिंह ने स्वयं ही खानखाना के सैन्य शिविर में जाकर उनकी बेगमों तथा सभी परिजनों को सुरक्षित उन्हें सौंप दिया। अमरसिंह के सद्व्यवहार की सराहना स्वयं बेगमों ने की और तभी से अमरसिंह के साथ खानखाना का आत्मीय संबंध बन गया था। महाराणा प्रताप की इस उदारता से खानखाना का सिर उनके प्रति आस्था से झुक गया और उन्होंने महाराणा की सराहना करते हुए उनको धन्यवाद दिया था और एक पद्य भी रचा था।

लेकिन खानखाना थे तो मुगल सुबेदार ही, अतः महाराणा का दमन करने की जिम्मेदारी का पालन तो उन्हें करना ही था। इसलिए खानखाना ने महाराणा प्रताप द्वारा फिर से जीते गए उन क्षेत्रों पर अधिकार करना आरंभ कर दिया, जिनपर शहबाज के जाने पर महाराणा ने फिर से अधिकार कर लिया था।

खानखाना के हरम को कब्जे में करने के बाद भी उनको बाइज्जत खानखाना के पास पहुँचा देने की इस घटना का पूरा विवरण अकबर को मिला तो वह सोचने लगा कि खानखाना जैसा कवि-हृदय व्यक्ति अब किसी भी तरह महाराणा के खिलाफ दमन की काररवाई पूरे मन से नहीं कर पाएगा। अतः उसने मेवाड़ पर आक्रमण करने के लिए किसी और ही सिपहसालार को भेजने का निश्चय किया।

लेकिन उसने अब्दुर्रहीम खानखाना को अजमेर के सूबेदार के पद से हटाया नहीं। खानखाना ने अपनी ओर से कोई गलती या कसूर तो किया नहीं था। अकबर ने महाराणा का दमन करने के लिए इस बार आमेर के राजा भगवानदास के छोटे भाई—अर्थात् मानसिंह के चाचा—जगन्नाथ कछवाहा को नियुक्त किया। जगन्नाथ कछवाहा बड़ा योग्य और बहादुर योद्धा था। उसके खानदान के प्रति महाराणा प्रताप ने अपमान का व्यवहार किया था, अतः महाराणा के प्रति उसके मन में सहज ही आक्रोश होगा, यही सोचकर अकबर ने इस बार महाराणा का दमन करने की जिम्मेदारी जगन्नाथ कछवाहा को सौंपी थी।

अकबर का निर्णय एक सीमा तक ठीक ही रहा। जगन्नाथ ने मेवाड़ पर धावा

बोलने में देर नहीं की।

अब्दुर्रहीम खानखाना को अपनी अप्रिय जिम्मेदारी से मुक्ति मिली तो वह खुश ही हुए। वह तो बहुत बाद तक—लगभग दस वर्ष से अधिक समय तक—अजमेर के सूबेदार के पद पर कार्य करते रहे; लेकिन मेवाड़ पर किए जानेवाले आक्रमणों में उनका कोई प्रत्यक्ष अथवा परोक्ष सहयोग नहीं रहा। फिर भी अकबर ने उन्हें ही अजमेर का सूबेदार बनाए रखा और वहाँ से खानखाना को १५९१ तक नहीं हटाया।

जगन्नाथ कछवाहा ने ६ दिसंबर, १५८४ को मेवाड़ अभियान के लिए कूच किया था। अकबर ने मिर्जा जाफर बेग को जगन्नाथ कछवाहा का बख्शी बनाकर उसके साथ भेजा था। राजपूतों को किसी तरह से गड़बड़ी करने का अवसर न मिले; संभवत: इसीलिए अकबर ने बेग को कछवाहा के साथ फौज में जिम्मेदारी भरा पद देकर भेजा होगा।

मेवाड़ पहुँचते ही जगन्नाथ कछवाहा ने अपने पूर्वाधिकारी सिपहसालारों की ही नीति पर चलते हुए सबसे पहले उन क्षेत्रों को जीतने का सिलसिला जारी रखा, जो पहले मुगलों द्वारा जीतकर अपने अधिकार में कर लिये गए थे, लेकिन अब महाराणा के अधिकार में थे। कछवाहा ने अपेक्षाकृत जल्दी ही अनेक इलाकों को जीतकर उनपर अधिकार कर लिया और वहाँ शाही थाने बैठाकर उनकी रक्षा के लिए थानेदार तथा पर्याप्त फौज रखने की व्यवस्था कर दी। कुछ ही समय में उसने मोही, मांडलगढ़, मदारियर आदि महत्त्वपूर्ण स्थानों पर कब्जा करके वहाँ शाही थाने स्थापित कर दिए। उसने सैयद राजू नामक अनुभवी सिपहसालार को सबसे महत्त्वपूर्ण मांडलगढ़ थाने की व्यवस्था सौंपकर आस-पास के थानों पर भी निगाह रखने का प्रबंध कर दिया और स्वयं जासूसों द्वारा की गई खोजबीन के आधार पर महाराणा को पकड़ने के लिए उनका पीछा करने लगा।

महाराणा को जगन्नाथ कछवाहा के इन कारनामों का पूरा पता चलता रहता था। जब कछवाहा उनकी खोज में पहाड़ियों की ओर बढ़ा तो महाराणा उस ओर से निकलकर चित्तौड़ की पहाड़ियों की ओर निकल गए; लेकिन इस बार वह पहाड़ियों में छिपकर बैठे नहीं, बल्कि कछवाहा जब उनका पीछा करने के नाम पर यहाँ-वहाँ भटक रहा था तब वह चित्तौड़ की ओर से उन स्थानों पर फिर से आक्रमण करके उनपर अधिकार जमाने लगे, जिनको कछवाहा ने कुछ ही दिन पहले जीतकर शाही थाने स्थापित किए थे।

महाराणा के आक्रमणों से परेशान होकर सैयद राजू खुद भी उन्हें दबोचने के

लिए फौज लेकर आगे बढ़ा। लेकिन महाराणा अपनी नीति के अनुसार मुगलों की विशाल फौज से टकराकर अपने धन-जन की हानि कराने से बचने के लिए फिर से पलटकर चित्तौड़ की पहाड़ियों में चले गए। सैयद राजू लगातार कुछ दिनों तक महाराणा को खोजता रहा; लेकिन आखिर तक महाराणा की कोई खबर नहीं मिली तो विवश होकर वह फिर मांडलगढ़ लौट आया।

दूसरी ओर, जगन्नाथ कछवाहा लगातार महाराणा का सुराग लगाने का प्रयास कर रहा था; लेकिन कहीं उसको महाराणा के बारे में सही जानकारी नहीं मिल पाई। फिर कहीं से पता लगा कि महाराणा तो अब जाकर कुंभलगढ़ में छिपे हैं, तो जगन्नाथ कछवाहा तुरंत अपनी सेना लेकर कुंभलगढ़ पर टूट पड़ा। लेकिन वहाँ महाराणा का कुछ अता-पता नहीं मिला तो वह काफी दिनों तक आस-पास ही चक्कर लगाता हुआ कहीं शिविर डालकर अपने जासूसों को भेजता। निकट के गाँव के किसी भी व्यक्ति पर यदि उसको संदेह होता कि वह महाराणा के विषय में जानता है, तो उसे पकड़वाकर अपने शिविर में बुलवा लेता और हर तरह से उसको प्रताड़ित करके महाराणा का ठिकाना बताने के लिए दबाव डालता; लेकिन उसे कहीं भी सफलता नहीं मिली।

इधर सैयद राजू भी महाराणा की खोज कर रहा था। उसने भी कुंभलगढ़ पर आक्रमण कर दिया। लेकिन नतीजा वही रहा। राजू महाराणा के पीछे-पीछे लगा रहा। दूसरी ओर से कछवाहा अपनी फौज लेकर उनको ढूँढ़ता फिर रहा था। एक बार तो दोनों की सेनाएँ एक ही जगह आकर मिल गईं। उनका पीछा करना आखिर रंग लाने ही वाला था—अकबर के दरबारी अबुल फजल ने 'आईने अकबरी' में लिखा है कि '८ अक्तूबर, १५८५ को तो एक बार ऐसा हो गया कि मुगल सेना ने महाराणा प्रताप को लगभग घेर ही लिया था; लेकिन वहाँ से भी महाराणा बड़ी चतुराई से निकल गए।' पता नहीं, इस बात में कितनी सच्चाई है; लेकिन जिस तरह जगन्नाथ कछवाहा और सैयद राजू इतनी बड़ी फौजें लेकर कोने-कोने तक पीछा करने में लगे थे, उसमें कभी महाराणा का एकाएक निकट से ही गुजर जाने की स्थिति आना कोई आश्चर्य की बात नहीं थी। कुछ भी हो, जगन्नाथ कछवाहा भी अपनी ओर से हर प्रयत्न करने के बाद इतना भाग्यशाली नहीं रहा कि महाराणा का दमन करने में सफलता पाकर अकबर की निगाह में सबसे योग्य सेनापति होने का गौरव पाता। हाँ, इस बीच उसने पहले के मुगल सेनापतियों को मेवाड़ की बरबादी के मामले में बहुत पीछे छोड़ दिया था। महाराणा को पकड़ न पाने की खीज उसने राह में पड़नेवाले तमाम क्षेत्रों पर उतारी और अनेक गाँवों को तहस-

नहस कर डाला।

□

उन दिनों की एक घटना का उल्लेख मिलता है, जो महाराणा के ज्येष्ठ पुत्र तथा मेवाड़ के युवराज अमरसिंह की ओर से महाराणा की घोर निराशा की ओर संकेत करती है। अमरसिंह वैसे तो बड़े ही वीर तथा निर्भीक और नीति-कुशल योद्धा के रूप में महाराणा के पूरे संघर्षकाल में उनका साथ देते रहे; लेकिन संभवत: रात-दिन मुगलों के आक्रमणों को व्यर्थ करने के लिए एक पहाड़ी से दूसरी पहाड़ी के जंगलों में स्थान बदलते हुए मुगल सेना का सामना करते-करते किसी दिन पल भर को उनमें भी अपनी स्थिति पर कुछ हीनता भरे विचार आ ही गए हों—यह नितांत स्वाभाविक लगता है।

ऐसी ही एक रात की घटना है—महाराणा सपरिवार एक पहाड़ी की सँकरी सी गुफा के आश्रयस्थल में एक झोंपड़ी के भीतर अपने सामंतों के साथ विश्राम कर रहे थे। उनके निकट की ही एक अन्य झोंपड़ी में अमरसिंह अपनी पत्नी के साथ विश्राम कर रहे थे। नित-नित पहाड़ियों तथा जंगलों में भागते-भागते युवराज की पत्नी तंग आ गई थी। बातों-ही-बातों में उसने कहा, "अब तो नहीं सहा जाता। इस तरह जीवन कब तक बिताना होगा? मुगलों की इतनी बड़ी सेना से टकराकर हमारी जीत तो होने से रही। फिर नाहक ही अपनी जिंदगी बरबाद करने का क्या लाभ? अंत में तो हारकर उनके अधीन होना ही है; तो पहले ही उनकी बात मान लेने में क्या हर्ज है? अपना मान भी रहे और सबका दु:ख कट जाए। आप महाराणा सा से कहते क्यों नहीं?"

अमरसिंह ने उस समय कुछ नहीं कहा। बस, इतना ही कहकर रह गए, "पिताजी की इच्छा के अनुसार ही यह सब चल रहा है और उनके विरुद्ध मैं आज तक न बोल सका हूँ, न अब कुछ कहने का साहस कर सकता हूँ।"

उनकी बातें सुनकर महाराणा के मन को गहरी ठेस लगी। अपनी पुत्रवधू की अधीरता उन्हें एक सीमा तक सहनीय लगी; क्योंकि वह उन बालाओं में से नहीं थी, जो अपनी आन के लिए प्राण ले लेती हैं अथवा दे देती हैं। उनको आघात तो इस बात से लगा कि अमरसिंह ने जो कुछ कहा था, उसमें मात्र महाराणा की इच्छा के अनुसार ही सबकुछ करने की बात थी। स्वयं अमरसिंह भी मानो अपनी पत्नी की अधीरता देखकर अधीर हो उठे थे। क्या अमरसिंह स्वयं मेवाड़ की स्वतंत्रता का मूल्य नहीं समझते? तो क्या वह पिता के कारण विवश होकर संघर्ष कर रहे हैं? महाराणा जितना ही सोचते, व्यग्रता उतनी ही बढ़ती जाती।

सवेरा होने पर महाराणा ने सहसा सामंतों से कहा, "मेवाड़ के महान् सामंतो! मेरे बाद तुम इस अमरसिंह का विश्वास नहीं करना। यदि यह मेवाड़ का शासक बना तो निश्चय ही यह वहाँ के गौरव को कलंकित कर देगा। यह अपने आराम के लिए सिसोदिया वंश के स्वाभिमान को नष्ट कर देगा। मेवाड़ की स्वतंत्रता को भूलकर यह मुगलों की दी हुई खिलअत पहन कर उनको अवश्य सलामी बजाएगा और अपने ऐशो-आराम के लिए मेवाड़ को बेच देगा। यह मुगलों के फरमान को अदब के साथ कबूल करेगा और उनकी ताबेदारी करेगा।"

अमरसिंह वहीं बैठे थे; लेकिन महाराणा के क्रोध भरे वचनों का कोई विरोध उन्होंने नहीं किया।

कहा जाता है कि उसी समय अमरसिंह ने मन-ही-मन प्रतिज्ञा कर ली कि वह किसी भी कीमत पर मुगलों की अधीनता स्वीकार नहीं करेंगे। और अपनी ओर से तो अमरसिंह अपनी प्रतिज्ञा पर अटल भी रहे। लेकिन कुछ इतिहासकार मानते हैं कि अमरसिंह के विषय में की गई महाराणा प्रताप की भविष्यवाणी ही अंत में सच साबित हुई। यह एक ऐतिहासिक सत्य है कि अमरसिंह के शासन काल में ही मेवाड़ ने मुगल शहंशाह जहाँगीर से संधि कर ली थी।

लेकिन इस मुद्दे पर अनेक इतिहासकार सहमत नहीं हैं। उनका कहना है कि यह संधि अमरसिंह को बताए बिना अनेक सामंतों ने उनके पुत्र युवराज कर्णसिंह की जानकारी में की थी और वास्तव में संधि प्रस्ताव उन लोगों द्वारा ही भेजा गया था। इसके विषय में महाराणा अमरसिंह को पहले कुछ बताया तक नहीं गया था। उनको तो संधि का पता तब लगा जब जहाँगीर की ओर से उनके पास खिलअत भेजी गई थी। लेकिन उसके बाद महाराणा अमरसिंह की ओर से कोई ऐसा प्रस्ताव भी नहीं किया गया था, न तो उस संधि को अमान्य करके फिर से संघर्ष आरंभ किया गया अथवा—और किसी प्रकार उसका विरोध भी नहीं किया गया। हाँ, इतना जरूर कहा जाता है कि उसके बाद महाराणा अमरसिंह ने राजकाज से अपने को एकदम से विरक्त कर लिया था और कभी मेवाड़ के किसी भी उत्सव-समारोह तक में सम्मिलित नहीं हुए थे। उन्होंने अपने जीवन के शेष तीन वर्ष अकेले ही तीन कोठरियोंवाली एक कुटिया में बिताए थे।

जो भी हुआ हो, यह एक सत्य है कि अमरसिंह के विषय में महाराणा ने बाद में सामंतों के आग्रह पर तथा अमरसिंह द्वारा पाँव पकड़कर माफी माँगने पर उन्हें क्षमा कर दिया था। उन्होंने अमरसिंह के विषय में अपनी ओर से कोई आदेश जारी नहीं किया था।

तेरह

काफी दिनों तक मेवाड़ को आक्रमणों से विनाश के छोर तक पहुँचा देने के बाद भी जब महाराणा पकड़ में नहीं आए तो अकबर निराश हो गया। उसे अब विश्वास हो गया कि जीवन में उसकी यह इच्छा पूरी नहीं हो सकेगी कि मेवाड़ उसके अधीन हो गया है और वहाँ के महाराणा ने उसकी खिलअत स्वीकार करके उसकी ताबेदारी कबूल कर ली है।

इसके साथ ही एक और ऐसी स्थिति आई कि अकबर को विवश होकर मेवाड़ की ओर से अपना ध्यान हटा लेना पड़ा।

महाराणा प्रताप को वश में करने का प्रयास चल ही रहा था कि एक ओर पूर्वी प्रांतों में विद्रोह होने लगे और दूसरी ओर गुजरात भी विद्रोह पर उतर आया। सन् १५७९ से ही उन प्रांतों में हलचल होने लगी थी, इस कारण अकबर को उस ओर ज्यादा ध्यान देना पड़ा। यद्यपि उसने मेवाड़ की ओर लगातार दबाव बनाए रखा; लेकिन उसका कोई स्थायी परिणाम नहीं निकल सका। एक ओर से मुगल सिपहसालार अपनी विशाल सेना लेकर मेवाड़ के जीते हुए इलाकों पर कब्जा करके वहाँ थाने जमाते और दूसरी ओर से महाराणा उनके विजित क्षेत्रों को मुक्त करवाकर वहाँ फिर अपने थाने बैठा देते। शहबाज खाँ तो एक नहीं, तीन-तीन बार आया और मेवाड़ में शाही थाने बैठाता हुआ निकल गया; लेकिन उसके जाते ही और कभी-कभी तो उसके होते हुए ही महाराणा के सधे हुए योद्धा फिर से उन्हीं इलाकों को जीतकर उनपर अपने थाने बैठा देते। इस प्रकार मुगलों को बार-बार हानि उठानी पड़ रही थी। अपार धन-जन की हानि उठाकर भी वे मेवाड़ के महाराणा को वश में नहीं कर सके थे।

यह सिलसिला सन् १५७९ से १५८५ तक लगातार चलता ही रहा। यही अवधि पूर्वी प्रांतों तथा गुजरात में विद्रोह आरंभ होने की भी थी। महाराणा के साथ निरंतर चल रहे संघर्ष में अकबर की एक प्रकार से पराजय ही होती रही। इस विषय में कहा जाता है कि महाराणा द्वारा मेवाड़ की स्वतंत्रता के लिए संसार के सबसे शक्तिशाली साम्राज्य के विरुद्ध किए जा रहे इस संघर्ष की गाथाएँ भारत के विभिन्न प्रांतों में दूर-दूर तक प्रचलित हो गई थीं। महाराणा के कोषाध्यक्ष तथा अमात्य और प्राण न्योछावर करने हेतु तत्पर रहनेवाले योद्धा भामाशाह तथा उनके साथियों ने महाराष्ट्र तथा गुजरात के बड़े-बड़े सेठों से भी धन एकत्रित किया था और विपुल मात्रा में उगाहे गए उस धन को महाराणा को समर्पित कर दिया था।

लेकिन महाराणा के संघर्ष के लिए धन देनेवाले सेठ प्राय: उन दिनों दूर विदेशों से भी व्यापार करनेवाले बड़े-बड़े जहाजों के मालिक थे। ऐसे में उन्हें मुगलों का डर भी था। अत: वे यह नहीं चाहते थे कि उनके द्वारा महाराणा को दी गई सहायता का पता मुगलों को लगे; क्योंकि इससे उनके व्यापार पर विपरीत असर पड़ने का भय था। संभवत: इसी कारण ऐसे धन को कभी तो स्वयं भामाशाह का व्यक्तिगत धन कहा जाता था और कभी उसे मालवा आदि क्षेत्रों से की गई लूट में मिली धनराशि कहा जाता था।

सन् १५८५ के बाद अचानक ही उत्तर-पश्चिमी सीमा प्रांत तथा पंजाब में भी एक के बाद एक कई स्थानों पर विद्रोह होने लगे। आखिर अकबर को मेवाड़ की ओर से ध्यान हटाकर उन स्थानों के विद्रोहों को दबाने के लिए उस ओर अधिक फौज लगानी पड़ी। यह एक प्रकार से मेवाड़ के हित में ही रहा। वर्षों तक निरंतर मुगल सेनाओं की आवाजाही से तथा उनके द्वारा की गई तबाही से मेवाड़ में अराजकता सी फैल गई थी। उत्पादन के नाम पर शून्यवाली स्थिति आ गई थी। खेतों में तो वर्षों से किसानों ने कोई फसल उगाने का अवसर ही नहीं पाया था। ऐसे भी स्वयं महाराणा के आदेश से किसान कितनी ही बार अपनी खड़ी फसलें भी उजाड़कर सपरिवार पहाड़ियों और जंगलों में उनके साथ रहने चले गए थे और उनमें से कितने ही योद्धा के रूप में मेवाड़ की स्वतंत्रता के लिए प्राणपण से युद्ध करने में लग गए थे।

अब अकबर को विद्रोहों में उलझ जाना पड़ा तो मेवाड़ को साँस लेने का अवकाश मिला। महाराणा ने समय और उसकी उपयोगिता को पहचाना। उसका लाभ उठाकर वे मेवाड़ को फिर से संपन्न बनाने का प्रयास करने लगे। हल्दीघाटी के युद्ध से मिले अनुभव से महाराणा ने यह शिक्षा ग्रहण की थी कि मुगलों की विशाल सेनाओं से आमने-सामने टकराना अपनी ही हानि करने जैसा होता है। अत: उन्होंने छापामार युद्ध नीति अपनाकर मुगलों को कभी चैन न लेने देने की युक्ति अपना ली थी। इसके साथ ही उन्होंने अनुभव किया था कि अकेले ही इस संघर्ष को नहीं चलाया जा सकता। छापामार युद्ध के लिए तो विश्वस्त मित्रों की और भी जरूरत होती है; क्योंकि उस समय कब कहाँ जाना होगा और वहाँ रातोरात जाकर मोरचा बाँधना पड़ जाएगा, उसके लिए मित्रों का सहयोग आवश्यक होता है। साथ ही विपत्ति के समय कहीं, किसी मित्र के यहाँ न जाने कब तक शरण लेनी पड़ जाए। इसलिए महाराणा ने संघर्ष के साथ-साथ अपने मित्रों को फिर से अपनी ओर मिलाने का प्रयत्न भी जारी रखा था।

राजपूताना में यह तो सभी जानते थे कि महाराणा की पराजय का मूल्य केवल मेवाड़ को ही नहीं, उसके आस-पास के सभी राज्यों को भी चुकाना पड़ सकता है; क्योंकि मेवाड़ का पतन होने पर उनका अस्तित्व तो ऐसे ही नहीं रह जाएगा। वे मुगलों के अधीन तो हो ही जाएँगे, साथ ही वे कोई महत्त्वपूर्ण तथा गरिमापूर्ण पद भी नहीं पा सकेंगे। जब कोई उनकी रक्षा करनेवाला नहीं रहेगा तो हो सकता है कि मुगल बादशाह उन्हें बहन-बेटियों का डोला भी देने के लिए विवश करे।

यह जानते हुए भी अपनी कमजोर स्थिति तथा शक्ति की दृष्टि से मुगलों के सामने कहीं न होने के कारण कितनी ही बार उन्हें बरबस मुगलों की अधीनता स्वीकार करने हेतु विवश हो जाना पड़ता था। जब अकबर ने यह देखा था कि महाराणा को आस-पास के अनेक राज्यों से समर्थन और हर प्रकार की सहायता मिलती रहती है तो उसने सबसे पहले उनके आस-पास के इन छोटे-छोटे राज्यों को ही उनसे अलग करने की ठान ली थी। कई ने तो भयवश उसकी अधीनता स्वीकार कर ली थी और कितनों को कछवाहा राजा भगवानदास तथा उसके पुत्र मानसिंह ने अपनी ओर से प्रलोभन दे-देकर अकबर की अधीनता स्वीकार कर लेने को राजी कर लिया था। ऐसे राज्यों में बूँदी, बाँसवाड़ा तथा डूँगरपुर प्रमुख थे।

मुगल बादशाह की इस चतुराई को महाराणा प्रताप अच्छी तरह समझते थे। मेवाड़ के निकट के ईडर, सिरोही, बूँदी, बाँसवाड़ा तथा डूँगरपुर से महाराणा को पूरा सहयोग तथा सहायता मिलती रहती थी। उनपर मुगलों का अधिकार होने का दूसरा अर्थ मेवाड़ को चारों ओर से घेरकर विवश करना ही था। उनपर मुगलों का प्रभुत्व हर प्रकार से मेवाड़ की सुरक्षा के लिए घातक था। वह इन राज्यों की ओर से सदैव सजग रहते। महाराणा के सद्व्यवहार तथा स्वाधीनता के प्रति उनकी अनवरत साधना के कारण ही यहाँ के राजपूत राजा वैसे तो मेवाड़ की ओर ही रहते थे; किंतु कभी-कभी अपने अस्तित्व को बचाए रखने के लिए उन्हें मुगलों की अधीनता स्वीकार कर ही लेनी पड़ती थी। तो भी एक तो उनकी ओर से कोई ऐसा विश्वासघात नहीं किया जाता था, जिससे महाराणा अथवा मेवाड़ के हित पर आघात पहुँचे और दूसरे, एक अच्छाई यह थी कि अवसर पाते ही वे फिर से महाराणा का सहयोग करने लगते थे। यह स्थिति मेवाड़ के पक्ष में ही जाती थी। महाराणा प्रताप ने अकबर से हार नहीं मानी और उसके सामने विवश होकर उन्होंने हथियार नहीं डाला, तो इसके लिए उनका अडिग साहस, स्वतंत्रता के लिए उनकी अदम्य लालसा तथा उनके शौर्य के साथ-साथ ऐसे मित्रों तथा हर पग पर,

विकट-से-विकट स्थितियों में भी उनका साथ देनेवाले मित्रों और सामंतों को भी जाता है। महाराणा अपनी ओर से इन मित्रों के साथ संबंध प्रगाढ़ बनाने की चेष्टा करते ही रहते थे। ईडर के नारायणदास, लोयाना के राव धूला आदि कितने ही राव-राजा उनसे वैवाहिक संबंध जोड़कर अपनी मैत्री को और प्रगाढ़ कर चुके थे। महाराणा को इस प्रकार अपने मित्रों की निकटता प्राप्त हो रही थी। उनके अनेक सामंत तो उनकी बात पर मर मिटने को तत्पर रहते ही थे।

सन् १५८५ में जगन्नाथ कछवाहा का आक्रमण ही एक प्रकार से महाराणा प्रताप के जीवन काल में मुगलों की ओर से किया गया अंतिम अभियान सिद्ध हुआ। जगन्नाथ कछवाहा की विफलता के साथ ही अकबर समझ गया कि मेवाड़ पर अपना प्रभुत्व जमाकर महाराणा प्रताप को मुगल बादशाही की ताबेदारी कबूल करवाना अब उसके लिए बस कल्पना ही रह गई। अर्थात् सबसे शक्तिशाली साम्राज्य के अधिपति ने छोटे से राज्य मेवाड़ के महाराणा से मन-ही-मन पराजय स्वीकार कर ली थी। इसके बाद अपनी फौजों को मेवाड़ भेजकर व्यर्थ उनकी शक्ति का दुरुपयोग करने की जगह अकबर सीमा प्रांत के विद्रोहों को दबाने में लग गया।

चौदह

जिन दिनों मुगल सिपहसालार विशाल सेनाएँ लेकर महाराणा प्रताप को पकड़ने की सनक में मेवाड़ को ध्वस्त करते हुए लगातार उनका पीछा करते रहते थे, उन्हीं दिनों मेवाड़ को संकट में पड़ा देखकर राजपूताना के ही कुछ द्वेषियों ने महाराणा के विरुद्ध विद्रोह करने की सोची। उनका विचार था कि महाराणा तो ऐसे ही मुगलों के कारण यहाँ-वहाँ भागते फिर रहे हैं और पहाड़ों तथा जंगलों में असहाय भटकते रहते हैं। ऐसे में अवसर का लाभ उठाया जा सकता है। ऐसे राजपूतों में छप्पन क्षेत्र के राठौर विशेष सक्रिय हुए। उन्होंने अपने निकट ही मगरा इलाके में अपनी शक्ति का विस्तार करना आरंभ कर दिया। महाराणा को तत्काल उनकी विरोधी गतिविधियों की सूचना मिल गई। राठौरों की इस हरकत से उन्हें चिंता हुई। एक ओर तो मुगलों ने अपनी ओर से उनको हर ओर से घेरने की काररवाई जारी रखी ही थी, ऊपर से अपने आंतरिक क्षेत्र में ही राठौरों का विद्रोह। राठौरों को अधिक अवसर देना एक तरह से विद्रोही गतिविधियों को बढ़ावा देना ही था, अतः जगन्नाथ कछवाहा से टक्कर लेने के साथ ही महाराणा ने अवसर निकालकर राठौरों का दमन करने का

निश्चय किया। उन्होंने शीघ्र ही मगरा की ओर अभियान छेड़ दिया और जगन्नाथ कछवाहा की परवाह किए बिना उन्होंने विद्रोही राठौरों का दमन कर दिया। राठौरों का नेता लूणा चावंडिया बुरी तरह पराजित हुआ और उस क्षेत्र पर महाराणा की सत्ता अबाध रूप से बनी रही।

महाराणा द्वारा राठौरों के विद्रोह का दमन करने की इस सफलता का उल्लेख सराड़ा के निकट सूराखंड ग्राम में प्राप्त एक शिलालेख में उपलब्ध है।

जगन्नाथ कछवाहा की ओर से आक्रमण रुकते ही महाराणा ने फिर से मेवाड़ की धरती पर उसके द्वारा बैठाए गए शाही थानों पर आक्रमण करके उनको जीतने का अभियान आरंभ कर दिया और मुगल थानेदारों को मार भगाया तथा उन स्थानों को फिर मेवाड़ की अधीनता में लाकर अपने थाने बैठा दिए। इस बीच भामाशाह द्वारा लाए गए धन से उन्होंने अपनी सेना को नए-नए हथियारों तथा पर्याप्त युद्ध-सामग्री से लैस कर दिया था। अकबर के सेनापतियों की विफलता और मेवाड़ में बैठे मुगल थानेदारों तथा सैनिकों में व्याप्त निराशा के कारण राजपूतों और भील सरदारों में विजेता का सा उछाह भर गया था। उन्होंने जहाँ भी अवसर पाया, मुगलों का प्रभुत्व मिटा डालने का प्रयास किया। इसमें उन्हें सफलता भी मिली; क्योंकि अकबर की ओर से मुगल फौजियों को अब पहले जैसी सहायता अथवा रसद आदि की आपूर्ति की व्यवस्था नहीं रह गई थी। और तो और, मुगल थानदार स्वयं भी महसूस करने लगे थे कि उनको मेवाड़ को दबाकर रखने में कभी सफलता नहीं मिल पाएगी।

मुगलों का दबाव कम होते ही महाराणा की तत्पर सेनाएँ मेवाड़ की मुक्ति के अभियान में निकल पड़ीं। उनका नेतृत्व इस समय मुख्यतः युवराज अमरसिंह ही कर रहे थे।

महाराणा ने सबसे पहले मेवाड़ के उत्तरी क्षेत्र में स्थित देवीर नामक स्थान पर अधिकार करने का निश्चय किया। वास्तव में देवीर में जगन्नाथ कछवाहा ने जीतने के बाद सबसे शक्तिशाली चौकी स्थापित कर रखी थी। इस शाही थाने का थानेदार उन्होंने शाहनवाज खाँ नामक एक मँजे हुए सिपहसालार को बनाया था। महाराणा को पकड़ने के लिए इसी ओर से कछवाहा अभियान जारी रखे हुए था। उसे संदेह था कि महाराणा आजकल इसी क्षेत्र में हैं। इसी कारण उसने इस ओर अपना विश्वस्त ऐसा चुना हुआ, युद्ध-कुशल तथा समझदार थानेदार रखा था, जो स्वयं भी महाराणा को पकड़कर अकबर से आधी जागीर पाने को उत्सुक था। शाहनवाज ऐसा ही सेनापति था और वह अकबर का विश्वासपात्र भी था। जगन्नाथ

कछवाहा ने उसके साथ शाही चौकी की रक्षा के लिए तथा आस-पास की शाही चौकियों की रक्षा के साथ ही समय पड़ने पर महाराणा का पीछा करने के लिए भी काफी सेना दे रखी थी।

जगन्नाथ कछवाहा द्वारा बहुत प्रयास करने पर भी महाराणा के बारे में पता नहीं लगा कि वह कहाँ हैं। इसके साथ ही एक और खबर उड़ी कि महाराणा प्रताप तो कछवाहा की घेराबंदी से घबराकर, इस इलाके को छोड़कर कहीं और चले गए हैं। काफी दिनों तक जब महाराणा का कहीं पता नहीं लगा तो लगभग सभी को विश्वास हो गया कि महाराणा प्रताप वास्तव में मेवाड़ छोड़कर कहीं और चले गए, नहीं तो अब तक उनका पता ही नहीं लगता—यह कैसे हो सकता है?

सच बात तो यह है कि जगन्नाथ कछवाहा ने अकबर की प्रसन्नता के लिए अपने अभियान के दौरान मेवाड़ पर जो कहर ढाया था, वैसा तो मुगल सेनापतियों में से भी किसीने नहीं किया था। विजित क्षेत्रों को रौंदकर वह जिस प्रकार वहाँ की सारी उपज और किसानों को बरबाद कर देता था, इससे उसका आतंक छा गया था। अत: उस समय तो मुगलों को विश्वास हो चला था कि अब मेवाड़ की आजादी के नाम पर अपनी जान लड़ा देने को दीवाना महाराणा अकेला पड़ गया है। वह जरूर ऐसी विपदा के समय अपनी और अपने परिवार की जान बचाने के लिए मेवाड़ छोड़कर ही चला गया होगा।

यह तो सच ही था कि महाराणा प्रताप एक बार मेवाड़ छोड़कर जाने के लिए तत्पर हो ही गए थे, भले ही उनका यह निश्चय मुगलों के भय से अथवा अपनी विफलता के कारण नहीं बल्कि मेवाड़ को बरबादी से बचाने के लिए था; लेकिन उसी समय पर्याप्त सहायता मिल जाने के कारण और अपने तमाम सामंतों एवं भील सरदारों का अनुरोध मानकर तथा उनके उत्साह से मुग्ध महाराणा ने मेवाड़ की स्वाधीनता को अक्षुण्ण रखने की प्रतिज्ञा का पालन अंत तक करने का संकल्प फिर ले लिया था और इस बीच मुगलों से टकराने के लिए पूरी तैयारी भी कर ली थी। लेकिन मुगलों को तो इस बात की जानकारी ही नहीं थी। वे तो यही सोचकर खुश हो रहे थे कि आखिर महाराणा से पीछा छूट ही गया। अब तो मेवाड़ एक दिन मुगलों का ही होगा। इसी कारण वे महाराणा अथवा मेवाड़ के योद्धा राजपूतों की ओर से निश्चिंत होकर चैन की नींद सोने लगे थे। अपने-अपने थानों पर उनका हुक्म अकबर की तरह ही चलता था। उनके ऐशो-आराम की हर चीज उन्हें मिलती ही रहती थी। मुगल शहंशाह के ये कारिंदे अपने को खुद शहंशाह से कम नहीं मानते थे।

देवीर जैसे महत्त्वपूर्ण थाने का सिपहसालार शाहनवाज खाँ जितना बहादुर था उतना ही मन का रसिक और ऐयाश भी था। महाराणा द्वारा मेवाड़ छोड़कर जाने की बात पर उसे भी पूरा यकीन आ गया था। उसे तो पहले ही विश्वास था कि शहंशाह अकबर का सामना वह जरा सी रिसायत का मालिक अधिक दिनों तक नहीं कर सकेगा। आखिर वही हुआ। महाराणा के विरुद्ध अब तो अकबर की ओर से अभियान पर आए तमाम सिपहसालारों को निश्चय ही इनाम-अकराम दिए जाएँगे। खुद शाहनवाज खाँ अपने को ऐसे ही इनाम का हकदार मानता था। एक दिन वह आराम से बैठा कीमती शराब पीते हुए अपना मन बहला रहा था। सामने खूबसूरत रक्कासाएँ बेहद उत्तेजक लिबास पहनकर नाच दिखा रही थीं। तभी अचानक जासूसों ने खबर दी, "हमला! हमला! महाराणा की सेना ने हमला कर दिया!"

शाहनवाज खाँ अभी अपना प्याला रखकर उठ भी नहीं पाया था कि अचानक ही हड़कंप मच गया। देखते-ही-देखते राजपूत सेना ने पूरी छावनी को अपने घेरे में ले लिया। मुगल सैनिक पूरी तरह तैयार हो पाते, इसके पहले ही उनपर गाज गिरने लगी। कुछ ही देर में मुगल सेना में भगदड़ मच गई। बिना टकराए ही मुगल छावनी हार गए।

लेकिन राजपूत योद्धा कई वर्षों से लगातार मुगलों के अत्याचारों से भरे हुए थे, अब उन्हें मौका मिला तो वे चूके नहीं। उन्होंने भागते हुए मुगलों का पीछा काफी दूर अपाहन इलाके तक किया और उन्हें मार गिराते रहे। अपाहन में भी मुगलों की एक फौज रहती थी। वास्तव में मुगलों की सेना शायद यही सोचकर इस ओर भागी थी कि अपाहन में तैनात मुगल सेनापति अवश्य उनकी सहायता करेगा। अपाहन की मुगल सेना को देखते ही राजपूतों पर खून सवार हो गया। उन्होंने लगे हाथों अपाहन के मुगल सेनापति को भी ललकारा और उसपर टूट पड़े। देखते-ही-देखते अपनी वर्षों की पीड़ा से विक्षुब्ध राजपूत वीरों ने अपाहन की मुगल सेना को भी परास्त कर दिया और वहाँ के मुगल सिपाहियों को मौत के घाट उतार दिया।

देवीर तथा अपाहन की विजय से राजपूतों का उत्साह बढ़ गया। अब उनपर विजय का आवेश सवार हो गया था। कितनी ही बार मुगल सिपहसालारों के आक्रमण के समय बार-बार हार और अपमान झेलने के बाद राजपूतों को अपनी बारी में उन अनाचारों का बदला लेने का जोश आ गया था। महाराणा को भी अब मेवाड़ की स्वतंत्रता का अवसर मिला तो वे चुन-चुनकर उन क्षेत्रों पर अधिकार

करने का उपक्रम करने लगे जिनपर मुगलों ने अधिकार करके अपने थाने बनाकर आस-पास के गाँवों को बरबाद कर रखा था। मेवाड़ की जो प्रजा विवश होकर महाराणा के आदेश से वर्षों तक अपनी खेती-बारी और शिल्पकारी छोड़कर, हथियार उठाए मुगलों से जूझते हुए दिन बिता रही थी, अब उसे फिर से अपनी धरती पर बसकर अपना काम करने का समय आ गया था। महाराणा प्रताप सबसे पहले तो मेवाड़ के सामरिक दृष्टि से महत्त्वपूर्ण तथा उर्वर भूमिवाले क्षेत्रों को मुगलों से मुक्त करवाकर वहाँ अपनी प्रजा को पहले की तरह बसाने के बाद उनकी जीविका के परंपरागत कार्यों को फिर से आरंभ करवाना चाहते थे।

देवीर तथा अपाहन के बाद अपनी उत्साहित सेना को लेकर महाराणा प्रताप ने कमलमीर को स्वतंत्र करवाने के लिए उस ओर अभियान करने का निश्चय किया। कमलमीर वही स्थान था, जहाँ संकट के समय महाराणा ने काफी दिनों तक शरण ली थी और मुगलों ने अचानक ही आबू के राव की घिनौनी हरकत के कारण कमलमीर के जल के अक्षय स्रोत निगुण कूप में विष घोलकर राजपूत सेना के सामने भयानक जल-संकट खड़ा कर दिया था। उस समय राजपूत सेना जल के बिना प्यासी मरने लगी थी। तब विवश महाराणा ने वहाँ से प्रस्थान कर दिया था और मुगल सेनापति ने अचानक ही हमला करके, विवश राजपूतों को मारकर कमलमीर पर अधिकार कर लिया था। वे सारी बातें आज महाराणा को भी याद आ रही थीं। कमलमीर को तो महाराणा अपनी सबसे प्रिय धरती मानते थे।

महाराणा की सेना ने देवीर और अपाहन की मुगल छावनी को नष्ट करके अपने अधिकार में कर लिया है—यह सूचना कमलमीर के चालाक सिपहसालार अब्दुल्ला खाँ को मिल चुकी थी; इसलिए वह महाराणा की सेना का मुकाबला करने की तैयारी क़रके ही इंतजार कर रहा था। लेकिन अब्दुल्ला खाँ को कल्पना नहीं थी कि अब उसे जिस राजपूत सेना से टकराना होगा, वह पहलेवाली विवश राजपूत सेना से कहीं अलग है। तमाम हथियारों तथा रसद से युक्त होने के साथ ही अब वह विजय के उत्साह से भरपूर राजभक्तों की ऐसी सेना है, जो अपने ऊपर तेरह वर्षों से लगातार मुगलों का अत्याचार सहते-सहते अब उकता चुकी थी और अपनी स्वतंत्रता के लिए मरने-मारने पर तुली थी। तो भी अब्दुल्ला खाँ ने देवीर के ऐयाश सिपहसालार शाहनवाज की तरह एकाएक युद्धभूमि नहीं छोड़ी और जमकर राजपूतों से टक्कर लेने की कोशिश की। किंतु उत्साह से भरपूर और अपने मेवाड़ को फिर से अपना बनाने को आतुर राजपूत सेना के सामने वह ज्यादा देर नहीं टिक सका। घमासान युद्ध हुआ और आखिर अब्दुल्ला खाँ मारा गया। अपने सेनापति

को मारा जाते देख मुगलों ने मैदान छोड़कर भागना शुरू कर दिया। यहाँ भी मुगल सिपाहियों का भयंकर संहार हुआ। अकबर की वह फौज, जो कल तक मेवाड़ के लोगों के लिए आतंक का कारण बनी थी, आज उनके द्वारा घास की तरह काट डाली गई। अकबर को इन पराजयों का समाचार तो मिलता था; लेकिन इस ओर ध्यान देने का समय उसके पास नहीं था। वह तो सीमा के विद्रोहियों से उलझ रहा था। मेवाड़ की ओर कोई मुगल सिपहसालार नहीं आया और एक के बाद एक शाही थानों का पतन होता चला गया। इसके बाद महाराणा ने अपने किलों की ओर निगाह डाली।

मेवाड़ में मौजूद मुगलों के लगभग सभी महत्त्वपूर्ण थानों और शाही चौकियों की सेनाएँ काट डाली गई थीं और अब मेवाड़ के दुर्गों को हथियाकर बैठे मुगल सेनापति एक प्रकार से निस्सहाय होकर रह गए थे; क्योंकि प्रमुख चौकियों और थानों पर महाराणा का अधिकार होने के साथ ही उनका आगरा से नाता ही टूट गया था। सभी रास्तों की नाकाबंदी कर दी गई थी। मुगलों को रसद अथवा खाद्य सामग्री कहीं से भी मिलने की आशा नहीं रह गई थी। मेवाड़ के विद्रोहियों का भी दमन कर दिया गया था। अत: उनकी ओर से भी किसी प्रकार की सहायता नहीं मिल सकती थी। साथ ही अकबर की अधीनता स्वीकार करनेवाले राज्यों से भी किसी भी प्रकार की सहायता आने की राहें काट दी गई थीं। फिर खुद अकबर द्वारा एक तरह से मेवाड़ की ओर से आँखें मूँद ली गई थीं, तो और किसीको अपनी ओर से मुगलों की सहायता करके अपनी मौत बुलाने की क्या पड़ी थी?

महाकाल ने मानो पूरे तेरह वर्षों तक भयंकर संकट की घड़ी में डालकर अपने दीवान—मेवाड़ के महाराणा—की हर प्रकार से परीक्षा लेने के बाद अचानक ही उनपर कृपादृष्टि डाली थी। भगवान् एकलिंग के उस दृढ़-प्रतिज्ञ दीवान महाराणा प्रताप ने अवसर पाया तो उसका भरपूर लाभ उठाया। राजपूतों की सेना अब अदम्य हो चुकी थी। जगन्नाथ कछवाहा के प्रयाण के बाद का महाराणा ने पूरा एक वर्ष अपने नए विजय अभियान में लगाया। वह बिना रुके अनवरत अभियान करते रहे। इसका शुभ परिणाम भी निकला। इस एक वर्ष में ही महाराणा प्रताप ने मेवाड़ के अत्यंत महत्त्वपूर्ण स्थानों को फिर से जीतकर अपने राज्य को लगभग स्वतंत्र ही कर लिया। इनमें से बत्तीस तो दुर्ग ही थे। महाराणा को राज्याभिषेक के समय जितना क्षेत्र मिला था उतना उन्होंने फिर से अपने अधिकार में कर लिया था। उन्हें केवल एक ही चिंता बनी रहती थी कि मेवाड़ की परंपरागत राजधानी चित्तौड़ के दुर्ग को वह अब तक नहीं जीत पाए थे। वह दुर्ग आज भी मुगल शहंशाह के

अधिकार में था और मेवाड़ की पराजय का प्रतीक बना हुआ था।

इस समय तक महाराणा ने उदयपुर, गोगुंदा, मोही, पिंडवाड़ा, मांडल ग्राम आदि अनेक शाही थानों और चौकियों पर अपना अधिकार जमा लिया था। साल पूरा होते-होते महाराणा प्रताप के अभियान से उत्तर-पूर्वी, मध्यवर्ती तथा उत्तर-पश्चिमी मेवाड़ की सभी मुगल चौकियाँ और थाने उनके अधिकार में आ चुके थे। हाँ, मांडलगढ़, चित्तौड़गढ़ तथा इन क्षेत्रों के उत्तर-पूर्वी भाग पर मुगलों का अधिकार अब तक बना हुआ था। लेकिन महाराणा प्रताप से पूरे तेरह वर्षों के संघर्ष के बाद भी संसार का सबसे शक्तिशाली सम्राट् अनवरत आक्रमण करके तथा अपार धन और जन-बल गँवाकर भी मेवाड़ की उस सीमा में कोई फेर-बदल नहीं कर पाया था, जिसपर महाराणा प्रताप को सिंहासनारोहण के समय अधिकार मिला था। जो भाग पहले महाराणा उदयसिंह आदि के समय मुगलों के अधिकार में चला गया था, उनमें से ही कुछ अब तक मुगलों के अधिकार में रह गए थे, नहीं तो मेवाड़ के समस्त क्षेत्र पर महाराणा का आधिपत्य स्थापित हो गया था। इनमें मेवाड़ के प्रमुख छत्तीस स्थान तथा बत्तीस दुर्ग सम्मिलित थे।

महाराणा इतने से ही संतुष्ट नहीं हुए। उन्होंने आमेर के कछवाहा राजपूत सेनापतियों द्वारा अकबर की ओर से मेवाड़ पर किए गए आक्रमणों का दंड देने के लिए आमेर राज्य पर भी आक्रमण किया। वास्तव में आमेर के राजा भगवानदास, उसके पुत्र मानसिंह तथा उसके छोटे भाई अर्थात् मानसिंह के चाचा जगन्नाथ कछवाहा आरंभ से ही मुगलों की ओर से महाराणा को पतन के मार्ग पर ले जाने के लिए हर प्रकार से सक्रिय रहे। पहले तो उन्होंने महाराणा को अकबर की अधीनता स्वीकार करने के लिए दबाव डाला था; फिर इसे मान-अपमान का प्रश्न बनाकर उन्होंने मुगल सेनापतियों के रूप में बार-बार मेवाड़ पर आक्रमण करके उसे पराजित करने के लिए और स्वयं महाराणा को पकड़कर अकबर के दरबार में पेश करने के लिए अनेक कुकृत्य किए थे। उस अपमान का बदला लेने की बात काफी दिनों से महाराणा के मन में थी। इधर भामाशाह द्वारा लाया गया धन इन अभियानों में लगभग समाप्त हो चला था। भविष्य में सेना का खर्च उठाने के लिए महाराणा ने आमेर को ही चुना। यह एक प्रकार से उनके द्वारा किए गए अपराध का दंड वसूल करने जैसा था। महाराणा प्रताप ने आमेर पर आक्रमण कर दिया और वहाँ के व्यापारिक केंद्र एवं मशहूर नगर मालपुरा को लूटकर पर्याप्त धन ले आए। जगन्नाथ कछवाहा द्वारा मेवाड़ के विजित क्षेत्रों को जिस प्रकार रौंदकर लगभग बरबाद ही कर दिया जाता था, उसीकी सीख देने के लिए लूटने के बाद

मालपुरा को पूरी तरह नष्ट कर दिया गया। इस प्रकार महाराणा की ओर से आमेर के कछवाहा मुगल सिपहसालारों को ईंट का जवाब पत्थर से दे दिया गया था। इसके अलावा आमेर के अन्य क्षेत्रों को भी बरबाद किया गया था।

आमेर के राजा ने ही महाराणा के मित्र राज्यों डूँगरपुर और बाँसवाड़ा के रावल तथा रावत को प्रलोभन देकर मुगलों की अधीनता स्वीकार करने के लिए तैयार किया था। तब से वे मुगलों की अधीनता में ही थे। अब महाराणा ने मेवाड़ की सत्ता को पूरी तरह शिखर पर पहुँचाने का निश्चय करके डूँगरपुर तथा बाँसवाड़ा पर भी आक्रमण कर दिया और उन्हें परास्त करके वहाँ अपनी प्रभुता स्थापित कर दी।

महाराणा की इन विजयों की सूचना अकबर को लगातार मिलती रहती थी। लेकिन वह मेवाड़ की ओर से निराश हो चुका था और संभवतः उसे मन-ही-मन यकीन हो चुका था कि मेवाड़ को पूरी तरह परास्त करना अथवा महाराणा प्रताप को झुकाकर अपना दरबारी बना पाना असंभव ही है। दूसरी ओर सीमा प्रांत तथा मेवाड़ में विद्रोह को दमित करना कहीं ज्यादा आवश्यक हो गया था। ऐसा नहीं करने पर मुगल साम्राज्य को ही खतरा पैदा हो जाता। सीमा पर अपना अधिकार न रहने पर तो राज्य कभी सुरक्षित नहीं रह सकता था। इन कारणों से अकबर ने मेवाड़ पर फिर हमला करने के लिए किसी सिपहसालार को नहीं भेजा।

आमेर राज्य, विशेषकर मालपुरा, की लूट से मेवाड़ का राजकोष फिर से भर गया था। पूरे मेवाड़ में विजय का उल्लास छा गया था। वर्षों बाद मेवाड़ में सुख और स्वतंत्रता की लहर आई थी। प्रजा को हर प्रकार की सुविधा दी जा रही थी। संघर्ष के दिनों में बार-बार मुगलों के कारण होनेवाली बरबादी से बहुत हानि हो चुकी थी। अनेक ऐसे किसानों, जिनकी धरती के पुराने पट्‌टे खो गए थे, को नए पट्‌टे दिए गए। उन्हें खेती-बारी की सभी सुविधाएँ और साधन उपलब्ध करवाए गए। शिल्पकारों ने भी अब फिर से अपनी परंपरागत कला की साधना आरंभ कर दी। बहुत से राजपूतों ने अब अपना योद्धा और सैनिक का बाना उतारकर पैतृक व्यवसाय अपना लिया। उन्हें हर तरह की सुविधा दी जाने लगी। महाराणा की प्रेरणा से पुनः व्यापार आदि आरंभ हो गए। बिना इसके मेवाड़ की समृद्धि कैसे लौट सकती थी। महाराणा ने अपनी प्रजा की रुचि के अनुसार, जो फिर से अपना व्यवसाय अपनाना चाहता था, उसको हर प्रकार की सहायता देने का आदेश दिया। मेवाड़ में दोबारा पहले की तरह ही हर्ष का वातावरण छा गया था।

तेरह वर्षों तक निरंतर विजय और पराजय का दौर चलता रहा था। एक प्रकार से मेवाड़ की प्रजा को यह भय निरंतर बना रहता था कि अगर कभी मुगलों

को महाराणा तक पहुँचने का मौका मिल ही गया तो मेवाड़ का क्या होगा? यद्यपि ऐसा मौका उन सबके मर जाने पर ही आ सकता था; लेकिन भय तो बना ही रहता था। उस भय से अब पूरी तरह मुक्ति पाने के बाद मेवाड़ में चारों ओर उल्लास छा गया था। अब इस विजय को अनवरत बनाए रखने के लिए कृतसंकल्प एक सुसज्जित सेना और महाराणा के रूप में समर्थ व महान् सेनापति था, जो तेरह वर्षों तक मुगलों के एक-से-एक जबरदस्त सिपहसालार को पानी पिलाकर स्वयं स्वतंत्र रहा और अब एक बार फिर मेवाड़ का समर्थ महाराणा बनकर अपनी प्रजा की भलाई के लिए सुशासन स्थापित कर रहा था।

विजय-पर्व मनाने के लिए गोगुंदा में एक विशाल सभा का आयोजन किया गया था। इस सभा में मेवाड़ के तमाम सामंतों, सेनापतियों, योद्धाओं और सैनिकों के साथ ही उन सभी सैनिकों के परिवारों को भी आमंत्रित किया गया था जिन्होंने तेरह वर्षों तक इस भयानक संघर्ष में महाराणा का साथ वीरतापूर्वक दिया था। युद्ध में वीरगति पानेवाले शूरवीर योद्धाओं के पुत्रों अथवा उनके उत्तराधिकारियों का सम्मान किया गया और उनकी जीविका के लिए, जो जिसके उपयुक्त था, वैसा ही प्रबंध किया गया। कितने ही लोगों को जागीरें दी गईं। जो अपनी इच्छा से कोई व्यवसाय करना चाहते थे, उनके लिए उसका साधन उपलब्ध करवाया गया। जो स्वयं सैनिक बनकर मेवाड़ की सेवा करना चाहते थे, उन्हें सेना में भरती करके उनके प्रशिक्षण की व्यवस्था कर दी गई।

मुगलों के साथ चले इस लंबे संघर्ष के दौरान कितने ही क्षेत्र पूरी तरह उजाड़ दिए गए थे। उन वीरान क्षेत्रों को फिर बसाने की घोषणा की गई और उनके लिए आवश्यक धरती तथा सामग्री का इंतजाम करने के आदेश दिए गए। ये सभी कार्य तत्काल आरंभ कर दिए गए। उजाड़ क्षेत्रों में जलाशय, कुएँ आदि राजकोष से व्यय करके बनवाए जाने लगे।

इन्हीं दिनों महाराणा ने अपनी नई राजधानी चावंड का निर्माण करवाया था। चारों ओर पहाड़ियों से घिरे चावंड गाँव को महाराणा प्रथम दृष्टि में ही वहाँ राजधानी बनवाने का निश्चय कर चुके थे। अब अवसर आया तो उन्होंने चावंड में विशेष निर्माण की व्यवस्था करवाई। चारों ओर घने वनों तथा पहाड़ियों से घिरे इस सुरक्षित स्थान को राजधानी के लिए चुनना महाराणा की दूरदर्शिता का प्रमाण है।

अरावली की पर्वत-शृंखलाओं में निरंतर शरण लेकर मुगलों से टक्कर लेते रहने में महाराणा प्रताप को सफलता मिलती रही। शत्रु लाख प्रयत्न करके भी उन्हें पकड़ नहीं पाया था। इसी कारण महाराणा प्रताप ने ऐसे ही किसी स्थान पर अपनी

नई राजधानी बनाने की सोची होगी, जो शत्रु की पहुँच से दूर हो तथा जहाँ रहकर वह शत्रु की ओर से होनेवाले आकस्मिक आक्रमणों के समय सुरक्षित रहकर उसका सामना भी कर सकें। इस दृष्टि से चावंड एकदम उपयुक्त स्थान था। उसकी दूसरी महत्त्वपूर्ण विशेषता यह थी कि चारों ओर से पहाड़ियों से घिरा होने के कारण वह युद्ध के समय जितना सुरक्षित था, शांतिकाल के लिए भी उतना ही उपयुक्त था; क्योंकि उसके समीप ही खेती-बारी के योग्य खूब उर्वरा धरती भी थी, जो किसी राजधानी के लिए सबसे उपयोगी मानी जा सकती है। युद्धकाल में शत्रुओं से सुरक्षित रहकर राजधानी के नागरिकों तथा अपनी सेनाओं के उपयोग के लिए आवश्यक अनाज वहीं उपजाया जा सकता था। उसमें किसी तरह की रुकावट नहीं आनी थी। जबकि मुगल आक्रमणों के समय महाराणा प्रताप को अपने पूरे राज्य भर में खेती-बारी पर रोक लगा देनी पड़ी थी, ताकि शत्रु को चारा और अनाज न उपलब्ध हो। कभी-कभी तो किसानों को अपनी हरी-भरी खड़ी फसल तक नष्ट करके पहाड़ियों में चले जाना पड़ता था। इससे जहाँ शत्रुओं के लिए संकट खड़ा हो जाता था वहीं स्वयं अपने लिए भी परेशानी तो होती ही थी। इस दृष्टि से चावंड में राजधानी बनाकर महाराणा ने संकटकाल के लिए भी अपनी व्यवस्था बनाए रखने का अबाध उपाय कर लिया।

नई राजधानी हर प्रकार से सुविधाजनक बनाई गई थी। फिर भी उसकी वास्तुकला पर युद्ध की विभीषिका का स्पष्ट प्रभाव आज भी चावंड के अवशेषों से स्पष्ट परिलक्षित होता है। सबसे पहले तो महाराणा ने इस स्थान को राजधानी बनाने के लिए चुनते समय इस तथ्य को अवश्य ध्यान में रखा होगा कि यह स्थान मुगलों के लिए अपेक्षाकृत काफी दूर तथा अगम्य होने के साथ ही मेवाड़ के मित्रों—पास-पड़ोस के राज्यों—के निकट था। इस प्रकार उनको समय पर शत्रु के विरुद्ध सहायता तथा बाहर से हथियार, रसद आदि की आपूर्ति में अपेक्षाकृत अधिक सुविधा उपलब्ध थी।

चावंड काफी समय तक मेवाड़ की राजधानी रहा। जब काफी लंबे संघर्ष के बाद सन् १६१५ में महाराणा अमरसिंह के समय मुगल सम्राट् जहाँगीर से संधि हुई, तब तक मेवाड़ की राजधानी चावंड ही रही। आज तो वहाँ महाराणा प्रताप द्वारा कराए गए निर्माण के मात्र भग्नावशेष ही मिलते हैं; लेकिन उनसे भी यह स्पष्ट परिलक्षित हो जाता है कि महाराणा के मन पर उस समय भी मेवाड़ के लिए चलनेवाले लंबे संघर्ष की छाया मँडरा रही थी—और संभवतः उन्हें पहले से ही आभास था कि अकबर और उनके जीवन काल के बाद भी मेवाड़ को हस्तगत

करने के लिए मुगलों की ओर से मेवाड़ पर प्रहार होते ही रहेंगे। उनका अनुमान सही भी रहा। इसी कारण चावंड राजधानी बनाई गई थी। फिर भी उसके महलों का निर्माण राजसी ठाठ को ही ध्यान में रखकर नहीं कराया गया, वरन् उन महलों की सुरक्षा का अधिक ध्यान रखा गया था।

चावंड के महल अपने आपमें भव्य थे। उनके निर्माण में महाराणा कुंभा तथा उदयसिंह के समय में काम में आनेवाली वास्तुकला का उपयोग किया गया था। साथ ही इस बात का विशेष ध्यान रखा गया था कि इन महलों में रहते समय शत्रु का आक्रमण होने पर अपनी सुरक्षा की सहज व्यवस्था की जा सके। आज चावंड के महल तथा अन्य निर्माणों के भग्नावशेष मात्र उपलब्ध हैं; लेकिन वे अपने आपमें महाराणा प्रताप की इस नई राजधानी के निर्माण में उनकी दूरदर्शिता के प्रमाण हैं। समूची राजधानी तथा राजभवन के निर्माण से उन दिनों की युद्ध की विभीषिका का स्पष्ट आभास मिलता है। हर पग पर इसका ध्यान रखा गया है।

सुरक्षा की दृष्टि से ही महल तथा कक्षों के आकार-प्रकार का भी निर्णय किया गया था। उनकी सुरक्षा तथा दृढ़ता का पूरा ध्यान रखा गया था। राजभवन के निकट ही सामंतों-सरदारों के लिए भी भवनों का निर्माण किया गया था। ये राजभवन की तुलना में छोटे आकार के थे। प्रत्येक आवास में कुछ छोटे-छोटे कमरे होते थे तथा परंपरा के अनुसार उनमें चबूतरे भी बनवाए गए थे। इसके साथ ही एक घुड़साल भी होता था, जो उस युग में किसी भी राजपूत सरदार के लिए सबसे आवश्यक स्थान होता था। उनके घोड़े तो उन्हें अपनी जान से भी अधिक प्रिय होते थे।

चावंड में केवल राजभवन तथा सामंतों के निवास ही नहीं थे, जनसाधारण के लिए वहाँ सुविधाजनक कच्चे मकान भी बनवाए गए थे। इनमें महाराणा के साथ वर्षों तक मुगलों से टक्कर लेनेवाले योद्धा, मेवाड़ तथा महाराणा के लिए जान लड़ा देनेवाले कितने ही किसान, व्यवसायी तथा कारीगर शिल्पकारों का निवास था। अब, जब मुगलों की ओर से किंचित् अवकाश मिला तो मेवाड़ की उजड़ी हुई खेती-बारी तथा व्यापार-व्यवसाय और शिल्पकला का विकास पुनः करने का आयोजन आरंभ हो गया था। उन लोगों के बिना राजधानी का अस्तित्व ही क्या।

राजधानी चावंड के निर्माणों से स्पष्ट आभास मिलता है कि उन दिनों निरंतर संघर्ष महाराणा प्रताप के जीवन का मूल मंत्र बन गया था। वे कठिन-से-कठिन स्थितियों में तेरह वर्षों से जीवन बिता रहे थे—और अब भी उन्हें संघर्ष से पूरी तरह मुक्ति नहीं मिली थी। अकबर की सेनाएँ अब दूर सीमा प्रांत की ओर चली

गई थीं और कम-से-कम उनकी ओर से तत्काल किसी आक्रमण की आशंका नहीं थी। और इस समय महाराणा तीन-तीन बार जीते हुए जिन क्षेत्रों को एक बार फिर मुगलों से छीन-छीनकर अपने अधीन कर रहे थे, उनपर अब पहले की भाँति मुगलों की फौज दोबारा अपने अधिकार में करने के लिए झपट्टा नहीं मार रही थी। मेवाड़ के अधिकांश क्षेत्र को जीतकर महाराणा अब इस प्रयास में लगे थे कि युद्ध के समय उजाड़ हो गए क्षेत्रों को फिर से बसाएँ, ताकि वहाँ जीवन की धारा पूर्ववत् बहने लगे।

चावंड के राजभवन वास्तव में युद्धकालीन स्थापत्य के सुंदर उदाहरण हैं। उनका निर्माण महाराणा के विलासितापूर्ण जीवन की दृष्टि से नहीं करवाया गया था। एक-एक डग पर सुरक्षा तथा युद्ध छिड़ जाने पर शत्रु का पूरी सामर्थ्य के साथ सामना किया जा सके, इस दृष्टि से राजप्रासाद को अनेक झरोखों से विविध शस्त्रों के प्रयोग की दृष्टि से इस प्रकार बनवाया गया था कि वह लगभग दुर्ग की सी सुरक्षा भी दे सके।

यह सावधानी वास्तव में महाराणा की दृष्टि से अपेक्षित ही थी। मुगलों की ओर से कई वर्षों तक पहले की तरह आक्रमण तो नहीं हुआ था, लेकिन महाराणा प्रताप स्वयं संघर्ष का अंत नहीं मानते थे। अब तक मेवाड़ का मुकुट चित्तौड़गढ़ मुगलों के अधिकार में था और महाराणा प्रताप चित्तौड़ विजय की प्रतिज्ञा करके अब तक उसका पालन कर रहे थे। उनका निश्चय था कि वे अंत तक चित्तौड़ को जीतने का प्रयास अवश्य करेंगे; किंतु उसके पहले बहुत से रचनात्मक कार्य करने थे। मुगलों द्वारा कितने ही गाँवों तथा व्यापार केंद्रों को जलाकर बरबाद कर दिया गया था, उन क्षेत्रों को भी फिर से बसाकर वहाँ प्रजा के जीवन का सुचारु प्रबंध करना आवश्यक था। महाराणा का अधिकांश समय अब इसी कार्य में व्यतीत हो रहा था; यद्यपि वह इस बीच मेवाड़ के विद्रोहियों का दमन भी करते रहते थे।

जिन किसानों के पास अपनी धरती नहीं थी, उनकी हर प्रकार से सहायता की गई। उन्हें जमीन दी गई और कृषि के सारे उपकरण भी दिलाए गए। मेवाड़ में फिर से खेती-बारी आरंभ हो गई। व्यापार तथा अनेक व्यवसायों का आरंभ हुआ। शीघ्र ही मेवाड़ के बंजर पड़े क्षेत्रों में हरी-भरी फसल लहलहाने लगी। नए-नए उद्योग तथा व्यापार का विकास हुआ और शांतिकाल में मेवाड़ एक बार फिर अपनी प्राचीन समृद्धि की ओर लौटा।

राज्य में अब पूरी तरह सुव्यवस्था थी और अराजकता की स्थिति का अंत हो गया था। महाराणा ने अपने अनुभवों के आधार पर हर स्थान पर सुरक्षा का प्रबंध

कर दिया था। प्रजा पर इसका गहरा मनोवैज्ञानिक प्रभाव पड़ा और सब सहज होकर अपने-अपने कार्य में जी-जान से लग गए। मेवाड़ राज्य प्रगति की ओर बढ़ने लगा।

शांतिकाल में महाराणा ने प्रजा की शिक्षा तथा स्वास्थ्य पर भी ध्यान दिया। शीघ्र ही राज्य में युद्ध की विभीषिका की छाया तक नहीं रही। महाराणा ने अपनी प्रजा के लिए सबकुछ किया। उन्हें अपनी प्रजा से अगाध ममता थी और उसको सुखी देखने के लिए वह कुछ भी करने को तत्पर रहते थे। उनकी न्यायप्रियता भी प्रसिद्ध थी। उनकी जानकारी में किसी छोटे-से-छोटे कृषक पर भी सामंतों अथवा सेनापतियों की ओर से भी अत्याचार नहीं हो पाता था। वह हर समय प्रजा की फरियाद सुनने के लिए तत्पर रहते थे। ऐसे किसी अपराध के लिए वह स्वयं युवराज अमरसिंह तक को दंड देने में नहीं हिचकते थे।

राज्य में शांति का वास्तविक प्रसार हो गया था। संपन्नता के साथ सुख और निर्भीकता का परिवेश था। किसीको अब किसी प्रकार का भय नहीं रहा। बालक तथा स्त्रियाँ तक निर्भय जीवन बिताने लगे थे।

सुख-शांति आई तो नैतिकता का मानदंड भी पहले की अपेक्षा कई गुना अधिक ऊँचा हो गया। चोरी-तस्करी आदि का कहीं नाम तक नहीं था। मेवाड़ की नदियों से सिंचित मैदानी धरती अत्यंत उर्वरा थी। घी, दूध, दही, फल और सब्जियाँ प्रचुर मात्रा में उपलब्ध थीं। लोग नए-नए बसाए गए स्थानों पर भी अपने परिश्रम तथा सुव्यवस्था के कारण समृद्ध जीवन जीने लगे थे। अभाव तथा युद्ध की विभीषिका से मुक्ति के इन कुछ ही वर्षों में मेवाड़ राज्य फिर से संपन्नता के शिखर को छूने लगा था। राजधानी चावंड में अनेक सामंतों के साथ महाराणा फिर भी मेवाड़ की कुल-परंपरा से चली आई राजधानी चित्तौड़ के लिए प्रायः दुःखी मन से उसको हस्तगत करने का विचार करते रहते थे। लेकिन मुगल शहंशाह अकबर को भी जिद थी। वह मेवाड़ की ओर से आत्मसमर्पण किए बिना चित्तौड़ से अपनी फौज हटाने के लिए तैयार नहीं था। उसे इन दिनों मेवाड़ के समस्त विजित इलाकों पर महाराणा का अधिकार हो जाने की सूचनाएँ मिलती ही रहती थीं। उसने विद्रोहों के दमन में उलझे रहने के कारण अपनी फौजें फिर से महाराणा के विरुद्ध तो नहीं भेजीं, लेकिन मेवाड़ की प्रतिष्ठा के प्रतीक चित्तौड़ की रक्षा के लिए उसने पहले की अपेक्षा कई गुना अधिक फौज वहीं रख छोड़ी थी; मानो वह भी समझता हो कि महाराणा प्रताप को चित्तौड़ विजय के बिना नींद नहीं आती होगी।

सारा मेवाड़ सुखी था। प्रजा संपन्न जीवन बिता रही थी और हर प्रकार से

विकास हो रहा था। किंतु उस समय भी मेवाड़ के महाराणा सुख-चैन से नहीं रह पा रहे थे। उसका एकमात्र कारण था उनके पिता महाराणा उदयसिंह के समय से ही अकबर द्वारा चित्तौड़ पर अधिकार। महाराणा अब भी मुगलों की उस विशाल सेना से टकराकर चित्तौड़ पर अधिकार करना चाहते थे; किंतु राज्य और प्रजा के प्रति उनका प्रगाढ़ स्नेह सहसा फिर से मुगलों को भड़काकर पहले की सी युद्ध विभीषिका लाकर उनको प्रतिहत नहीं करना चाहता था।

इससे पूर्व की राजधानी उदयपुर पर महाराणा का अधिकार हो गया था। उनकी विजय के समाचार निरंतर मिलते रहे तो उदयपुर की रक्षा के लिए तैनात मुगल सेनापति ने पहले ही उदयपुर को खाली कर देने का निश्चय कर लिया था। इस प्रकार उदयपुर को जीतने के लिए महाराणा को मेवाड़ के वीरों का बहुत अधिक रक्त नहीं बहाना पड़ा था। फिर भी महाराणा प्रताप की राजधानी चावंड में ही बनी रही और राजकाज वहीं से चलाया जाता रहा।

□

समय के प्रभाव से कौन बचा रह सकता है। महाराणा प्रताप भी इतने लंबे संघर्ष के बाद काफी थक गए थे और उनके शरीर पर भी समय ने अपना प्रहार तो किया ही था। उनका बलिष्ठ शरीर अब पहले की तरह दृढ़ नहीं रह गया था; यद्यपि मन अब तक उतना ही बलशाली था। ऐसे में ही एक दुर्घटना हो गई। महाराणा प्रताप अपने सामंतों तथा भील सरदारों के साथ आस-पास के क्षेत्रों का भ्रमण करते ही रहते थे। उस दिन भी वे भ्रमण पर निकले थे। अचानक ही बीच में शिकार खेलने का विचार आया। महाराणा एक मृग को मारने के लिए सहसा अपने धनुष की प्रत्यंचा खींचते समय आकुल से हो उठे। प्रत्यंचा खींचते समय ही उनकी आँत फट गई। उदर तथा पाँवों में भी जख्म हो गए। उनके साथ गए भील सरदार महाराणा को लेकर चावंड के राजप्रासाद में आए। तत्काल राजवैद्य उपचार में लग गए। किंतु महाराणा का स्वास्थ्य गिरता ही गया। कोई ओषधि काम नहीं आई। महाराणा की जीवन-ज्योति बुझती सी जान पड़ी।

मेवाड़ के सभी सामंत और सरदार आकर चावंड में एकत्र हो गए। हर कोई चिंतित था। महाराणा को कई दिन पहले से अन्न का एक दाना तक नहीं पचा रहा था। वे केवल जल पीकर जीवित थे। राजवैद्य विफल होकर अब भी तरह-तरह से महाराणा को बचाने की चेष्टा कर रहे थे। किंतु अब सबको अनुमान हो गया था कि मेवाड़ का सूर्य अस्ताचल पर पहुँच गया है। कुछ देर में वह जीवन-ज्योति बुझ जाएगी, जिसने अब तक मेवाड़ में आशा और स्वतंत्रता की अखंड ज्योति जलाए रखी थी।

सामंत तक बिलख उठे, ''अन्नदाता! आप क्या हमें अनाथ छोड़कर विदा ले रहे हैं? अब मेवाड़ की रक्षा कौन करेगा?''

महाराणा इस बीच कितनी ही बार अचेत हो चुके थे; किंतु उनके प्राण मानो किसी मोह से उलझे थे। सामंतों को अनुमान तो था, फिर भी सलुंबर के राव चूडावत ने विनती की, ''अन्नदाता, किस संकट में पड़े हैं? हम सब शपथ लेते हैं कि आपकी दिखाई हुई राह पर निर्भीकतापूर्वक चलते रहेंगे और मेवाड़ की स्वतंत्रता की ज्योति को कभी बुझने नहीं देंगे। हमारे लिए कोई आज्ञा हो तो…''

महाराणा को मानो अंतिम बार स्वर मिला। वह कराहकर बोले, ''मुझे तुम सब पर विश्वास है; लेकिन सावधान रहना, मेरे बाद यह अमरसिंह सिंहासन पर आरूढ़ होगा तो मुझे भय है कि यह अपनी विलासिता के कारण मेवाड़ की रक्षा नहीं कर पाएगा। तुम सब देख लेना, मेरे बाद अमरसिंह उदयपुर के महलों को फिर से राजसी साज-सज्जा और विलासिता के साधनों से भरपूर बनवाकर राजसुख के भोग में डूब जाएगा। पराक्रम और शौर्य के धनी महाराणा कुंभा की परंपरा का पालन यह नहीं कर पाएगा। तुम सब अपनी जन्मभूमि मेवाड़ की धरती के लिए सतर्क रहना। ऐसा न हो कि कल यहाँ मुगलों की ताबेदारी बजानेवाला कोई महाराणा युगों से चली आई मेवाड़ की आन-बान को बेच दे।''

उस समय युवराज अमरसिंह वहीं थे और महाराणा के पाँव मींज रहे थे। अपने प्रति पिता की यह धारणा देखकर उन्हें घोर दुःख हुआ। फिर भी वह कुछ बोले नहीं। हाँ, मन-ही-मन उन्होंने प्रण किया कि अपने जीते-जी वह भी मुगलों की ताबेदारी नहीं करेगा और अपनी धरती के लिए बलिदान भी देना पड़े तो पीछे नहीं हटेगा।

सामंतों तथा सभी सरदारों ने महाराणा के सामने भगवान् एकलिंग की सौगंध लेकर मेवाड़ के लिए अपने प्राण भी न्योछावर कर देने की प्रतिज्ञा की। तब महाराणा प्रताप के चेहरे पर अंतिम बार मुसकान आई और उनके नेत्रों में मानो अंतिम चमक कौंधी। और इसके साथ ही मेवाड़ के उस महान् योद्धा ने अंतिम साँस ली। वह दिन था १९ जनवरी, १५९७ का।

अकबर के दरबारी अबुल फजल ने लिखा है कि 'अमरसिंह ने विष देकर अपने पिता महाराणा प्रताप की हत्या की थी।' किंतु कर्नल टॉड के अतिरिक्त इसका जिक्र कोई और नहीं करता। उस समय के अथवा बाद के भी किसी इतिहासकार को इस तथ्य की पुष्टि करनेवाला कोई विवरण नहीं मिलता। कर्नल टॉड ने लिखा है कि 'महाराणा प्रताप का देहावसान पीछोले की पाल पर हुआ था।

किंतु यह भ्रामक तथ्यों पर आधारित है। महाराणा प्रताप का निधन वास्तव में चावंड में ही हुआ था और उनका अंतिम संस्कार बंडोली नामक गाँव के समीप ही एक झरने के निकट किया गया था। चावंड में निवास करते समय यही स्थान राजपरिवार का श्मशान रहा। चावंड से बंडोली ग्राम लगभग दो किलोमीटर की दूरी पर ही स्थित है। इसी स्थान पर महाराणा के स्मारक के रूप में उनकी समाधि बना दी गई थी। उसपर आठ खंभोंवाली एक छतरी का निर्माण भी करवाया गया था।'

□

महाराणा प्रताप की मृत्यु का आघात मात्र मेवाड़ को ही नहीं, समस्त राजपूताना और स्वतंत्रता का मूल्य समझनेवाले उस समय के सभी व्यक्तियों को गहराई तक झकझोर गया था; लेकिन उनकी मृत्यु का समाचार पाकर उनका सबसे बड़ा शत्रु मुगल सम्राट् अकबर तक स्तब्ध रह गया था। कहते हैं, जब शहंशाह अकबर को महाराणा के देहावसान की सूचना दी गई थी तो वह सहसा खामोश हो गया था। पूरा दरबार बादशाह की इस खामोशी से चकित हो उठा था। उन सबको यही विश्वास रहा होगा कि महाराणा की मृत्यु की सूचना पाकर अकबर निश्चय ही प्रसन्न होगा; लेकिन उसकी खामोशी का अर्थ सहसा किसीकी समझ में नहीं आया। सब विस्मित से बादशाह की ओर निहारते बैठे रहे गए। उन्हें यह आभास तो हो ही गया कि महाराणा की मृत्यु की विपरीत ही प्रतिक्रिया बादशाह पर हुई है; लेकिन किसीको कुछ कहने का साहस नहीं हुआ। अकबर की मनोभावना को समझते हुए भी वे महाराणा की प्रशस्ति तो गा नहीं सकते थे।

सहसा अकबर के दरबार में रहनेवाला एक दुस्साहसी चारण दुरसा आढ़ा उठ खड़ा हुआ। उसने महाराणा के निधन के समाचार पर तत्काल रचित अपना छप्पय गाकर सुना दिया—

अण लेगो अण दाग
पाग लेगो अण नामी।
गो आड़ा गबड़ाय,
जिको बहतो धुर बामी॥
नवरोजे नह गयो
नतो आतशा नवली।
न गो झरोखा हेठ
जेथ दुनियाण दहल्ली॥

गहलोत राणा जीती गयो
दशन मूँद रशना डसी।
नीशास मूक भरिया नयण
तो मृत शाह प्रताप सी॥

मारवाड़ी भाषा में रचित इस गीत का भावार्थ यह है—

'जिसने कभी शाही सेना में अपने घोड़े भेजकर उनको दाग नहीं लगवाया, (उस समय शाही सेना में घोड़ों के पुट्ठों पर दागकर निशान लगाया जाता था—और अकबर की अधीनता माननेवाले राजपूत अकबर के पास घोड़े भी भेजा करते थे) जिसने अपनी पगड़ी (अधीनता स्वीकार करके) कभी नहीं झुकाई, जो सदा अपने शत्रुओं का उपहास करता रहता था, जो सदा देश के भार की गाड़ी को अपने बाएँ कंधे के बल से ही खींचने में सक्षम था, जो कभी बादशाह को खुश करने के लिए नौरोज में नहीं हाजिर हुआ, न तो बादशाह के उस झरोखे के नीचे ही आया, जिसका यश और प्रतिष्ठा सारे संसार में व्याप्त थी, वह गहलोत महाराणा विजयी होकर आज धरती से चला गया, यह सुनकर बादशाह ने भी अचरज से जीभ दाँतों से दबा ली है और उनकी आँखों में पानी भर आया है। हे महाराणा प्रताप, तेरी मृत्यु से ऐसा हो गया!'

दरबार में बैठे सभी मन-ही-मन सशंक हो उठे—निश्चय ही दुरसा चारण को इस दुस्साहस के लिए बादशाह सलामत की ओर से भयंकर दंड मिलेगा। लेकिन ऐसा कुछ नहीं हुआ। उलटे, अकबर ने दुरसा चारण को दोबारा अपना छप्पय सुनाने को कहा।

दुरसा ने एक बार फिर अपना छप्पय सुनाया।

अकबर ने दुरसा को पुरस्कृत किया और कहा, "तुमने सचमुच मेरे मनोभाव को सही ढंग से व्यक्त किया है।"

वास्तव में महाराणा का शौर्य और उनका चरित्र इतना महान् था कि उनके प्रबलतम शत्रु भी उनके प्रशंसक थे। सबकुछ होते हुए भी उस महान् देशभक्त योद्धा ने जीवन भर कठिन-से-कठिन स्थितियों का सामना मात्र इस कारण किया कि वह राजपूताना के अन्य बहुत से राजाओं की भाँति अपनी प्रतिष्ठा को दाँव पर लगाकर अपने लिए राजसुख नहीं पाना चाहता था। अपने पिता महाराणा उदयसिंह के समय से ही वह मुगलों से टकराते रहे; अपने जीवन तथा राज्यकाल के पूरे बारह वर्षों तक उन्होंने अपना सर्वस्व गँवाकर भी कभी मुगल सम्राट् की अधीनता

स्वीकार नहीं की और उस युग में संसार की सबसे बड़ी ताकत का मुकाबला करते रहे। यह उनकी अखंड निष्ठा तथा शौर्य की ही महिमा थी कि मेवाड़ के किसान तथा सामान्य शिल्पी, व्यवसायी तथा जनसाधारण के मन में उनके प्रति अपार आस्था जाग उठी थी; वे महाराणा के साथ हर प्रकार का कष्ट उठाते रहे और किसी भी संकट से घबराए बिना साहस के साथ जंगलों और पर्वतों की दुर्गम घाटियों में लगातार यहाँ से वहाँ भागते हुए अपनी जन्मभूमि की रक्षा के लिए घोर पराक्रम करते रहे।

महाराणा प्रताप की पुकार पर मेवाड़ के भील सरदार भी अपनी धरती की रक्षा के लिए तन-मन से समर्पित हो गए और जीवन भर महाराणा के लिए कठिन-से-कठिन कर्म करते रहे। उन्होंने महाराणा के साथ कभी विश्वासघात नहीं किया और उनकी तथा उनके परिवार की रक्षा में भी महत्त्वपूर्ण भूमिका निभाई।

पंद्रह

महाराणा प्रताप की कुल ग्यारह रानियाँ थीं। उनके सत्रह पुत्रों के नाम भी अनेक लेखकों के विवरणों में उपलब्ध होते हैं। यद्यपि दुर्भाग्यवश उनके पुत्रों में कोई भी ऐसा नहीं हुआ, जो अपने महाप्रतापी पिता का वास्तविक उत्तराधिकारी बनकर दिखाता। उनकी सबसे बड़ी रानी अर्थात् पटरानी अजबादे पँवार ही थीं, जिनका पुत्र अमरसिंह महाराणा प्रताप के बाद मेवाड़ का महाराणा बना था। इतिहास साक्षी है कि पिता की भाँति उसके जीवन का भी एक लंबा काल मुगलों से संघर्ष करते ही बीता; किंतु महाराणा की मत्यु के बाद अठारह वर्ष के संघर्ष का अंत बादशाह जहाँगीर से अमरसिंह की सन् १५१६ में हुई संधि के साथ हुआ था।

कहा जाता है कि यह संधि अमरसिंह की इच्छा के विरुद्ध और उनकी गैर जानकारी में ही उनके पुत्र कुँवर कर्णसिंह तथा युद्ध से त्रस्त कई सामंतों की ओर से कर ली गई थी। लेकिन यह तो मानना ही होगा कि महाराणा अमरसिंह उस संधि को रोकने में असफल रहे। महाराणा प्रताप के राज्यकाल में तो किसी को ऐसा करने का साहस नहीं हुआ, न उनकी इच्छा के विरुद्ध किसी राजकुमार अथवा सामंतों को ही ऐसा करने का साहस हुआ था। महाराणा का अपना चरित्र और शौर्य ऐसा था कि उनके साथ सामंतों का ही नहीं, सामान्य जन का मनोबल भी इतना दृढ़ बना रहता था कि उसपर किसी भी संकट का ऐसा प्रभाव नहीं पड़ता था; जबकि महाराणा अमरसिंह के विषय में कितने ही ऐसे आख्यान तथा ऐतिहासिक

उल्लेख मिलते हैं, जिनसे प्रतीत होता है कि अमरसिह के विलासितापूर्ण जीवन के विषय में महाराणा प्रताप की भविष्यवाणी का कोई बड़ा ही ठोस आधार रहा होगा।

महाराणा प्रताप अपनी चारित्रिक दृढ़ता के साथ-साथ मानव चरित्र के अनुपम पारखी थे। अत: उन्हें कोई भ्रम में नहीं रख सकता था। वे जब अपने को धन और साधनहीन महसूस करने लगे, तब भी अधीनता स्वीकार करने की बजाय स्वयं ही मेवाड़ की प्रजा को अपने कारण कष्ट सहने से मुक्ति दिलाने की सोचकर मेवाड़ से जाने तक की ठान बैठे थे। लेकिन उनके उत्तराधिकारी में वीरता का अभाव न होते हुए भी कहीं-न-कहीं तो चरित्र की कुछ कमी थी ही। महाराणा प्रताप ने बहुत पहले ही अपने पुत्र की वह कमी पकड़ ली थी और निस्संकोच उसकी आलोचना भी कर दी थी। इतना ही नहीं, उन्होंने अपने अंतिम पलों में भी सामंतों को अमरसिंह की इस कमजोरी की ओर से सावधान कर दिया था। वास्तव में महाराणा का सपना तो यही रहा होगा कि उनके बाद भी मेवाड़ की स्वतंत्रता के लिए अटल रहकर संघर्ष चलता रहे और उनके वंशज चित्तौड़ को भी मुक्त करा लें; किंतु उनका पुत्र ही एक दिन मुगलों की अधीनता स्वीकार करके उनसे संधि कर लेगा, यह तो उन्होंने सपने में भी नहीं सोचा होगा। हाँ, जीवन के अंतिम पलों में उन्हें यह आभास अवश्य मिल गया था और वही होकर भी रहा।

महाराणा प्रताप का सारा जीवन संघर्ष करते ही बीता था। अंतिम बारह वर्षों में उन्हें मुगलों के आक्रमण की ओर से परिस्थितिवश जो अवकाश मिला, उस छोटी सी अवधि में ही राजधानी के रूप में चावंड का निर्माण तथा मेवाड़ में फिर से जनजीवन को सामान्य बनाकर स्थापित किए जानेवाले सुशासन पर निगाह डालने से ही सिद्ध हो जाता है कि यदि महाकाल ने उन्हें शीघ्र उठा न लिया होता तो वह निश्चय ही महाराणा कुंभा की परंपरा में न जाने कितने भव्य निर्माण करवाने के साथ-साथ मेवाड़ को और भी व्यापक विस्तार दे जाते। महाराणा के जन्म और मृत्यु के समय विवादास्पद हैं, तो भी जो लंबे से लंबा समय मिलता है, उसके अनुसार महाराणा प्रताप का जीवन मात्र पचास वर्ष के आस-पास का मिलता है। यदि वह कुछ समय तक और रहते तो निश्चय ही मेवाड़ फिर कभी अधीनता स्वीकार करने की स्थिति में नहीं आता।

अप्रतिहत शौर्य, त्याग, बलिदान, निस्स्वार्थ कर्तव्य-पालन, स्वाभिमान तथा देशभक्ति की अदम्य भावना—इन सभी पुरुषोचित गुणों का विलक्षण समन्वय महाराणा प्रताप में था। साथ ही उनमें अदम्य मनोबल की एक ऐसी विशेषता भी थी, जिसके कारण वह अपने युग के सर्वश्रेष्ठ योद्धा और समर्थ शासक बने।

अपने दृढ़ मनोबल के कारण ही वह संकट के समय में भी अपनी धीरता तथा वीरता का सदुपयोग अडिग रहकर करने में समर्थ हुए और अपने युग के शासकों में एकमात्र सक्षम योद्धा बनकर ऐसा गौरव अर्जित करने में सफल रहे, जो साधारणतः औरों के लिए अलभ्य ही रहा। अपने इन्हीं गुणों तथा विशेषताओं के कारण वह आज सैकड़ों वर्ष के बाद भी हमारी अगाध निष्ठा एवं श्रद्धा के पात्र हैं और आगे भी बने रहेंगे।

आज महाराणा प्रताप हमारे बीच नहीं हैं। उनका स्वर्गवास हुए एक-दो नहीं, पूरे चार सौ वर्ष हो गए हैं। फिर भी वह भारतीय जनमानस के लिए उतने ही श्रद्धास्पद हैं। आनेवाले हजारों वर्षों तक वह स्वतंत्रता के प्रति गहरे अनुराग तथा उच्च चरित्र, दृढ़ साहस और आत्मोत्सर्ग की गहन प्रेरणा देते रहेंगे। उन्होंने वास्तव में अपने गुणों के बल पर ही अपने को अमरता प्राप्त करने में समर्थ कर लिया था। ऐसे महान् पुरुषों के विषय में इतिहास की वाणी भी संभवतः पर्याप्त नहीं हो पाती। इसी कारण जनमानस उनकी कीर्तिगाथा को अपने मानसिक स्नेह का स्पर्श देकर रचे गए आख्यानों, लोककथाओं, दंतकथाओं, किंवदंतियों आदि के माध्यम से अपने श्रद्धा-सुमन अर्पित करता है। महाराणा प्रताप इतिहास-पुरुष होते हुए भी वास्तव में ऐसे ही महापुरुषों की कोटि में पहुँच चुके थे, जिनका आदर करने के लिए जनमानस इतिहास से परे जाकर उनकी कीर्तिगाथा के कलेवर में बहुत कुछ जोड़ता ही रहता है।

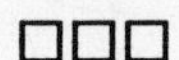